Das Phänomen
Markus Lanz

KLARTEXT

Lars Haider

Das Phänomen Markus Lanz

Auf jede Antwort eine Frage

Bibliografische Information der Deutschen Nationalbibliothek
Die Deutsche Nationalbibliothek verzeichnet diese Publikation in der Deutschen Nationalbibliografie; detaillierte bibliografische Daten sind im Internet über portal.dnb.de abrufbar.

IMPRESSUM

1. Auflage September 2022
Umschlaggestaltung: Joachim Bartels
Satz und Gestaltung: Medienwerkstatt Kai Münschke, www.satz.nrw
Lektorat: Sibylle Brakelmann, Hagen
Umschlagfoto: Christian O. Bruch / Laif Agentur für Photos & Reportagen GmbH
Autorenfoto: Mark Sandten / FUNKE Foto Services
Druck und Bindung: Wilco B.V., Vanadiumweg 2, NL-3800 BL Amersfoort

© Klartext Verlag, Essen 2022
ISBN 978-3-8375-2508-3
ISBN ePUB 978-3-8375-2509-0

Alle Rechte der Verbreitung, einschließlich der Bearbeitung für Film, Funk, Fernsehen, CD-ROM, der Übersetzung, Fotokopie und des auszugsweisen Nachdrucks und Gebrauchs im In- und Ausland, sind geschützt.

KLARTEXT

Jakob Funke Medien Beteiligungs GmbH & Co. KG
Jakob-Funke-Platz 1, 45127 Essen
info.klartext@funkemedien.de
www.klartext-verlag.de

Für meine Jungs

Ich sehe, was du denkst
Ich denke, was du fühlst
Ich fühle, was du willst
Aber ich hör dich nicht

Ich hab mir ein Wörterbuch gelieh'n
Dir A bis Z ins Ohr geschrien
Ich stapel tausend wirre Worte auf
Die dich am Ärmel ziehen

Und wo du hingeh'n willst
Ich häng an deinen Beinen
Wenn du schon auf den Mund fall'n musst
Warum dann nicht auf meinen?

Oh, bitte gib mir nur ein „Oh" (…)
Bitte, bitte gib mir nur ein Wort

Es ist verrückt, wie schön du schweigst
Wie du dein hübsches Köpfchen neigst
Und so der ganzen lauten Welt und mir
Die kalte Schulter zeigst

Dein Schweigen ist ein Zelt
Stellst es mitten in die Welt
Spannst die Schnüre und staunst stumm
wenn nachts ein Mädchen drüber fällt

Zu deinen Füßen red ich mich um Kopf und Kragen
Ich will in deine tiefen Wasser große Wellen schlagen

Oh, bitte gib mir nur ein „Oh" (…)
Bitte, bitte gib mir nur ein Wort

In meinem Blut werfen die Endorphine Blasen
Wenn hinter deinen stillen Hasenaugen die Gedanken rasen

(*Nur ein Wort* von „Wir sind Helden",
Titelmelodie von Markus Lanz)

Inhalt

„Es gibt viel zu besprechen"
Erst verspottet, dann gefeiert:
Die wundersame Wandlung des Markus Lanz 11

Leben mit Lanz – Woche 1 17

„Er dürfte nie und nimmer eine Talkshow leiten"
Wetten, dass niemand im deutschen Fernsehen
so schlecht behandelt wurde? 21

Leben mit Lanz – Woche 2 28

„Raus mit Markus Lanz aus meinem Rundfunkbeitrag!"
Das legendäre Gespräch mit Sahra Wagenknecht
und ein altes Trauma 33

Leben mit Lanz – Woche 3 39

„Das Leben ist ein brutales Gemetzel"
Warum der Erfolg von Markus Lanz viel mit seiner Herkunft
zu tun hat 44

Leben mit Lanz – Woche 4 51

„Eine enge, traurige Welt"
Über das Lebensgefühl eines Südtirolers und
den frühen Wunsch, nach Deutschland zu gehen 57

Leben mit Lanz – Woche 5 63

„Ich dachte, das ist dieser Unterhaltungsfuzzi"
Zwei Interviews, ein Besuch beim Papst und
der Anfang vom Ende eines falschen Image 69

Leben mit Lanz – Woche 6 78

„Das ist wahr"
Von Gauland zu Laschet oder wie ein Gespräch einem
späteren Kanzlerkandidaten zum Verhängnis wurde 84

Leben mit Lanz – Woche 7 90

„Wir sind Gesundheitsminister"
Wie Karl Lauterbauch (auch) durch seine Lanz-Auftritte
in die Bundesregierung kam 95

Leben mit Lanz – Woche 8 100

„Man ist wer, weil man gesehen wird"
Über die Macht der Talkshows und wieso Politikerinnen
und Politiker alles für eine Einladung absagen 106

Leben mit Lanz – Woche 9 114

„Unterbrechen Sie Ihre Frau auch immer?"
Nur keine Angst: Wie Politikerinnen und Politiker
sich auf einen Auftritt bei Markus Lanz vorbereiten 120

Leben mit Lanz – Woche 10 130

„Es ist schlimm geworden mit den Jahren"
Warum Politikerinnen und Politiker so sprechen,
wie sie sprechen, und eine Ähnlichkeit mit Claus Kleber 136

Leben mit Lanz – Woche 11 142

„Die Zähne ausgebissen"
Der härteste Gesprächspartner, der heimliche Lieblingskanzler
und ein Interview, das neidisch macht 148

Leben mit Lanz – Woche 12 156

„Auf jede Antwort eine Frage"
Geheimnisse einer Interviewtechnik und das große Vorbild,
das nicht aus dem Fernsehen kommt. 162

Leben mit Lanz – Woche 13 169

„Das ist doch alles Voodoo"
Die Sache mit dem Knopf im Ohr und Moderationskarten,
auf die man nicht gucken darf......................... 176

Leben mit Lanz – Woche 14 182

„Gleich dürfen wir den Ring küssen"
Über Audienzen in der Garderobe und Gespräche,
die leider nicht zu sehen sind. 187

Leben mit Lanz – Woche 15 193

„Nie wieder Publikum"
Warum ausgerechnet die Corona-Pandemie für Markus Lanz
zu einem Glücksfall wurde 198

Leben mit Lanz – Woche 16 204

„Ein Name ist noch kein Gast"
Wer in die Sendung eingeladen wird, wer nicht –
und wer von sich aus nicht kommt 210

Leben mit Lanz – Woche 17 216

„Er kann sich nicht doppeln …"
… und deshalb holt Lanz Journalistinnen und Journalisten
ins Studio, die viel näher an der Politik dran sind als er..... 222

Leben mit Lanz – Woche 18 227

„Aber Drosten hat gesagt …"
… und sonst müssen alle den Mund halten?
Wie Markus Lanz in einen Wissenschaftsstreit geriet....... 233

Leben mit Lanz – Woche 19 240

„Fuck Chirac!"
Ein Hit, der alles veränderte, und ein Vergleich von und mit
Jan Böhmermann, der nicht stimmt 245

Leben mit Lanz – Woche 20 250

„Habe ich Ihre Handynummer?"
Mein erstes Mal: Wie es ist, wenn eine Einladung
in die Sendung kommt, nicht kommt, kommt 256

Leben mit Lanz – Woche 21 263

„Meine Frau ist deutlich prominenter als ich"
Der doppelte Markus: Warum die ganze Geschichte
ohne einen Punkrocker nicht erzählt werden kann 269

Leben mit Lanz – Woche 22 275

„Was soll ich damit?"
Für immer ZDF – über ein verlockendes Angebot auf dem
Höhepunkt der Karriere und eine schwere Entscheidung . . . 283

Leben mit Lanz – Woche 23 289

„Was geht dir durch den Kopf?"
Der Podcast mit Richard David Precht und
ein peinlicher Typ auf einem alten Foto. 295

Leben mit Lanz – Woche 24 300

„Wir wurden mit Politik nicht groß belästigt"
Warum für Talkshows mit dem Ende der Ära Merkel
eine neue Zeit begonnen hat 306

Leben mit Lanz – Woche 25 311

„Ich will das nicht"
So viele Sendungen, so viele Gespräche –
es ist Zeit, Danke zu sagen 318

„Es gibt viel zu besprechen"

Erst verspottet, dann gefeiert: Die wundersame Wandlung des Markus Lanz

Markus Lanz ist ein Symptom unserer gesellschaftlichen Verhältnisse: Er kann nicht zwischen wichtig und unwichtig unterscheiden. Aber warum müssen wir ihm dabei zusehen?
(Frankfurter Allgemeine Zeitung, 2012)

Im verwirrenden Dauerfeuer der Verlautbarungen und Verordnungen des Coronajahres 2020/21 sorgten die abendlichen Gesprächsrunden mit Markus Lanz und seinen Gesprächspartner:innen für Aufklärung, Einordnung und Orientierung. Ein wichtiger Beitrag zum gesellschaftlichen Diskurs, vor allem in Zeiten des Lockdowns.
(Jury des Deutschen Fernsehpreises, 2021)

Wenige Wochen nach Beginn der Corona-Pandemie im Frühjahr 2020 beschloss mein Nachbar, später ins Bett zu gehen. Das Licht in seinem Wohnzimmer brannte plötzlich oft bis nach Mitternacht und der Fernseher lief.

„Was guckst du denn noch so spät?", fragte ich.

„Ich gucke *Markus Lanz*", sagte der Nachbar.

„Du guckst *Markus Lanz*? Ich dachte, du kannst den nicht ausstehen, weil er seine Gäste nie ausreden lässt und immer so aggressiv auf dem Stuhl hin und her rutscht."

„Das war früher. Heute ist er der Einzige, der wirklich nachfragt. Der lässt keinen entkommen und die meisten Leute, die er einlädt, haben wirklich etwas zu sagen. Hast du gestern Lanz gesehen?"

Dies ist die Geschichte einer Wandlung, wie es sie im deutschen Fernsehen nicht oft, vielleicht nie gegeben hat. Es geht um einen Mann und seine Sendung, die beide viele Jahre nicht ernst genommen wurden, und das ist höflich formuliert. Die *Frankfurter Allgemeine Zeitung*, oben bereits zitiert, schrieb 2013: „Er ist kein Tribun, kein Princeps, er fällt kein Urteil und will am Ende mit allen noch ein Bier trinken können. Keinen Streit, nicht mal eine Kontroverse hält er aus. (…) Dass es mal ungemütlich wird und man wirklich Argumente liefern muss, braucht in seiner Sendung niemand zu fürchten." Markus Lanz war gerade dabei, *Wetten, dass..?*, das letzte Lagerfeuer der TV-Nation, auszutreten, seine eigene, nach ihm benannte Talkshow war, nun ja, genau das: eine Talkshow wie viele andere, Unterhaltung halt, man zappte mal rein und dann wieder raus und niemand wäre auf die Idee gekommen, am nächsten Tag den Arbeitskollegen, die Freundin oder eben den Nachbarn zu fragen, ob sie gestern *Markus Lanz* gesehen haben.

Ein gutes Jahrzehnt später brennt das Lagerfeuer wieder und es ist ausgerechnet Markus Lanz, der es angezündet hat. Micky Beisenherz, selbst Moderator, nannte ihn in der *Süddeutschen Zeitung* „Deutschlands schönste Grillzange", was alte Vorurteile gegenüber Lanz bediente, aber nett gemeint war. Denn spätestens Ende 2020 war der als Fragesteller bei Politikerinnen und Politikern auf einmal so gefürchtet und geachtet wie Marietta Slomka vom *heute journal*. „Ich finde, dass Markus Lanz inzwischen die beste politische Talkshow macht. Es gibt keine Gefälligkeitsfloskeln, man geht nicht nett miteinander um, ich muss einen Test bestehen als Politiker. Und das mache ich immer wieder gern", sagt der SPD-Vorsitzende Lars Klingbeil, obwohl Lanz ihn besonders oft besonders hart befragte. Auch dafür erhielt der Moderator, der im ZDF mit seiner Sendung nach wie vor im Bereich Unterhaltung geführt wird, 2021 den Deutschen Fernsehpreis – in der Kategorie Information, vor den Magazinen *Frontal* und *Panorama*. Giovanni di Lorenzo, Chefredakteur der *Zeit* und selbst Gastgeber der Talkshow *3 nach 9*, sagte drei Wochen vor der Bundestagswahl im September 2021: „Markus Lanz hat die wirkungsvollste politische Bühne, die es im deutschen Fernsehen gibt." Der Podcast, den Lanz ebenfalls im September mit dem Philosophen Richard David Precht startete, verdrängte das *Coronavirus-Update* des Virologen Christian Drosten von Platz 1 der deutschen Charts. Zuvor hatte bei *Markus Lanz* das Ende der politischen Karriere des späteren CDU-Kanzlerkandidaten Armin Laschet begonnen, genauso wie der Aufstieg des schrägen Karl Lauterbach. Ohne Lanz (und Twitter) wäre der SPD-Politiker niemals Bundesgesundheitsminister geworden.

Micky Beisenherz schrieb, dass es „nicht ganz klar ist, wann exakt sich die Sendung des lange unbeliebten, ja verhassten Markus Lanz zur oft interessantesten politischen Talkshow im deutschen Fernsehen entwickelt hat". Dass das so ist, ist unbestritten.

Wie ist es dazu gekommen? Wie hat Markus Lanz es geschafft, aus seinen viel kritisierten Schwächen („er fällt seinen Gesprächspartnern immer ins Wort") viel gelobte Stärken („endlich fragt mal einer nach") zu machen? Wie ist es ihm gelungen, aus einer Unterhaltungssendung die wichtigste politische Talkshow im deutschen Fernsehen werden zu lassen, und das zu unmöglichen und permanent wechselnden Sendezeiten? Frank Plasberg, Anne Will, Maybrit Illner und Sandra Maischberger, bisher die großen Vier des Politiktalks, haben in der Regel lange Feierabend, wenn Markus Lanz beginnt. Normalerweise ist das irgendwann zwischen 22.45 Uhr und Mitternacht. Anne Will bekommt ihre Zuschauerinnen und Zuschauer vom vorher laufenden *Tatort* serviert, Maybrit Illner startet direkt nach dem *heute journal*, das passt. Markus Lanz muss sein Publikum selbst mobilisieren, unter denkbar schwierigsten Bedingungen, weil viele Menschen dienstags, mittwochs und donnerstags kurz vor Mitternacht normalerweise etwas anderes tun, als vor dem Fernseher zu sitzen. Sie schlafen.

Was ist das Geheimnis von Markus Lanz? Wie haben sich Sendung und Gastgeber in all den Jahren verändert? Und was sagt das über den politischen Diskurs, die Gesprächskultur in unserem Land?

Der US-Digitalexperte Jeff Jarvis warnt schon länger vor einer Situation, in der alle sprechen, aber niemand zuhört. Der Hamburger Autor Carsten Brosda, „nebenbei" auch Kultursenator der Stadt und Vertrauter von Bundeskanzler Olaf Scholz, griff das auf und sagte: „Es scheint oft nur darum zu gehen, wer lauter, wer zugespitzter und pointierter ist, es gelingt uns nicht mehr, ein öffentliches Gespräch herzustellen. Und damit verändern sich die Grundlagen unserer Demokratie, weil kaum noch jemand weiß, worum wir uns alle kümmern müssen." Das ist einer der Punkte, an dem Markus Lanz und sein Chefredakteur und Geschäftspartner Markus Heidemanns ansetzen, wenn sie sagen, dass man in die Sendung keine Gäste einlade, „damit es kracht", im Gegenteil: „Am Ende geht es darum, den Menschen etwas Substanzielles zu erzählen und die Sendezeit zu nutzen." Und ja, es geht auch darum, dass alle, die einschalten, verstehen, was die, die dort sitzen, erzählen. Das ist für Lanz guter Journalismus. Die nahe liegenden Fragen zu stellen, auch wenn sie vielleicht platt wirken, und sich nicht abschütteln zu lassen von Menschen, die trainiert darauf sind, diese Fragen nicht zu beantworten. „Der Zuschauer kann bei und mit Lanz im Idealfall die eigene Politisierung vorantreiben", schrieb die *taz*.

Dabei will Lanz als Fragesteller nicht zynisch wirken, sondern zugewandt und empathisch bleiben. Er ist ein Getriebener, einer, für den das ganze Leben eine einzige große Gesprächsrunde ist. Das hat nicht nur mit all den bösen Kritiken der Vergangenheit zu tun, sondern auch mit seiner Kindheit in Südtirol, dem Hin und Her zwischen Deutschland und Italien, zwischen privatem und öffentlich-rechtlichem Fernsehen. Man muss sich Markus Lanz als zerrissenen Menschen vorstellen, der ausgerechnet in und durch die Corona-Krise dort angekommen ist, wo er immer hinwollte. Und der nach dem Ende der Pandemie mit dem Krieg in der Ukraine ein neues Thema bekam, das ihm erlaubte, genauso weiterzumachen.

Als ich durch einen Zufall selbst als Gast bei ihm eingeladen wurde – ich hatte ein Buch über den neuen Bundeskanzler Olaf Scholz geschrieben, das zu dessen Wahl am 8. Dezember 2021 erschien –, war mir endgültig klar, dass ich mich diesem Mann und seiner Sendung nähern wollte, es, nein, *er* ließ mich nicht mehr los. Ich bin seit Jahren ein Talkshow-Junkie: Montag *Hart, aber fair*, Donnerstag *Maybrit Illner*, Sonntag *Anne Will*, es musste schon viel passieren, dass ich eine der Sendungen verpasste. Markus Lanz konnte ich lange nicht ertragen, den seltsamen Gästemix von den Geissens über Bushido bis zu Sahra Wagenknecht, die Art der Moderation, die vielen Ungenauigkeiten, dazu die unchristlichen Zeiten. Ich hatte als Hamburger und Chefredakteur des *Hamburger Abendblatts* ausgerechnet die einzige Hamburger Talkshow mit wachsendem politischen Anspruch etliche Jahre nicht auf dem Schirm. Ich habe deshalb, anders als mein Nachbar, lange nicht bemerkt, wie sich Markus Lanz entwickelt hat. Vielleicht wäre es mir, wäre es uns allen ohne die Corona-Pandemie nie aufgefallen. Ohne diese Ausnahmesituation, in der man abends niemand treffen und sich austauschen konnte, es aber so viel zu besprechen und zu verstehen gab, und ohne den Moment, in dem TV-Sendungen mit Zuschauerinnen und Zuschauern im Studio verboten wurden, was *Markus Lanz* so gutgetan hat wie keiner anderen Talkshow. Wobei man dort auch mit Abstand am meisten daraus gemacht hat. Lanz braucht niemanden, der ihm applaudiert oder der über ihn lacht, das lenkt ihn eher ab. Er braucht jemanden, mit dem er reden, streiten, diskutieren kann, gern lange. „Ich mag das", sagt er.

Aber gilt das auch in eigener Sache? Wenige Wochen nach meinem Auftritt schrieb ich ihm eine SMS, dass ich ein Buch über ihn und seine Sendung machen wolle, und fragte, ob wir uns mal treffen könnten. Markus Lanz schrieb nur einen Satz zurück: „Gern treffen, es gibt viel zu besprechen."

Das gab es wirklich. Ich habe mir monatelang jeden Tag alte und neue Folgen seiner Sendung angesehen und viele Podcasts von Lanz und Precht angehört. Ich habe für dieses Buch mit etwa 50 Weggefährten, Politikerinnen und Politikern, Journalistinnen und Journalisten, Wissenschaftlerinnen und Wissenschaftlern gesprochen, die Lanz gut kennen und/oder bei ihm zu Gast waren. Fast alle, die ich angefragt habe, waren schnell zu einem Gespräch bereit – allein aus den Reihen der CDU und der Grünen kamen ein paar Absagen – und hatten einiges zu erzählen.

Nur einem war das Projekt bis zum Schluss nicht ganz geheuer. Aber alles andere hätte auch nicht zu dem gepasst, was ich inzwischen über Markus Lanz gehört und gelesen habe.

Leben mit Lanz – Woche 1

4. Januar, Gäste: Politiker Sigmar Gabriel (SPD), Historikerin Annika Brockschmidt, Journalist Johannes Hano

Vielleicht ist das Erfolgsgeheimnis von Markus Lanz, dass er gar kein Moderator ist. Vielleicht rutscht er immer so unruhig auf seinem Stuhl im TV-Studio hin und her, weil er raus will, mit Fotoapparat und Kamerateam, um mit den Leuten zu sprechen, die ihn mehr interessieren als Ministerpräsidentinnen, Generalsekretäre oder Karl Lauterbach. Zum Beispiel Drogenabhängige, Obdachlose, Menschen, die gerade ihren Job verloren haben und deshalb in ihrem Auto leben müssen, weil es das Einzige ist, was ihnen geblieben ist. Als Anfang 2022 die gesammelte Talkshow-Konkurrenz noch in der Winterpause ist, sieht man im ZDF Markus Lanz durch Amerika reisen, durch ein im Gegensatz zu Deutschland wirklich gespaltenes Land, in dem der Präsident eins wissen muss: Alles, was er macht, wird von der einen Hälfte der Bevölkerung beklatscht und von der anderen niedergebrüllt. „Joe Biden hat nichts zu verlieren, außer die amerikanische Demokratie", wird Sigmar Gabriel, ehemaliger Außenminister, ehemaliger SPD-Vorsitzender und amtierender Chef der Atlantik-Brücke, eines Vereins, der die Beziehungen zu den USA pflegt, in der ersten Sendung im Januar 2022 sagen. Vorher hat man Lanz' neue Reportage aus den USA gezeigt. „Amerika ungeschminkt" ist das Gegenteil von dem, was er dienstags bis donnerstags macht, und das nicht nur, weil die Gäste seiner Talkshow bekanntermaßen extra für die Sendung geschminkt werden. Markus Lanz spricht in den USA auch mit einigen wichtigen Menschen, etwa mit Wissenschaftlern, aber das ist die Ausnahme. Stattdessen holt er eine junge drogenabhängige Frau aus einem Zelt, in dem sie auf der Straße wohnt, er fragt einen Mann, wo denn nun das Auto sei, in dem er angeblich lebt (und bekommt heraus, dass es dieses Auto nicht gibt), er geht durch Wohngegenden, in denen „jeder eine Waffe hat". „Ich habe mich eigentlich immer als Reporter verstanden", sagt Markus Lanz.

5. Januar, Gäste: Politiker Tobias Hans (CDU), Politikerin Christine Aschenberg-Dugnus (FDP), Journalistin Nadine Lindner, Immunologe Carsten Watzl

„Herzlich willkommen zu unserer Sendung, in der wir gleich zu Beginn die gesundheitspolitische Sprecherin der FDP begrüßen. Das ist deshalb interessant, weil sich in ihrer Partei gerade etwas zusammenbraut, das es in sich hat. Zur Erinnerung: Unter der neuen Regierung steuert Deutschland auf eine allgemeine Impfpflicht zu. Doch in ihrer Partei rumort es deshalb. Obwohl die FDP Teil dieser neuen Regierung ist, wollen offenbar einige Abgeordnete dagegen stimmen. Angeführt wird diese Revolte von Wolfgang Kubicki, aber auch unser heutiger Gast ist ausdrücklich gegen eine allgemeine Impfpflicht. (...) Die Frage ist: Ist das schon richtig böse gegen Olaf Scholz oder ist das einfach nur Demokratie?" So stellt Markus Lanz die FDP-Gesundheitsexpertin Christine Aschenberg-Dugnus vor und die wirkliche Frage lautet: Ist es nur tollkühn oder schon gefährlich, eine Gesprächsrunde, die mehr als eine Stunde dauern soll, derart aggressiv anzufangen? Zumal Lanz genauso weitermacht, als er über den saarländischen Ministerpräsidenten Tobias Hans, der friedlich auf dem Stuhl neben ihm sitzt, Folgendes sagt: „Wolfgang Kubicki sagte kürzlich, auch so ein interessanter Satz: ‚Ich bin entsetzt über das jakobinerhafte Verhalten vieler in diesem Land, deren Freude an 2G und Impfpflicht wirklich nicht mehr rational ist.' Wie sieht dieser Mann das und wie heikel ist dieser

Moment für ihn und seine politischen Pläne? Dazu muss man wissen: Er hat als Ministerpräsident des Saarlandes als Erster im neuen Jahr eine Landtagswahl vor der Brust. Und während es am Anfang viel Zustimmung gab für seinen Kurs in der Pandemie, rumort es ja auch in seinem Land. Und der führende Epidemiologe in seinem Land warf ihm kürzlich vor, es verbockt zu haben." Sagt Lanz, fügt sein „Ich freue mich sehr" an, das standardmäßig auf jede Vorstellung eines Gastes folgt, und regt sich dann auf, dass in der Pandemie in Deutschland Entscheidungen auf Basis von Infektionszahlen getroffen werden, von denen niemand weiß, ob sie stimmen. „Wie kann das sein?" Mir fällt auf, dass ich mir die Frage gar nicht mehr stelle, weil ich mich daran gewöhnt habe, dass die Zahlen so sind, wie sie sind. Vielleicht ist eine der Stärken Lanz', dass dieser Gewöhnungsprozess bei ihm nicht eintritt und dass er sich nicht zu schade ist, immer wieder Fragen zu stellen, auf die es keine Antworten gibt. Auch wenn es und er dadurch manchmal nicht nur penetrant, sondern beinahe beleidigt wirkt.

6. Januar, Gäste: Politikerin Karin Prien (CDU), Politiker Gregor Gysi (Linke), Virologe Hendrik Streeck, Journalistin Eva Quadbeck

Ein Prinzip von Markus Lanz ist, Antworten seiner Gesprächspartnerinnen und -partner zu wiederholen. Das wirkt manchmal etwas seltsam, etwa, wenn Schleswig-Holsteins Bildungsministerin Karin Prien zur Zukunft der Schulen in der beginnenden Omikron-Welle sagt: „Wir wollen den Präsenzunterricht aufrechterhalten. Schulen sind das, was zuletzt geschlossen werden darf in Deutschland." Und Lanz dann entgegnet: „Das ist der Plan, so habe ich Sie verstanden, Schulen bleiben auf jeden Fall offen." Hat sie doch gesagt, aber das ist Lanz egal, ihm geht es darum, klare Punkte zu machen. Jeder soll verstehen, was in seiner Sendung gesagt wird. Als der Virologe Hendrik Streeck versucht zu erklären, wie man mithilfe eines „sozioökonomischen Panels" bessere Daten über die Verbreitung des Corona-Virus in Deutschland bekommen könnte, sagt Lanz: „Für Menschen, die nicht so schlau sind wie Sie, ich kann da nicht folgen: Was ist die Idee dahinter?" Das wirkt, Streeck erklärt noch einmal, diesmal so, dass man begreift, worum es geht. Der Bonner ist gern gesehener Gast bei Lanz, auch wenn er eines der Kriterien, die den Machern der Sendung am wichtigsten sind, nicht optimal erfüllt. Er kann nicht ganz so anschaulich und verständlich über die Pandemie sprechen wie Christian Drosten, der zusammen mit Streeck im Expertenrat der Bundesregierung zur Pandemie sitzt. Doch der kommt nicht zu Lanz, Drosten kommuniziert vor allem über einen Podcast des NDR. Grundsätzlich hat die Journalistin Eva Quadbeck recht: „Wir haben kein Erkenntnis-, wir haben ein Umsetzungsproblem." Wenn man sich nur ein bisschen mit Omikron beschäftigt hat, staunt man, dass Lanz Grafiken aus England wie eine Sensation ankündigt, aus denen hervorgeht, dass die neue Variante viel ansteckender ist als frühere, aber nicht so oft zu Krankenhausaufenthalten führt. Weiß doch längst jeder, denke ich. Weiß das wirklich jeder?, würde Lanz wahrscheinlich entgegnen. Er mag und macht Erklär-Fernsehen und er stellt auch Fragen, um Antworten zu bekommen, die er längst kennt. Nicht für sich, sondern für sein Publikum.

„Er dürfte nie und nimmer eine Talkshow leiten"

Wetten, dass niemand im deutschen Fernsehen so schlecht behandelt wurde?

Beim Deutschen Fernsehpreis im Jahr 2021 war Thomas Gottschalk eingeladen, um die Auszeichnung für die beste Schauspielerin/den besten Schauspieler vorzunehmen. Doch als er von Moderatorin Barbara Schöneberger auf die Bühne gerufen wurde, konnte Gottschalk sich zwei Sätze über den Mann nicht verkneifen, der zuvor den Preis in der Kategorie „Beste Information" erhalten hatte. „Darf ich die Gelegenheit nutzen, Markus Lanz zu gratulieren", sagte er, kaum dass die Fernsehkameras auf ihn gerichtet waren. „Gibt ja Sachen, die er kann." Das klang, als sollte es lustig sein, und Barbara Schöneberger lächelte tatsächlich, um dann zu sagen: „Jetzt verstehe ich es erst, sehr, sehr komisch, hatte ich schon alles wieder vergessen. Ihr auch, glaube ich, und alle anderen auch."

Die zwei vermeintlich harmlosen Sätze von Thomas Gottschalk waren nicht witzig gemeint und kaum jemand im Saal dürfte vergessen haben, wie böse Markus Lanz in der Vergangenheit mitgespielt worden war. Wenn doch, dann wurden er oder sie von Gottschalk ziemlich plump daran erinnert.

Es gibt keinen Menschen im deutschen Fernsehen der jüngeren Vergangenheit, der so übel verspottet und beschimpft wurde wie Markus Lanz. Die Kritik, die der Moderator mehrere Jahre ertragen musste und die 2014 ihren Höhepunkt erreichte, als er als Nachfolger von eben jenem Thomas Gottschalk bei *Wetten, dass..?* scheiterte und die Sendung daraufhin eingestellt wurde, hatte etwas von „Wer will noch mal, wer hat noch nicht". Wenn man mit Journalistinnen und Journalisten heute über diese Zeit spricht, ist von einer „Hetzjagd, die sich verselbstständigt hat" die Rede. Horst Lichter, neben Lanz eines der bekanntesten Gesichter des ZDF, spricht von „übelster Nachrede". Markus Lanz selbst hat zu all dem, was damals über ihn geschrieben wurde, gesagt: „Einmal in der Welt, zementieren sich Klischees unabhängig von der Realität. Das bewegt mein Weltbild nicht ernsthaft, sonst müsste ich mir die Kugel geben."

Damals war Lanz zum Abschuss freigegeben, es gehörte fast zum guten Ton, sich über ihn lustig zu machen. 2013 hieß es in der *Frankfurter Allgemeinen Zeitung*: „Markus Lanz hat jetzt 500 Ausgaben seiner Talkshow im ZDF absolviert. Gern würde er 500 weitere machen. Doch davor kann man nur warnen." Im *Spiegel* hatte der Medienkritiker Stefan Niggemeier schon ein Jahr vorher geschrieben: „Markus Lanz hat eine rasante Karriere gemacht vom Moderator von RTL-Boulevardmagazinen wie *Explosiv*, der die erste Fernseh-Liveübertragung einer Brustvergrößerung direkt vom OP-Tisch kommentieren durfte, zum wichtigsten Unterhaltungsmenschen im ZDF. (...) Lanz ist vielleicht der größte Streber im deutschen Fernsehen. (...) Überraschenderweise hat Lanz neuerdings den Ruf, auch kritisch nachhaken zu können. Das muss daran liegen, dass er es geschafft hat, aus der Zwangsstörung von Menschen, die das Haus nicht verlassen können, ohne wieder und wieder und wieder überprüft zu haben, dass der Herd aus ist, so etwas wie eine Interviewtechnik zu machen." Im Internet legte Niggemeier nach: „Ich habe im *Spiegel* dieser Woche versucht zu erklären, was Markus Lanz für mich so unausstehlich macht. Es sind ja nicht nur diese Posen, das Finger-an-den-Mund-Legen, der Dackelblick, dieses sich Spreizen, die Witzelsucht, die konsequente Unterforderung des Zuschauers, die persönlichen Zudringlichkeiten, das Desinteresse an Inhalten, die Fragetechnik, die von Johannes B. Kerner gelernte Kunst, sich von sich selbst zu distanzieren, die Phrasen, die angestrengte und anstrengende Vortäuschung des kritischen Nachfragens, das Aufondulieren der Sprache, die Wichtigtuerei, das ganze streberhafte Gehabe. Es ist auch das Ausmaß, in dem er aus seiner Talkshow eine Art Betriebsausflug gemacht hat, mit diesem unbedingten Willen zur kontrollierten Ausgelassenheit und dieser gezwungenen Kumpelhaftigkeit. Hinter einer Fassade moderner Munterkeit tun sich Abgründe spießiger Bräsigkeit auf."

Die *Frankfurter Rundschau* entwickelte gar eine Lanz-Phobie, die bis heute in Kritiken zu spüren ist und die sich selbst 2019, als *Wetten, dass..?* längst Geschichte war und Markus Lanz in seiner Sendung bemerkenswerte und ernst zu nehmende Interviews mit Politikerinnen und Politikern geführt hatte, so las: „Aber ein Moderator, der nicht moderiert, sondern Fragen abschießt, der es in seiner typischen Haltung, ganz vorne auf der Stuhlkante sitzend, als wolle er sich auf das Gegenüber stürzen (und so seine Nervosität und Überforderung zeigt) fast nie schafft, seine Gäste ausreden zu lassen, und dann irgendwann sagt: ‚Lasst uns diese Schärfe rausnehmen' – die er selbst hineingebracht hat in das Gespräch: Solch ein Mann dürfte nie und nimmer eine Talkshow leiten. Nun tut das aber Markus Lanz seit Jahren und es ist eines der großen Rätsel der bundesdeutschen Fernsehlandschaft, dass er das trotz seiner offensichtlichen Unfähigkeit immer noch tut." Oder zu einer Sendung, in der die SPD-Vorsitzenden Saskia Esken und Norbert Walter-Borjans zu Gast waren: „Und sie schlugen sich tapfer, denn es war ein Gefecht und der Feind saß auf dem Moderatorenstuhl. (…) Er stellte Fragen, wollte aber die Antwort nicht hören, sondern die nächste Frage abschießen. Dass er die beiden Gäste unterbrach, wäre untertrieben: Er ließ sie einfach nicht richtig zu Wort kommen. Vor allem auf Saskia Esken hatte er es abgesehen und da bekam der Nicht-Dialog auch noch etwas eklig Frauenfeindliches."

Die *Bild-Zeitung* ließ ihren Kolumnisten Franz Josef Wagner 2014 auf Seite 2 einen kurzen Brief schreiben, eher eine Postkarte: „Lieber Markus Lanz", begann Wagner, „irgendwie sind wir alle mittelmäßig, hat ein Philosoph einmal gesagt. Das zu erkennen, ist nicht lustig. Markus Lanz ist ein netter Mensch, aber leider nicht Mozart oder Gottschalk. Es ist tragisch, von Dingen zu träumen, die sich nicht erfüllen lassen. Schlechteste Einschaltquote, seit es *Wetten, dass..?* gibt. Wenn ich Markus Lanz wäre, würde ich mich in mein Auto setzen und wegfahren. Durch Städte, über Autobahnen, an Häusern vorbei, wo Licht brennt, immer weiter. Ich würde zu einem Ort fahren, wo Frieden ist. Wind in den Bäumen. Aus einer Quelle kommt Wasser. Was für ein schöner Ort, wo ein Mensch glücklich werden kann."

Kaum eine Sendung werde „so gehasst wie die von Markus Lanz", schrieb wieder die *Frankfurter Allgemeine Zeitung* 2019 (um wenigstens hinzuzufügen, dass Lanz inzwischen das einzige Format im Fernsehen habe, in dem es „echte Gespräche der Gäste" gebe). Woher kam dieser Hass, der sich in Überschriften wie „Fack ju, Lanz!" manifestierte, warum „saßen die Typen mit gespannter Flinte da", wie Lanz es einmal selbst formulierte? Sagt die mediale Hetzjagd, die damals betrieben wurde, am Ende vielleicht mehr über diejenigen aus, die sie angeführt haben, als über Markus Lanz selbst?

Wenn man sich Antworten auf diese Fragen nähert, landet man wieder bei Horst Lichter, der sagt, dass Markus Lanz vieles von dem habe, was denen, die ihn kritisierten, fehle: „Er sieht verdammt gut aus, er ist intelligent, er ist musikalisch, er ist rhetorisch brillant, er ist ein hervorragender Fotograf. Mit anderen Worten: So einen können andere Männer gar nicht gut finden." Tatsächlich hatte die Kritik an Lanz früh etwas Oberflächliches. Der Artikel auf der Internetseite von Stefan Niggemeier, der übrigens nicht mit mir über den Moderator sprechen wollte, weil der Verlag, in dem dieses Buch erscheint, ihm nicht auf seine

Anfragen antworte, war mit „Kein schöner Lanz" überschrieben. Dass gutes Aussehen im Fernsehen eine große Rolle spielt, muss man nicht diskutieren, bei Lanz wurde es aber von Anfang an, und teilweise bis heute, gegen ihn verwendet. Motto: Wer so gut aussieht, kann inhaltlich nicht gut sein, seriös schon gar nicht. Lanz hat so lange gegen dieses Vorurteil gekämpft, dass er ungern über sein Äußeres reden mag. Er kleidet sich bewusst in seinen Sendungen so, dass weder seine Anzüge noch seine Krawatten oder Schuhe Anlass für irgendwelche Diskussionen geben. „Wenn ein Mann nicht wie ein Eimer aussieht, macht er sich der Doofheit verdächtig", hat Lanz einmal gesagt. Das stimmt und dabei bleibt es nicht. Allein, dass er so aussieht, wie er aussieht, werten manche schon als Eitelkeit.

Markus Lanz, das war dieser Schönling, der alles „wegmoderiert hat, was man ihm vorgesetzt hat", der Boulevard-Heini und „Ersatzmann", der mit der („viel älteren") RTL-Moderatorin Birgit Schrowange liiert war, der keine Floskel und Stanze ausließ und der beim ZDF Kochsendungen moderierte. Die Frage, ob „der überhaupt eine journalistische Ausbildung hat", verfolgt ihn bis heute. Lanz kam in den Texten, die über ihn verfasst wurden, wie ein öffentlich-rechtliches Missverständnis rüber und spätestens, als bekannt wurde, dass er *Wetten, dass..?* übernehmen sollte, war er auch genau das. Niemand hätte die Sendung, deren Zeit erstens gekommen und die zweitens unwiderruflich mit Thomas Gottschalk verbunden war (und ist), retten können. Aber Markus Lanz war sicher derjenige, der dafür am wenigsten geeignet war. Er war von RTL zum ZDF gewechselt, um endlich anderen Journalismus machen zu können, Dokumentationen, Reportagen, politische Gespräche, all das, für das er spätestens 2020 gefeiert wurde. „Es ging ihm von Anfang an um die ernsten Dinge des Lebens", sagt einer seiner engsten Weggefährten, die Welt der Unterhaltung liege ihm nicht, weil ihn die Menschen dort nicht interessierten.

Doch darauf konnte das ZDF keine Rücksicht nehmen, als sich bei der Suche nach einem Nachfolger von Thomas Gottschalk ein Kandidat nach dem anderen „in die Büsche schlug", wie Lanz es formuliert hat. „Es war dramatisch. Jeder wusste, wie schwer es sein würde, jeder hatte Angst." Die hatte Markus Lanz auch, aber darüber hinaus keine Wahl. Das ZDF schuf Fakten und kündigte ihn als neuen Moderator von *Wetten, dass..?* an, auch wenn Lanz von diesem Job nun wirklich nicht geträumt hatte. Aber was sollte er machen? Absagen, damit den Sender in Schwierigkeiten bringen, die Zukunft seiner Talkshow riskieren und die der Mhoch2 TV-Produktionsgesellschaft, die er 2010 mit Markus Heidemanns gegründet hatte? Ausgeschlossen, nachdem Lanz zum ZDF gekommen war, weil er es bei RTL nicht mehr ausgehalten hatte: „Ohne den Wechsel hätte ich mit dem Fernsehen wahrscheinlich aufgehört." Also trat er die unmögliche Mission an, scheiterte mit Ansage und hatte nun wirklich alle gegen sich. Allen voran die *Bild-Zeitung*, für die *Wetten, dass..?* so wichtig gewesen sei wie wenige andere TV-Sendungen, sagt ein Mitglied der Chefredaktion aus dieser Zeit: „Wir hatten nichts gegen Markus Lanz persönlich. Wir hatten nur etwas dagegen, dass *Wetten, dass..?* auf einmal aus dem Fernsehen verschwand." Die Wut über das Aus für die Sendung, die jahrzehntelang verlässlich Schlagzeilen geliefert hatte, kumulierte in der Aufforderung von *Bild*-Kolumnist Wagner, Lanz möge bitte auch verschwinden, siehe oben.

Der Moderator litt sehr unter der Situation und er fing an, noch stärker an sich zu zweifeln, als er es sowieso getan hatte. Dem Männermagazin *GQ* sagte er dazu einmal in einem langen Interview: „Ich glaube, die Wahrheit ist: Eigentlich bin ich fürs Fernsehen total ungeeignet. Ich runzle ständig die Stirn, sagt meine Mutter. Ich gucke oft nicht sehr freundlich, sondern so, wie mir gerade zumute ist. Und ich bewege mich viel zu viel, obwohl ich weiß, dass jede Bewegung im Fernsehen zweimal so ausladend wirkt. Deshalb schaue ich mir Sendungen, in denen ich selbst auftauche, nie an. Ich ertrage mich nicht."

Das Scheitern mit *Wetten, dass..?* hatte aber noch eine andere Konsequenz. Von diesem Moment an hatte Lanz das Gefühl, dass er „mit dem Leben eine Rechnung offen hat", und wahrscheinlich hat einer meiner Gesprächspartner bei der *Bild-Zeitung* recht, wenn er behauptet, „dass Lanz ohne all die Häme, ohne all die Niederlagen von damals heute nicht dort wäre, wo er ist". Dass er diese Zeit überstanden hat, nicht nur als TV-Figur, sondern vor allem als Mensch, ist und bleibt ein Wunder. Es hätte auch anders ausgehen können, wenn das ZDF ihn fallen gelassen hätte, wäre es das mit der TV-Karriere gewesen. Das weiß Markus Lanz, der heute der Phase „etwas Befreiendes" attestiert. Auch weil er an einem Punkt war, an dem er nichts mehr zu verlieren hatte. „Ich bin dankbar, dass ich die Chance bekommen habe, weitermachen zu können", hat Lanz in einem Gespräch mit Reinhold Beckmann gesagt. „Es hätte auch dort enden können, das hätte wirklich etwas mit mir gemacht."

Zumal ihm im Jahr 2014, das Tief- und Wendepunkt seiner Karriere werden sollte, nicht nur die Nachfolge von Thomas Gottschalk schlaflose Nächte bereitete. Sondern auch ein Gespräch mit Sahra Wagenknecht ...

Leben mit Lanz – Woche 2

11. Januar, Gäste: Politikerin Manuela Schwesig (SPD), Journalistin Kaja Klapsa, Epidemiologe Timo Ulrichs, Mediziner Johannes Nießen

Die Omikron-Variante des Corona-Virus überrollt Deutschland, in Hamburg, wo *Markus Lanz* aufgezeichnet wird, macht sie bereits 90 Prozent aller Neuinfektionen aus. Es gibt kein anderes Thema und es ist schwer, neue Aspekte und Fehler im System der Eindämmungsmaßnahmen zu finden, aber genau das ist Lanz' Ziel. Der erste Versuch gelingt einigermaßen. Es geht um die Einführung der 2G-plus-Regel für den Besuch von Restaurants. Nur wer von Corona genesen oder dagegen geimpft ist und einen aktuellen, negativen Test vorweisen kann, darf eingelassen werden, mit einer Ausnahme: Geboosterte, also all die, die eine dritte Impfung erhalten haben, sind von der Testpflicht befreit. Markus Lanz ahnt eine Lücke, als er Mecklenburg-Vorpommerns Ministerpräsidentin Manuela Schwesig fragt, ob ein Mensch, der morgens geboostert worden sei, abends bereits in einem Restaurant essen dürfe. Ja, sagt Schwesig, das dürfe er, auch wenn, wie der Epidemiologe Timo Ulrichs Lanz bestätigt, die Wirkung des Boosters sich erst nach ein paar Tagen voll entfaltet. „Also ist das vor allem eine politische Entscheidung", sagt Lanz und damit ein (weiterer) Anreiz, die Leute zum Impfen zu bringen. Punkt für ihn, These eins verfängt. Für die zweite These gilt das nicht. Das Gespräch über Lanz' Behauptung, Mecklenburg-Vorpommern sei in den vergangenen Wochen zu „alarmistisch" gewesen, was die Belegung der Intensivbetten in den Krankenhäusern anging, führt dazu, dass Manuela Schwesig den Moderator mehrfach unterbricht und korrigiert: „Da haben Sie ein Missverständnis,

Herr Lanz", sagt sie, oder: „Herr Lanz, Entschuldigung, ich muss Ihnen widersprechen: Sie stellen das echt falsch dar." Markus Lanz verrennt sich in die Behauptung, Mecklenburg-Vorpommern hätte so getan, als hätte das Land nicht 600, sondern nur 100 Intensivbetten, immer wieder suggeriert er, dass Betten frei gewesen wären, dabei war rund um Weihnachten 2021 das Gegenteil richtig. Man merkt ihm in dieser Phase der Sendung seine Anspannung an, er presst die Fingerkuppen der Hände zusammen, er wirft die Stirn in Falten und sucht unter den anderen Gästen jemanden, der ihm recht gibt. Das Lanz'sche Prinzip, eine Frage so lange zu stellen, bis er die Antwort bekommt, die er haben will, geht diesmal nicht auf, weil das Thema das falsche ist. Das richtige wird zum Ende der Sendung verhandelt: die Impfpflicht, die gegen Omikron zu spät und vielleicht gar nicht mehr kommt. „Es zeichnet sich ab, dass die Impfpflicht ein Irrweg ist", sagt Journalistin Kaja Klapsa.

12. Januar, Gäste: Politiker Karl-Josef Laumann (CDU), Politikerin Marie-Agnes Strack-Zimmermann (FDP), Journalistinnen Christina Berndt, Diana Zimmermann, Journalist Robin Alexander

Wer als Politiker zu *Markus Lanz* kommt, muss mit allem rechnen, vor allem damit, dass die Redaktion unangenehme Bilder, Filmausschnitte oder Zitate gefunden hat, die plötzlich eingespielt werden. Als Karl-Josef Laumann, von Lanz als „einziger deutscher Minister mit Hauptschulabschluss" angekündigt, berichtet, dass in Nordrhein-Westfalen 90 Prozent der über 60-Jährigen gegen Corona geimpft seien – es wird in dieser Sendung wieder nur um die Pandemie gehen –, muss das auf den Moderator wie ein Stichwort gewirkt haben. 90 Prozent? Das hat der Gesundheitsminister doch schon einmal gesagt. Nämlich bei einer Pressekonferenz, auf der Laumann zusammen mit seinem Ministerpräsidenten Hendrik Wüst stolz verkündete, dass in NRW 90 Prozent aller Bewohner in Alten- und Pflegeheimen eine Booster-Impfung erhalten hätten. Die Nachricht klang besser, als sie in Wahrheit war. Denn tatsächlich hatte das Land nur *in* 90 Prozent seiner Alten- und Pflegeheime eine Auffrischungsimpfung *angeboten*. Ein kleiner, aber feiner Unterschied, über den man sprechen kann, aber „vielleicht nicht zehn Minuten", wie Marie-Agnes Strack-Zimmermann von der FDP sagt, nachdem Lanz zusammen mit Robin Alexander, dem stellvertretenden Chefredakteur der *Welt*, Laumann etwa so lange in die Mangel genommen hat. Wobei das wörtlich zu nehmen ist, denn Lanz sitzt wie immer links, Alexander rechts außen. Der Journalist war so oft in der Sendung, dass das Zusammenspiel mit dem Moderator via Augenkontakt funktioniert. Zwischenzeitlich kann einem Laumann leidtun, der immer wieder einen kleinen Spickzettel zur Hand nimmt, kurz darauf guckt, aber nichts weiter zu den frisierten Zahlen sagt. Das übernimmt Lanz, die ungenauen Daten und Fakten, auf denen die Pandemiepolitik beruht, scheinen sein Lieblingsthema zu bleiben, als ob prozentuale Abweichungen in die eine oder andere Richtung angesichts der gewaltigen Zahlen an Neuinfektionen einen Unterschied machen würden.

Den erwarten Laumann und Strack-Zimmermann von der Einführung der Impfpflicht, beide sind dafür und Robin Alexander hat Verständnis, dass sich angesichts neuer wissenschaftlicher Erkenntnisse über Corona auch die Meinung von Politikerinnen und Politikern ändern kann. Wobei er von Bundeskanzler Olaf Scholz klare Ansagen vermisst. „Eine Regierung muss gerade in einer solchen Krise Führung zeigen", sagt er. Lanz zeigt noch ein Video, aufgenommen von einem Bürger mit einer Handykamera. Zu sehen ist jemand, der seit Jahren nicht in der Sendung zu Gast war, obwohl er immer wieder angefragt wird. Christian Lindner, neuer Bundesfinanzminister, sagte im Wahlkampf im Sommer 2021, dass „Ungeimpfte auch im Herbst in Gaststätten gehen sollen, vielleicht mit der Voraussetzung eines negativen Tests".

13. Januar, Gäste: Politiker Ralf Stegner (SPD), Ökonomin Monika Schnitzer, Physiker Dirk Brockmann, Journalistin Kerstin Münstermann

Der Donnerstag ist ein schöner Tag für Talkshow-Liebhaberinnen und -Liebhaber, weil man mehr als zwei Stunden gucken kann, ohne einmal umzuschalten. Der direkte Übergang von *Maybrit Illner* zu *Markus Lanz* ist auch deshalb interessant, weil er zeigt, wie unterschiedlich die beiden Formate sind. Hier die klassische Ansammlung von Meinungsbeiträgen, ein Nebeneinander von Argumenten, die mal aufeinander aufbauen und mal nicht; das ist Illner. Dort eine Talkshow, die in Wahrheit aus Einzelinterviews besteht und die immer öfter auch Volkshochschule sein will. Etwa, wenn der Physiker und Corona-Modellierer Dirk Brockmann kurz vor Mitternacht viel Zeit erhält, um Kurven mit Infektionszahlen und Hospitalisierungsraten zu erläutern. Das ist (auch) Lanz, der an diesem Abend einem Mann eine Bühne gibt, der in jeder normalen Talkshow mit seiner ruhigen Art Schwierigkeiten hätte, sich Gehör zu verschaffen. Eigentlich hätte Brockmann schon vor einer Woche zu Gast sein sollen, damals musste er absagen – wegen einer Corona-Infektion, trotz zweiter Impfung und einer Boosterung. „Ich war ein paar Tage richtig krank", sagt der Wissenschaftler und das hilft, die Aufmerksamkeit der Zuschauerinnen und Zuschauer zu später Stunde zu gewinnen und zu halten. Für die „Stimmung in der Bude", für die normalerweise Markus Lanz zuständig ist, wenn er bei seinen politischen Gästen hart nachfragt, sorgt diesmal der anwesende Politiker selbst. Ralf Stegner sagt über Querdenkende und Impfgegnerinnen und -gegner: „Hätten Sie gedacht, dass Menschen außerhalb von psychiatrischen Einrichtungen solche Theorien verfolgen?" Da fällt selbst Markus Lanz wenig zu ein: „Echt jetzt?", sagt er, als könne er nicht glauben, was der Gast da gerade rausgelassen hat, ohne dass der Moderator es darauf angelegt hätte. Es bleibt Lanz' Frage an Modellierer Dirk Brockmann, wer aus der heutigen Runde sich in den kommenden Wochen mit Omikron anstecken werde. Eine Antwort kann man seriös nicht geben, dafür stellt sich mir eine neue Frage: Wenn Markus Lanz in Quarantäne muss, wer moderiert dann *Markus Lanz*?

„Raus mit Markus Lanz aus meinem Rundfunkbeitrag!"

Das legendäre Gespräch mit Sahra Wagenknecht und ein altes Trauma

Am 27. Januar 2014 veröffentlichte *Der Postillion* unter der Überschrift „Unglaublich! Petition gegen Lanz hat nach jedem Medienbericht über ihren Erfolg mehr Erfolg" folgenden kurzen Text:

„Journalisten im ganzen Land sind völlig aus dem Häuschen, weil eine Online-Petition mit dem Titel ‚Raus mit Markus Lanz aus meinem Rundfunkbeitrag!' nach jedem Medienbericht eine noch größere Zahl an Unterzeichnern aufweist als zuvor. (…) Inzwischen steht der Zähler der Petition schon bei 225.000. ‚Es ist unglaublich!', staunt Redakteur Stefan W. vom Onlinebranchendienst *Meedia*. ‚Die Petition auf openpetition.de hatte gerade einmal 7.500 Unterstützer, als ich den Artikel ‚Online-Petition gegen Markus Lanz' mit Link auf die Petition verfasst habe.' Noch am selben Tag berichtete *focus.de* in einem Artikel mit Link auf die Petition von 9.000 Unterschriften, der *Kölner Express* vermeldete wiederum, dass sich bereits 12.000 Personen an der Petition beteiligten. (…) Weitere Zahlen lieferten an den Folgetagen neben vielen anderen ProSieben (27.000), *Epoch Times* (50.000), *Süddeutsche Zeitung* (80.000) und *Spiegel Online* (130.000). (…) Angesichts der Tatsache, dass die Anti-Lanz-Petition auch nach über 1.000 gut verlinkten Medienberichten stetiges Wachstum verzeichnen kann, planen die großen Medienhäuser Deutschlands die Einrichtung eines gemeinsamen Rechercheteams. Aufgabe der erfahrenen Medienjournalisten soll es sein, die Hintergründe des großen Erfolgs der Petition zu erforschen und in einer längeren Artikelserie zu dokumentieren."

Wenn ein Satireportal sich über die Medien lustig macht, die sich über Markus Lanz lustig machen, weiß man, dass etwas falsch läuft. Oder, um es mit Josef Joffé, einem der Herausgeber der *Zeit* zu sagen: „Markus Lanz hat ein unprofessionelles, ja nervendes Interview mit der Linken-Politikerin Sahra Wagenknecht geführt, das – sagen wir's so – der Wahrheitsfindung nicht gedient hat. Doch der eigentliche Skandal ist der Shitstorm, der nachdenkliche Menschen in die Depression treiben müsste (…) In analogen Zeiten hieß es: ‚Kauft nicht beim Juden!' Heute ist die Verwünschungskultur digital."

Was war passiert? Mitte Januar 2014 hatte Markus Lanz in seiner Sendung Sahra Wagenknecht und den *Stern*-Journalisten Hans-Ulrich Jörges zu Gast, dazu noch Moritz Bleibtreu und den *Lindenstraßen*-Star Christian Kahrmann, aber die beiden Schauspieler interessierten damals keinen. „Frau Wagenknecht, schön, dass Sie da sind. Wie läuft es im neuen Bundestag?", begann Lanz ein Gespräch, das fast 30 Minuten dauern und ziemlich ausufern sollte. Was allerdings weniger am Gastgeber als an seinem Journalistenkollegen liegen sollte. „Ich bin wahnsinnig heftig gewesen", sagt Hans-Ulrich Jörges. Lanz fragte dagegen 2014 ähnlich, wie er es acht Jahre später in seinen rein politischen und von der Kritik gefeierten Runden tun sollte. „Wenn man sich die Sendung heute anschaut, wundert man sich, worüber sich die Leute damals so aufgeregt haben", sagt Markus Heidemanns, Lanz' Geschäftspartner und Chefredakteur. Ja, der Moderator war noch nicht so gefestigt und souverän wie 2022 und er hat es versäumt, Sahra Wagenknecht vor den lautstarken Attacken von Jörges in Schutz zu nehmen, einmal weist er sie sogar zurecht, sie möge den Journalisten ausreden lassen. So konnte der Eindruck entstehen, dass sich zwei Männer gegen eine Frau verschworen hatten, „dabei hatten Markus Lanz und ich uns nicht verabredet, sondern sind jeder auf seine Weise naiv in die Sendung hineingegangen", sagt Jörges. „Die Wirkung auf das Publikum war trotzdem verheerend."

Das Publikum, das war an diesem Abend vor allem Maren Müller. Die Betriebswirtin aus Leipzig, ehemaliges Mitglied der Linken-Partei, gehörte 2014 zu denjenigen, die Markus Lanz „eigentlich gern gesehen" haben. Doch über sein „Verhör" mit Wagenknecht, über dieses „ewige Nachhaken und Unterbrechen" habe sie sich so aufgeregt, dass sie nach der Sendung nicht habe einschlafen können. „Was Lanz und Jörges gemacht haben, sah aus wie abgesprochen. Sahra Wagenknecht hatte nicht die Chance zu antworten", sagt Müller. Sie setzte sich an den Computer und hackte eine Online-Petition mit der Überschrift „Raus mit Markus Lanz aus meinem Rundfunkbeitrag!" herunter. Danach ging es ihr besser, Müller ist ein impulsiver Mensch, ihre Wut verflog fast so schnell, wie sie gekommen war. Die Petition im Internet blieb:

„Die Sendung *Markus Lanz* vom 16. Januar 2014 zeigte zum wiederholten Mal, dass Herr Lanz weder fähig noch willens ist, seinen Gästen gleichberechtigt Wohlwollen, Rederecht und Anstand entgegenzubringen. Ein Moderator, der offenbar große Probleme damit hat, dem politischen Spektrum links von der Mitte mit einem Mindestmaß an Höflichkeit zu begegnen, passt nicht in ein öffentlich-rechtliches Format. Der im expliziten Fall miserable Stil im Umgang mit Sahra Wagenknecht spiegelt in drastischem Maße wider, dass politische Neutralität für Lanz ein Fremdwort ist. Der Bildungsauftrag sowie die Wahrung der politischen und wirtschaftlichen Unabhängigkeit wird durch die von Lanz demonstrierte tendenziöse Diskussionskultur grob vernachlässigt. Unzählige empörte Tweets zeigten bereits während der Sendung, dass viele Zuschauer es leid sind, von einem notorisch peinlichen Moderator durch diverse Sendeformate im öffentlich-rechtlichen Rundfunk (in dem Falle ZDF) geführt zu werden. Ein Moderator, der nicht fähig ist, ohne Entgleisungen zu moderieren, den Offenheit und der Umgang mit abweichenden Meinungen offenbar überfordern, der Fragen stellt und die Antworten nicht hören will und der seine eigene Meinung stets über die seiner Gäste stellt, sollte nicht vom Beitragszahler alimentiert werden. Ich fordere das ZDF daher auf, sich von Markus Lanz zu trennen. Vielen Dank für Ihre Unterstützung."

Maren Müller hatte mit ein paar Hundert Unterstützerinnen und Unterstützern gerechnet, aber niemals damit, was tatsächlich passierte, nachdem sie, eine einzelne, unbekannte TV-Zuschauerin, ihrem Ärger Luft gemacht hatte. „Damals hatten sich die Medien auf Markus Lanz eingeschossen, die hatten den auf dem Kieker", sagt sie. Die Petition sei ein willkommener Anlass gewesen, „den Moderator fertigzumachen", die Stimmung gegen ihn sei endgültig gekippt, „das war eine Hetzjagd, die wollten ihn in Grund und Boden ätzen". Der Medienjournalist Stefan Niggemeier schrieb: „Markus Lanz. Das ist der Mann, den das ZDF, ein öffentlich-rechtlicher Sender, regelmäßig außerhalb des Kinderprogramms über Politik diskutieren lässt. Ein Mann, für den sich die Debatte um die richtige Europapolitik auf die Frage reduzieren lässt: Europa – ja oder nein. Ein Mann, für den sich die Debatte um die richtige Euro-Politik auf die Frage reduzieren lässt: Euro – rein oder raus. Und ein Mann, der dann wütend wird, wenn sich jemand nicht zu ihm in den Sandkasten knien will, um auf seinem Niveau zu diskutieren." Der Medienwissenschaftler Bernhard Pörksen erklärte im *Tagesspiegel*: „Lanz ist zur prominenten Symbolfigur geworden. Er steht für ein Flachland-Entertainment, das man eher bei den Privaten erwarten würde und nicht bezahlen will. Aus meiner Sicht ist die Anti-Lanz-Petition eigentlich ein doppelter Protest. Zum einen wird deutlich, dass die Debatte über Rundfunkgebühren keineswegs abgeschlossen ist und es eine gesellschaftliche Unzufriedenheit gibt, die nun am konkreten Fall aufflackert. Zum anderen ist der Unmut Ausdruck einer allgemeinen Inszenierungs- und Medienverdrossenheit. In der Wut auf den gebeutelten, gewiss erschütterten Moderator wird eine Art Inszenierungsekel greifbar: Mit einem derart schlecht geschauspielerten Politikinteresse, einem so fröhlich-kenntnisfreien Fragestil und einer so offensichtlichen Gier nach Aufmerksamkeit möchte man sich nicht konfrontiert sehen."

Beim ZDF begann man ob solcher Worte unruhig zu werden, bis dahin hatte man dort nicht erlebt, dass sich „das Erregungspotenzial so Bahn gebrochen hat". Tagelang überlegten die Verantwortlichen, ob Lanz sich für seine Gesprächsführung entschuldigen müsse, am Ende tat er das über den Mediendienst *DWDL*: „Wenn das energische Nachfragen zu rustikal und sogar persönlich war, dann bedaure ich das. Allein durch die Konstellation – also eine Frau gegen zwei Männer – entstand zwangsläufig der Eindruck: Das ist jetzt unfair. Weil aber Frau Wagenknecht jemand ist, der sich sehr kraftvoll wehren kann und das auch tat, habe ich das in diesem Moment nicht so eingeschätzt. Mein Fehler." *DWDL*-Chefredakteur Thomas Lückerath notierte: „Ich gebe zu: Ich habe den Knall nicht gehört. Irgendwann in den letzten anderthalb Jahren muss es aber passiert sein. Irgendwann in dieser Zeit scheint Markus Lanz zum Abschuss freigegeben worden zu sein."

Das sah interessanterweise auch die Frau so, die im Mittelpunkt der Debatte stand. Das Gespräch mit Lanz und Jörges sei zwar aus dem Ruder gelaufen, „ich bin nicht zufrieden aus der Sendung gegangen", sagt Sahra Wagenknecht. Aber die große Aufregung darum, die Anfeindungen gegen Markus Lanz habe sie überhaupt nicht verstanden: „Ich glaube, da spielten auch andere Dinge eine Rolle. Irgendwie kam das in so eine Stimmungslage rein, es war eine öffentliche Kampagne gegen Lanz, die ich nicht angemessen fand. Ich habe mich über die extreme Dynamik damals gewundert."

Sahra Wagenknecht ist bis heute häufig Gast bei *Markus Lanz*, wo Politikerinnen und Politiker aller Couleur inzwischen deutlich härter attackiert werden, als sie es damals wurde. „*Markus Lanz* ist nicht so erwartbar, nicht so rollenmustermäßig wie andere Talkshows", sagt die Linke, und dass sie Sendungen hasse, „in denen sich sieben Leute in 60 Minuten drängeln". Sie gehe nicht nur gern zu Lanz, sie sehe ihm auch seit 2020 deutlich häufiger zu, „aus Interesse, obwohl ich eigentlich keine klassische Talkshow-Guckerin bin".

Maren Müller hat den Verein *Ständige Publikumskonferenz der öffentlich-rechtlichen Medien* gegründet, der inzwischen überlegt habe, „Markus Lanz einen Publikumspreis zu verleihen: Er hat ziemlich an Qualität gewonnen, die Fragetechnik hat sich sehr verbessert. Er ist ein eloquenter Mann und eine Ausnahme im deutschen Fernsehen", sagt die einstige Kritikerin, die heute eher mal bei *Anne Will* „auf 180" sei: „Mich ärgert, dass Gäste dort Dinge äußern können, die unwidersprochen bleiben. Man kann doch von den Leuten, die eine Talkshow leiten, erwarten, dass sie im Stoff sind."

Hans-Ulrich Jörges sagt, dass Markus Lanz schon im Gespräch mit Sahra Wagenknecht gezeigt habe, „dass er auch anders kann" und seine Sendung eine Plattform für politische Debatten werden könne: „Ein Mensch, der über viele Jahre kleingeredet wird, entwickelt genau dadurch den Ehrgeiz, es seinen Kritikern zu zeigen. Insofern ist der Talk mit Sahra Wagenknecht das Samenkorn gewesen, aus dem die heutige Form seiner Talkshow gewachsen ist."

Doch 2014 konnte davon keine Rede sein, im Gegenteil. In der Hamburger Redaktion fürchteten die Mitarbeiterinnen und Mitarbeiter um ihre Arbeitsplätze und Markus Lanz muss sich an eine Zeit erinnert haben, in der er schon einmal das Gefühl hatte, dass alle auf ihn herabsehen. „Die Scham aus der Kindheit und Jugend kam wieder hoch", sagt einer, der ihn lange und gut kennt. „Er war wieder der Tanzbär, der ausgelacht wurde."

Das alte Trauma war zurück.

Leben mit Lanz – Woche 3

18. Januar, Gäste: Politikerin Steffi Lemke (Grüne), Publizist Wolfram Weimer, Journalisten Ulf Röller, Johannes Hano

Während sich die Talkshows, die nur einmal in der Woche ausgestrahlt werden, notgedrungen in der Omikron-Dauerschleife befinden, kann *Markus Lanz* sich zwischendurch mit Themen jenseits der Pandemie beschäftigen. Zum Beispiel damit, dass bald Olympia in China ansteht und Peking damit die einzige Stadt in der Geschichte sein wird, die Winter- wie Sommerspiele austragen durfte. Ein Triumph für ein autoritäres Regime, an dem man sich zumindest politisch nicht beteiligen darf – oder doch? Wolfram Weimer, ehemaliger Chefredakteur der *Welt* und inzwischen Verleger unter anderem von *The European*, fordert mehrfach von der Ampelkoalition einen diplomatischen Boykott der Spiele und wendet sich damit an einen Gast in der Runde, der sich in einer dreifachen Außenseiterrolle sieht. Umweltministerin Steffi Lemke ist die einzige Frau, die einzige Politikerin und die einzige Nicht-Journalistin, eine ungewöhnliche Konstellation, es hat etwas von „alle gegen eine". Auch wenn das vielleicht nicht beabsichtigt ist und die ZDF-Korrespondenten Johannes Hano (New York) und Ulf Röller (Peking) ihre Rolle anders als Weimer verstehen. Lemke schlägt sich gut, nicht nur, als es um China geht, sondern auch im zweiten Teil der Sendung, in dem Lanz, assistiert von Weimer, versucht, eine vermeintliche Entmachtung des Umweltministeriums und damit der Umweltministerin zum Thema zu machen. „Haben Sie als Umweltministerin gar nicht das Gewicht, das man braucht?", fragt der Moderator und merkt nicht, dass das, was wie ein Vorwurf an die Bundesregierung klingen soll, ein Lob ist. Inzwischen würden sich nämlich alle Ministerinnen und Minister um den Umweltschutz kümmern, sagt Lemke: „Es ist großartig, dass Annalena Baerbock über Klimaschutz redet, dass der Bundeswirtschaftsminister und der Bundeskanzler über Klimaschutz reden."

19. Januar, Gäste: Politiker Karl Lauterbach (SPD), Politikerin Petra Köpping (SPD), Extremismusforscher Matthias Quent, Journalistin Franziska Klemenz

Noch während die Sendung läuft, weiß man, was die Schlagzeile des nächsten Morgens sein wird, nämlich: „Lauterbach sagt Hunderttausende Corona-Neuinfektionen pro Tag voraus". Der Mann, der für Markus Lanz so wichtig war wie kein anderer Politiker – und umgekehrt –, ist zum ersten Mal in seiner Rolle als Gesundheitsminister zu Gast. Und das, ungewohnt, nicht persönlich im Hamburger Studio, sondern zugeschaltet aus Berlin. Wer von der besonderen Beziehung zwischen Lanz und Lauterbach weiß, ist gespannt auf ein Gespräch, in dem die Rollen anders verteilt sind als bei vorherigen Begegnungen. Lauterbach ist nicht mehr nur Mahner und Warner, er ist der Mann, der die Entscheidungen trifft, und passt damit auf einmal in Markus Lanz' Beuteschema. Der schont den Minister keine Minute, mehr noch: Er geht ihn hart an, als er den Eindruck gewinnt, dass dieser Karl Lauterbach nicht mehr der ist, als den er ihn bisher in seinen Sendungen erlebt hat. Wörtlich sagt Lanz: „Seit zwei Jahren vertrauen die Leute Ihnen. Sie waren häufig hier in der Sendung, wir haben uns ausgetauscht, wir haben uns mal sehr, sehr kritisch und mal konstruktiver ausgetauscht. Und am Ende war immer das Ergebnis: Da ist einer, der das Handwerk versteht, der genau weiß, was zu tun ist. Und jetzt sagen Sie, obwohl Ihnen dieses große Vertrauen entgegengebracht wird: Ich verhalte mich neutral. Das ist das Gegenteil von Führung." Es geht um die Impfpflicht, deren Einführung und Ausgestaltung Kanzler Olaf Scholz und sein Gesundheitsminister dem Bundestag überlassen wollen, obwohl „jeder weiß, dass ich ein Befürworter der Impfpflicht bin. Aber die Frage ist ja, ob die Gesetzesvorlage aus dem Bundestag oder von der Regierung kommt." Sagt Karl Lauterbach, erklärt das Vorgehen für typisch bei großen ethischen Entscheidungen und hofft auf einen parteiübergreifenden Schulterschluss. Eine Argumentation, mit der ihn Lanz nicht davonkommen lässt: „Sie vertrauen ihrer eigenen Koalition nicht. Sie vertrauen ihrem eigenen Koalitionspartner, der FDP, nicht. Sie vertrauen dem Gruppenantrag von Wolfgang Kubicki nicht. Sie haben Angst, dass Sie irgendwann die Kanzlermehrheit verlieren. Das ist doch das wahre Problem, warum benennt man das nicht mal klar und sagt: Wir haben da ein Problem in den eigenen Reihen." Und: „Das sind rhetorische Tricks, das sind Nebelkerzen, die wir da hören." Es sind solche Sätze, die Politiker, in diesem Fall Lauterbach, aus dem Konzept und den Zuschauerinnen und Zuschauern die Wahrheit ein Stück näherbringen und die Markus Lanz ausmachen. Man vergisst, dass neben Lauterbach drei andere Gäste in der Sendung sind. In Wirklichkeit ist dies ein intensives, als Talkshow getarntes Einzelinterview über fast eine Dreiviertelstunde, das dem Interviewer, vor allem aber dem Interviewten alles abverlangt, der am Ende tatsächlich sagt: „Ich danke für die Gelegenheit."

20. Januar, Gäste: Politikerinnen Anne Spiegel (Grüne), Elisabeth Winkelmeier-Becker (CDU), Journalistin Kristina Dunz, Journalist Kai Kupferschmidt

Die Frage, die über allen Talkshows im deutschen Fernsehen schwebt, ist immer dieselbe („wie kommen wir aus der Pandemie raus?"), die Antwort auch („wir müssen die Impflücke schließen"). Es könnte so einfach sein, aber weil es das gerade in Deutschland nicht ist, weil die „Impfquote bei uns unerträglich niedrig ist", wie der Wissenschaftsjournalist Kai Kupferschmidt sagt, geht die Debatte bei Markus Lanz weiter. Keinen Satz hat der Moderator in seiner Sendung in diesem Jahr so oft zitiert wie das „Wer bei mir Führung bestellt, bekommt sie auch" von Olaf Scholz, weil er genau diese Führung in der Pandemie vermisst. „Von einem Bundeskanzler erwartet man in einer Krise, dass er vorangeht", sagt auch die Journalistin Kristina Dunz, bevor sich Lanz darüber echauffiert, dass Scholz als Bundestagsabgeordneter für eine Impfpflicht stimmen, sie als Kanzler aber nicht auf den Weg bringen will, so, als würden die Menschen da draußen unterscheiden können, in welcher Funktion er gerade spricht. „Wenn man Kanzler ist, ist man Kanzler", sagt Lanz und lässt das von Bundesfamilienministerin Anne Spiegel vorgebrachte Argument, dass so große Entscheidungen wie die über eine Impfpflicht in den Bundestag gehören, nicht gelten: „Wenn wir das alles in den Bundestag geben, brauchen wir dann noch eine Regierung?" Man merkt Lanz an, dass er über dieses Thema jetzt am liebsten mit dem Kanzler sprechen würde, dass er nicht versteht, warum der auf Fragen zur Pandemie nicht klar und eindeutig antwortet. Aber Scholz ist nicht da und die Wahrscheinlichkeit, dass er in naher Zukunft zu Markus Lanz ins Studio kommen wird, liegt nahe null. So bleibt, einen Teil der Antwort zu zitieren, die der Kanzler bei seinem Antrittsbesuch in Spanien auf die Frage gegeben hat, ob das Land ein Vorbild für die deutsche Strategie gegen Corona sei. Er lautet: „Was die Pandemie angeht, haben wir alle verstanden, dass es eine weltweite Strategie ist." Man ahnt, wie Lanz auf so einen Satz reagieren würde … Die *Stuttgarter Nachrichten* schreiben in ihrer Kritik zu der Sendung: „Wenn die Studiogäste von Markus Lanz im ZDF seinen Fragen ausweichen, dann gleitet er ihnen gegenüber oft ins Rüpelhafte ab. So auch bei der Bundesfamilienministerin Anne Spiegel, die der Moderator mehr als einen Monat nach Amtsantritt immer noch als ‚frisch gebackene' Ministerin bezeichnete. (…) An den Studiogast Kupferschmidt gewandt sprach Lanz über Spiegel in der dritten Person: ‚Da sitzt eine Bundesministerin und sagt, sie sei für die Impfpflicht. Und wenn man sie fragt, wie die funktionieren soll, dann sagt sie, man werde das diskutieren.'" Die beiden Sätze sind so übrigens nicht gefallen, Lanz sprach nicht nur über Spiegel, sondern auch über Karl Lauterbach, der am Vortag zu Gast war. Merke: Wer austeilt, muss auch einstecken können.

„Das Leben ist ein brutales Gemetzel"

Warum der Erfolg von Markus Lanz viel mit seiner Herkunft zu tun hat

Franz Josef Wagner, der Postkarten-Verschicker von der *Bild-Zeitung*, hat Markus Lanz noch ein zweites Mal adressiert. Diesmal im Jahr 2021, die Zeilen lesen sich ganz anders als sieben Jahre zuvor: „Lieber Markus Lanz", schreibt Wagner, „Ihre Karriere ist atemberaubend. Südtiroler Bauernjunge, Deutsch sprach man nur in der Familie, in der italienischen Armee wurden Sie als Funker ausgebildet. Heute sind Sie einer der besten Talkmaster Deutschlands. Wer in Ihrer Talkshow auftritt, gräbt sein eigenes Grab. Beispiel Laschet. Sie haben diesen armen Mann gequält, wie alle Medien berichten. Sie haben ihn gequält mit Ihren Fragen, die wie Pfeile waren mitten ins Herz. Warum ist Markus Lanz so giftig, hartnäckig, nachfragend? Ich glaube, er fragt nach seinem eigenen Leben. Er war ein Niemand. Durch Zufälle bekam er Jobs. Seine größte Niederlage war *Wetten, dass..?*. All seine Niederlagen haben Markus Lanz zu dem besten Frager unserer Republik gemacht. Er ist nicht zusammengebrochen."

Man kann von Franz Josef Wagner halten, was man will, aber nicht viele haben die Gabe, ein Leben in wenigen Worten so auf den Punkt zu bringen.

Der Satz stammt nicht von mir, er stammt von Markus Lanz, der in einem *GQ*-Interview zugegeben hat, dass ihn die Post von Wagner berührt hat. „Das Leben schuldet mir noch etwas", sagte Lanz. „Und als es dann bei *Wetten, dass..?* knüppeldick kam, war dieses Gefühl auf einmal wieder da und ich dachte: Irgendwann ist Zahltag. (…) Und deshalb habe ich einfach weitergemacht."

Jemand, der Markus Lanz weitaus besser kennt als Franz Josef Wagner, hat mir erzählt, dass die Demütigungen aus der *Wetten, dass..?*- und Sahra-Wagenknecht-Zeit für ihn so etwas wie die Wiederholung der Demütigungen aus seiner Kindheit waren, er sei quasi „doppelt traumatisiert", sagt ein anderer Weggefährte. Kindheit und Jugend in Südtirol waren für Markus Lanz hart und voller Entbehrungen. Man sieht es ihm heute nicht mehr an, man hat es ihm nie angesehen, dass er ein „Niemand" war, wie Wagner schreibt, aber so war es. „Wir sehen so aus, als könnten wir aus gutbürgerlichen Familien kommen", hat Lanz einmal zu Michelle Hunziker gesagt, die als junges Mädchen stark unter der Alkoholkrankheit ihres Vaters litt.

Markus Lanz musste miterleben, wie sein Vater starb, als er gerade 14 Jahre alt war. „Das war die Zäsur, damit war die Kindheit zu Ende. Er hatte Leukämie. Wir haben ihn täglich im Krankenhaus besucht, das zog sich lange hin. Da liegt dein Vater, abgemagert, und er wird immer weniger. Entgegen aller Beteuerungen war mir klar – Kinder haben ja einen untrüglichen, unbestechlichen Instinkt –, dass das kein gutes Ende nehmen wird. Am Ende lag er auf der Intensivstation, der schlimmste aller schlimmen Fälle. Dennoch war die Hoffnung da, dass es noch dieses Wunder gibt. Eines Tages wurde ich ins Internat zurückgeschickt, sie meinten es gut, aber ich werfe es denen noch heute vor, denn so erfuhr ich vom Tod meines Vaters durch das Telefon. Es war bitter, dass ich nicht Abschied nehmen konnte, dass ich im entscheidenden Moment nicht dabei war", sagte Lanz in einem Gespräch mit dem Reporter Arno Luik, von dem später in diesem Buch noch die Rede sein soll.

Er spricht sehr offen über diese Zeit, seit Jahren schon. So sehr er sein heutiges Privatleben mit Ehefrau Angela und den zwei Töchtern unter Verschluss hält, so konsequent er seine Familie in der neuen Heimat Hamburg vor neugierigen Blicken abschirmt, so selbstverständlich erzählt er von der harten Phase in der alten Heimat Südtirol, insbesondere von den Monaten und Jahren nach dem Tod des Vaters, der mit 13 Geschwistern in einer Bergbauernfamilie aufwuchs und später als Lastwagenfahrer arbeitete. Vielleicht ist das seine Methode, sich vor einer Entblößung zu schützen, vor dem, was andere über ihn sagen könnten. Markus Lanz macht es lieber selbst und behält so die Kontrolle über das, was über seine Sozialisation verbreitet wird. Das ist ihm wichtig, alles, was er erst als Kind und dann als junger Mann und Moderator erlebt hat, hat ihn empfindlich und misstrauisch werden lassen, es gibt, außerhalb seiner Familie, wenige Menschen, denen er bedingungslos vertraut. „Das größte Privileg meines Lebens ist die Selbstbestimmtheit", sagt Lanz, der inzwischen eine Unabhängigkeit erreicht hat, die ihm in seiner Rolle als unbequemer Journalist und Fragesteller hilft. Wenn man so will, ist das Unglück seiner Kindheit das Fundament, auf dem das Glück gebaut wurde, das er heute genießen kann und genießt. Er sei jetzt da, wo er hingewollt habe, hat er 2020 gesagt, und dass es seinetwegen immer so weitergehen könne.

Die Angst, dass all das wieder weg sein könnte, dass irgendwann einer um die Ecke kommt und den Südtiroler Bauernjungen enttarnt, der ernsthaft glaubt, er könne im deutschen Fernsehen die wichtigsten Politikerinnen und Politiker des Landes in die Enge treiben, diese Angst ist geblieben. Genauso wie die Existenzangst, auch wenn man sich das angesichts der Erfolge und des vielen, vielen Geldes, das Markus Lanz verdient hat, nicht vorstellen kann. Wer nie dort gewesen ist, wo er gewesen ist, wer nie erlebt hat, wie es ist, wenn man sich wirklich Sorgen machen muss, wovon man morgen die Lebensmittel bezahlt, kann das nicht nachvollziehen. Das Gefühl von ultimativer Existenzangst sei grauenvoll, sagt Markus Lanz: „Ich habe es so unendlich gehasst, wirklich gehasst, in prekären Verhältnissen aufzuwachsen, in denen man von anderen abhängig war. Meine Mutter musste mich und meine Geschwister allein aufziehen, wir hatten nach dem Tod meines Vaters hohe Schulden und hätten schnell zum Sozialfall werden können, wenn uns sehr großzügige Menschen aus meiner Verwandtschaft nicht geholfen hätten. Das hat mich sehr geprägt und das ist bis heute auch etwas, was mich antreibt. Ich wollte da raus." Lanz hat zu seinem älteren Sohn Laurin, der aus der Beziehung mit Birgit Schrowange stammt, einmal gesagt, dass er das Leben als ein „brutales Gemetzel" empfinde. Auch das hat sicher mit dieser doppelten Demütigung zu tun, von der schon die Rede war, wobei die zweite, die mit den vielen vernichtenden Kritiken und Urteilen über ihn rund um das Jahr 2014, so schlimm war, weil es die erste gab.

Nun lässt sich nicht alles, was im Leben mit einem Menschen passiert, auf dessen Kindheit zurückführen oder von dort ableiten. Aber die Karriere von Markus Lanz ist ohne diese Kindheit und seine Herkunft nicht zu verstehen. Seine Mutter, die heute Ende 80 ist und von ihrem ältesten Sohn hoch verehrt wird, musste nach dem Tod des Vaters ihre drei Kinder allein durchbringen. Es war eine harte Zeit, die Anna Lanz bis an die Grenzen ihrer Belastbarkeit und darüber hinaus brachte, und das will etwas heißen bei einer Südtirolerin. Markus Lanz und seine Geschwister hatten kein Geld, um sich „coole Klamotten" zu kaufen, sie trugen die alte Kleidung von deutschen Touristen auf, fragten Reisende am Ende ihres Urlaubs in den Bergen, ob sie diese Hose oder jenes T-Shirt vielleicht entbehren könnten. Das sei ein Scheißgefühl gewesen, hat Lanz später erzählt, und wenn man sich fragt, woher die Minderwertigkeitskomplexe kommen, die tief in ihm stecken, dann findet man genau hier eine Antwort. Es ist wie die alte Geschichte von dem Boxer, den man zwar aus dem Ghetto holen kann, aber eben nicht das Ghetto aus dem Boxer. Die Erfahrung, unter Armut zu leiden und vom Willen beziehungsweise der Großzügigkeit anderer Menschen abhängig zu sein, ist existenziell, die kann man nicht abschütteln, wahrscheinlich wird man sie nie ganz los.

Dass das Lanz' Lebensthema ist, merkt man, wenn man mit ihm spricht oder sich durch die Interviews hört und liest, die er in den vergangenen Jahren gegeben hat. Es sind gar nicht so viele, aber ab einem bestimmten Punkt geht es fast immer um diese Zeit. Etwa, wenn er sagt, dass er sein erstes Rad, ein BMX-Rad, von einem Jungen aus Aschaffenburg geschenkt bekommen hat, der mit seiner Familie in Südtirol Urlaub gemacht hatte. Oder wenn er vom ersten Mercedes berichtet, den er gesehen hat, „das war für uns wie Disneyland". Und natürlich, wenn er erzählt, wie er mit 13 Jahren Tellerwäscher in einem Lokal war („das war knallharte Kinderarbeit") oder mit seinem Bruder in Hotels „bunte Abende" gegeben hat. Die beiden spielten Songs von den Pet Shop Boys bis zu den Flippers, um sich Geld zu verdienen. Dreimal in der Woche, Markus am Keyboard, sein Bruder sang, das sei harte Arbeit gewesen, aber es musste sein. Lanz war 27, als er zum ersten Mal Silvester feiern konnte, ohne irgendwo Musik machen zu müssen. Wenn er auftrat, saßen im Publikum, damals wie heute, übrigens die Deutschen.

So, wie er davon immer und immer wieder erzählt, müssen die Erinnerungen an diese Zeit sehr präsent sein. „Sein persönliches Leben prägt Markus Lanz sehr", sagt die FDP-Politikerin Marie-Agnes Strack-Zimmermann. „Er weiß, was ein bescheidenes Leben bedeutet und was es bedeutet, da rausgekommen zu sein und es geschafft zu haben, das hat er total im Kopf." Der Wunsch von Lanz war früh, all das hinter sich zu lassen, nicht nur die Armut, auf die er natürlich „keinen Bock" hatte, sondern vor allem das Gefühl, fremdbestimmt zu sein: „Ich hatte ein großes Ziel: Selbstbestimmung und damit Freiheit und Unabhängigkeit. Ich hasse es, mir von Leuten sagen lassen zu müssen, was ich zu tun und zu lassen habe. Ich will die Freiheit haben zu entscheiden, was ich wann mache – dafür ist Geld gut." Und:

„Ein selbstbestimmtes Leben zu führen, ist das Beste, was du als Mensch erreichen kannst. Mehr geht nicht."

Markus Lanz ist das gelungen, aber er hat lange gebraucht, um wirklich daran zu glauben, dass er es „immer irgendwie schaffen wird, für meine Familie die Miete zu zahlen und Essen auf den Tisch zu bringen". Das zu wissen sei für einen wie ihn etwas anderes, als es wirklich zu fühlen, hat er in seinem Podcast mit Richard David Precht gesagt, aber auch, dass es großartig sei, es aus eigener Kraft geschafft zu haben.

Der Weg dorthin war hart und das ist Markus Lanz auch. So wenig er den Gästen in seiner Talkshow, insbesondere Politikerinnen und Politikern, Schwächen durchgehen lässt, so wenig gesteht er sie sich selbst zu. Als er sich beim Skifahren im kurzen Urlaub zwischen den Jahren 2021/22 einen Kreuzbandriss zuzog und operiert werden musste, sollte das in der Öffentlichkeit niemand wissen. Lanz macht seine Talkshow weiter, als wäre nichts geschehen, Bilder eines humpelnden Moderators und entsprechende Schlagzeilen gab es nicht, sie passen nicht zu seinem Selbstverständnis. Für Markus Lanz gibt es keine Ausreden, es fällt ihm auch nicht leicht, sie bei anderen zu akzeptieren, etwa bei denen, mit denen er zusammenarbeitet. Er würde viel, sehr viel von ihnen verlangen, erzählen Mitarbeiterinnen, die Dossiers über Gäste müssten lang und perfekt sein und dürften keine Fragen offenlassen, Lanz lege sehr viel Wert auf eine gute Vorbereitung. Er selbst sei extrem diszipliniert, „wenn er überhaupt mal ein halbes Glas Wein mit uns getrunken hat, sagte er gleich dazu, dass er dafür am nächsten Tag noch ein Stück weiter um die Alster laufen muss", erzählt eine ehemalige Kollegin. Lanz läuft gern, er macht jede Menge Sport, er arbeitet viel. Im Winter 2021 flog er an mehreren verlängerten Wochenenden, also an den Tagen, an denen er keine Talkshow aufnehmen musste, in die USA, um dort für eine Reportagereihe zu drehen. „Der Wunsch zu leben, wie er sich das immer gewünscht hat, treibt ihn an", sagt ein Wegbegleiter. „Da ist ein Drang in Markus, in diesem Punkt ist er unersättlich."

Lanz hat deshalb auch ein Problem mit Menschen, die versuchen, sich rauszureden. Das funktioniert bei einem mit seiner Geschichte nicht, weil er sich selbst nie über sein Leben und dessen Härten beschwert hat. Für Markus Lanz ist Markus Lanz das beste Beispiel dafür, was alles möglich ist, wenn man es nur stark genug will und bereit ist, etwas dafür zu tun, von ganz unten nach oben zu kommen. Wenn man nach Niederlagen und Demütigungen weitermacht und hart an sich arbeitet, jeden Tag, ehrgeizig, perfektionistisch. Insofern hat Franz Josef Wagner recht, dass ihn gerade die Niederlagen zum besten Frager der Republik gemacht haben und dass er so fragt, wie er fragt, giftig, hartnäckig, von Angst befreit, hängt damit zusammen, dass sein Leben so war, wie es war. Und dass er früh wusste, wo er hinwollte: nach Deutschland nämlich.

Leben mit Lanz – Woche 4

25. Januar, Gäste: Politiker Daniel Günther (CDU), Boris Palmer (Grüne), Virologe Hendrik Streeck, Journalistinnen Cerstin Gammelin, Corinna Milborn

Normalerweise geht Schleswig-Holsteins Ministerpräsident Daniel Günther nicht gern in Talkshows. Für *Markus Lanz* macht er hin und wieder eine Ausnahme, „weil man hier auch mal die Zeit hat, Argumente in Ruhe zu erläutern". Dass er den Tag erwischt, an dem die AfD das CDU-Mitglied Max Otte für die Wahl zum Bundespräsidenten als Kandidaten aufstellt und Otte prompt aus der CDU ausgeschlossen wird, konnte Günther nicht wissen. Zumindest ahnen konnte er, dass Markus Lanz ihn mit seinen unterschiedlichen Aussagen zu Friedrich Merz konfrontieren wird, der gerade mit 94 Prozent zum neuen CDU-Vorsitzenden gewählt worden war. Der Moderator tut das genüsslich, er zitiert: „22. Oktober 2020, eine längst vergangene Zeit. Günther über Merz: ‚Bei manchen Sätzen von Merz denke ich: So habe ich in den 90ern vielleicht auch noch gedacht, aber heute nicht mehr.' Zitat Ende. 17. Januar 2021: ‚Zur Politik gehört auch ein bisschen Demut und es wäre gut, wenn auch Friedrich Merz das beherzigen würde.' 21. Dezember 2021: ‚Friedrich Merz ist eine respektable Persönlichkeit, die unsere Partei führen kann.' Zwei Tage später: ‚Er ist ein Mann der klaren Worte und das ist etwas, das wir im Moment brauchen. Man spürt die Power von Friedrich Merz und die Lust, dieser Partei eine neue Kraft und Ausstrahlung zu geben.' Was ist das, Zickzack, neue alte Liebe?" Wie Günther antwortet, zeigt, dass er eine Methode gefunden hat, mit der man als Politiker bei *Markus Lanz* bestehen kann: Humor. Er antwortet: „Ich würde mal sagen, Friedrich Merz und ich haben uns beide weiterentwickelt." Lanz muss über diesen Satz laut lachen, Günther lacht mit und er macht einen weiteren Punkt, als der Moderator aus dem *Manager Magazin* folgende Passage vorliest, es geht um ein Treffen von Merz und Günther in einem Restaurant: „Die Kollegen schreiben: ‚Neulich war Günther mit Merz in Kiel essen. Er muss das mal kurz erzählen, weil er sich so aufgeregt hat. Wie Merz die ganze Zeit seine Sonnenbrille aufhat und wie er den Kellner behandelt hat und alle am Nebentisch haben es mitgehört.'" Den Text kennt Günther nicht, „aber ich kann das nicht leugnen, die Szene hat tatsächlich stattgefunden". Dass er einen „fatalen Hang zur Ehrlichkeit" habe, hat Lanz dem Ministerpräsidenten kurz vorher bescheinigt und genau diese Ehrlichkeit scheint ihn ein weiteres Mal zu beeindrucken. Zumal die Geschichte aus dem Kieler Restaurant nicht die einzige ist, die die Manieren von Friedrich Merz in einem unangenehmen Licht erscheinen lassen. Ich persönlich erinnere mich in diesem Moment an eine Podcast-Aufnahme mit dem damaligen Kandidaten für den CDU-Vorsitz. Es war ein Freitag, Merz konnte erst gegen 21.30 Uhr. Zehn Minuten vor dem Termin rief er an, er würde sich um eine halbe Stunde verspäten und hätte noch nichts gegessen, ob man ihm eine Pizza bestellen könne. Die Pizza war längst da, als Merz noch später als angekündigt eintraf, er musste sie kalt essen. Kaum fertig, setzte er sich mir gegenüber ins Podcast-Studio und sagte: „So, jetzt können wir anfangen. Wie war noch mal Ihr Name?" Ich hätte sagen müssen: „Das fragen Sie mich nicht im Ernst, Herr Laschet?", aber ich war zu perplex. All die, die von Merz als jemandem gesprochen hatten, der andere durchaus abschätzig und von oben herab behandeln kann, hatten recht. Siehe Daniel Günther.

Zurück zur Sendung und dem Gast, der schon zum zweiten Mal in diesem Monat bei Lanz sein darf und der diesmal ein Stück weit Wiedergutmachung für die Schmähungen erfährt, die ihm im Verlauf der Pandemie zuteilgeworden sind. Über den Virologen Hendrik Streeck sagt Tübingens Oberbürgermeister Boris Palmer: „Ich war in den zwei Jahren der Pandemie immer froh, ihn im Fernsehen zu sehen, damit das Panikorchester der Pandemie nicht ganz so laut spielt. Er wurde lange diffamiert, da gab es *Spiegel*-Storys, die waren nur zur Vernichtung gedacht …" Die Journalistin Cerstin Gammelin geht dazwischen: „Na, na, na …", Streeck sagt bestimmt: „Doch", bevor Palmer seine Gedanken beendet: „Und jetzt sitzt er im Expertenrat und ist wieder anerkannt. Ich finde es toll, dass so eine Rehabilitierung möglich ist."

26. Januar, Gäste: Shoah-Überlebende Inge Auerbacher, Historiker Christoph Kreutzmüller

Als am 8. Dezember 2021 Olaf Scholz zum neunten Kanzler der Bundesrepublik Deutschland gewählt wurde, hatte Markus Lanz am späten Abend die Shoah-Überlebende Margot Friedländer zu Gast und niemanden sonst. An diesem 27. Januar debattiert der Bundestag erstmals über die Einführung einer Impfpflicht gegen Corona, Maybrit Illners Sendung wird am nächsten Tag unter dem Titel „Streit ums Testen und Impfen – wieder nicht gemeinsam gegen Corona?" stehen. Markus Lanz hat erneut eine Shoa-Überlebende zu Gast, es wirkt wie ein Zeichen, dass es nicht nur andere, sondern vor allem wichtigere Themen als die Pandemie gibt. Inge Auerbacher ist eins von nur 100 Kindern, die das Konzentrationslager Theresienstadt überlebt haben, sie wird am Internationalen Gedenktag an die Opfer des Holocaust im Bundestag sprechen. Das hat sich die 87-Jährige sehr gewünscht, „und auch in Ihre Show zu kommen, war mir wichtig", sagt sie zu Markus Lanz. Sie hat den Judenstern mitgebracht, den sie tragen musste, „es ist das zweite Mal, dass ich so einen

Stern in der Sendung sehe", sagt der Moderator. Den ersten hatte Margot Friedländer mitgebracht. Die aktuelle Frage, die über der Sendung schwebt, formuliert der Historiker Christoph Kreutzmüller. Sie lautet: „Wo fängt das an? Wenn Auschwitz ist, ist es zu spät." Am nächsten Tag schreibt der Branchendienst *DWDL* unter der Überschrift „ZDF-Krimi siegt, aber Markus Lanz überraschend schwach": „Nur 990.000 Menschen sahen die Sendung, in der Lanz mit der Shoah-Überlebenden Inge Auerbacher und dem Historiker Christoph Kreutzmüller sprach. Das war die niedrigste Reichweite, die die Talkshow seit Anfang Dezember holte – die Folge damals startete aber auch erst nach Mitternacht. 8,4 Prozent Marktanteil erreichte die Diskussionssendung an diesem Mittwoch."

Manchmal gibt es Wichtigeres als Quoten.

27. Januar, Gäste: Politiker Paul Ziemiak (CDU), Alexander Graf Lambsdorff (FDP), Journalistin Mariam Lau, Politologin Margarete Klein

„Ralph Brinkhaus, einem Mann, dem man nicht zu nahe tritt, wenn man ihm die völlige Abwesenheit von Komplexen bescheinigt, ein brillanter Machttechniker und Rhetoriker, gibt eine der mächtigsten Positionen in der deutschen Politik auf, nämlich die des Fraktionsvorsitzenden. Und wir wollen ihn, den CDU-Generalsekretär, fragen, wie freiwillig war das eigentlich? Hat er als Sekretär das möglicherweise mit eingefädelt, obwohl er jetzt schon wieder so guckt, als wüsste er gar nicht, wie man Strippenzieher überhaupt schreibt? Und wie ist das, wenn man, wie er, als einziger CDU-Mann des ganzen Landes der SPD ein Direktmandat bei der Bundestagswahl abjagt?" Eine solche Mischung aus Provokation und Lob nennt der *Spiegel* Lanzismen, diesmal treffen sie bei der Vorstellung der Gäste Paul

Ziemiak, von dem Lanz als Erstes wissen möchte, wann er davon erfahren hat, dass Ralph Brinkhaus seinen Posten im Deutschen Bundestag für den neuen Parteivorsitzenden Friedrich Merz räumt. Das klingt nicht nur nach einem belanglosen Detail, das ist eins, aber Lanz will es genau wissen, anscheinend, um zeigen, dass der scheidende CDU-Generalsekretär in solche Entscheidungen nicht mehr einbezogen wird. Vielleicht ist das Ziel aber auch, Ziemiak zu verunsichern, und zumindest das gelingt: „Sie sind ja wieder …", sagt er, als Lanz nachfragt, wann genau Ziemiak von Brinkhaus' Verzicht erfahren habe, und er befürchten muss, dass der Moderator irgendetwas in der Hinterhand hat, was er nicht weiß, „typisch Lanz" eben. Doch da ist diesmal nichts, Lanz will nur herausbekommen, wie eng Ziemiak noch an der Parteispitze dran ist, eine Frage, die sich bei einem Generalsekretär, der drei Tage später seinen Posten verlieren wird, eigentlich von selbst beantwortet. Aber das Feld ist bereitet für einen Schlagabtausch. Lanz fragt Ziemiak, was sein Nachfolger als Generalsekretär besser kann als er, und meint eigentlich: Wie ist das, wenn man aussortiert wird, wie fühlt sich das an, wenn ein Wahlergebnis eine persönliche Karriere zerstört? Lanz zitiert eine vertrauliche Quelle aus der CDU, die über die Niederlage der Partei bei der Bundestagswahl gesagt haben soll: „Kandidat, Kampagne, Kommunikation, alles war schlecht. Würden Sie dem zustimmen?" Ziemiak nickt tatsächlich mit dem Kopf, merkt es und sagt dann: „Ich würde dem nicht so pauschal zustimmen …" Doch der erste Eindruck bleibt, zumal der Politiker zugibt, dass er bereits im August wusste, dass der Kampf ums Kanzleramt verloren ist. Zu fragen, was aus ihm jetzt wird, vergisst Lanz allerdings.

Vielleicht, weil es noch andere wichtige Themen gibt, die Impfpflicht und den Konflikt zwischen Russland und der Ukraine, „die zwei großen Flanken, die die Regierung der Opposition bietet", wie die Journalistin Mariam Lau sagt. Als es um den Aufmarsch russischer Truppen und die Ziele Wladimir Putins geht, wird die Talksendung einmal mehr zum Erklär-Fernsehen, selbst Lanz hört die meiste Zeit zu, etwa, als die Politologin Margarete Klein sagt, dass es den Konflikt um die europäische Sicherheitsordnung schon lange gebe: „Was sich geändert hat, ist, dass Russland das Gefühl hat, dass der Westen schwach ist." Es ginge nur vordergründig um die Ukraine, Russland wolle, dass sich die NATO – und damit auch die USA – aus seinem unmittelbaren Einflussbereich zurückziehe, Ziel sei eine Neuordnung der Kräfteverhältnisse. Was macht Deutschland in dieser Situation? Deutschland liefert 5.000 Bundeswehr-Stahlhelme an die Ukraine und Ziemiak sagt: „Als ich diese Meldung gehört habe, dachte ich, sie kommt aus der *heute-show*."

„Eine enge, traurige Welt"

Über das Lebensgefühl eines Südtirolers und den frühen Wunsch, nach Deutschland zu gehen

Hans Plaikner war ein Mitglied der Südtiroler Volkspartei, von der er 1962 als Beobachter zur Generalversammlung der Vereinten Nationen entsandt wurde. Das Internetlexikon Wikipedia führt ihn deshalb in dem Artikel über den Ort Geiselsberg in der Gemeinde Olang als einen von zwei Menschen in der Rubrik „Persönlichkeiten".

Der andere ist Markus Lanz.

In dem „winzig kleinen Bergdorf, das man sich vorstellen muss wie bei Heidi und Peter auf der Alm", ist er aufgewachsen, zumindest war Geiselsberg so, als Lanz noch der kleine Markus war. 300 Einwohner hatte der Ort damals, das mit dem Tourismus begann gerade erst. Heute ist Geiselsberg das „Skiparadies Nummer 1 in Südtirol. Hier, auf einer Meereshöhe von 1.350 Metern, tauchen Skiurlauber jeder Altersklasse einfach, schnell und bequem in eine Winterwunderwelt der Superlative ein", heißt es auf der Internetseite *kronplatz.net*. Und dass Markus Lanz wesentlich zur Bekanntheit „der malerischen Ortschaft beigetragen hat, keine Frage".

Die *Süddeutsche Zeitung* hat einmal einen Reporter hingeschickt, damals, als das mit *Wetten, dass..?* begann schiefzugehen und Markus Lanz von der Kritik zerrissen wurde. „Inzwischen machen sich sogar die Amerikaner über ihn lustig", hieß es in der Einleitung des Textes. „Aber wie sieht man das eigentlich in dem Dorf, aus dem er kommt?"

Nun, in dem Dorf, aus dem Markus Lanz kommt und in das er immer wieder gern zurückkehrt, war es den Menschen ziemlich egal, was die dort in Deutschland über ihn schrieben und dachten. In Südtirol sei es nicht wichtig, was man macht oder nicht macht, das sei eine „kampffreie Zone", hat Markus Lanz einmal gesagt und entsprechend unergiebig war die Reportage. Die interessanteste Passage ist noch die, in der der damalige Bürgermeister von Olang, Reinhard Bachmann, erzählt, wie er den jungen Markus einst in der Musikschule im Ort kennengelernt hat. „So einen Schüler wie ihn hatten wir vorher noch nie. Er wollte seine Unterrichtsstunden einfach nicht beenden. Hatte immer noch eine Frage und noch eine Frage." Das kommt den deutschen Fernsehzuschauerinnen und -zuschauern sowie den leidgeprüften Politikerinnen und Politikern irgendwie bekannt vor. Wobei Lanz sich zu der Zeit deswegen so für Musik interessierte, weil er später Musikproduzent werden wollte, so wie der große Giorgio Moroder, ein Südtiroler, der es bis nach Hollywood schaffte und drei Oscars gewann, unter anderem für den Song „Flashdance … What a feeling". Wie Moroder wollte Lanz „derjenige sein, der hinten an den Reglern steht". Er hat tatsächlich mal einen Hit produziert, die Single verkaufte sich rund 12.000-mal und brachte ihm trotzdem ziemlich viel Ärger ein. Aber das ist ein anderes Kapitel.

In seinem Podcast mit Richard David Precht hat Lanz lange über Moroder gesprochen, den daheim alle bewundert hätten, weil es eine Sensation gewesen sei, was „einer von uns" draußen in der großen Welt geschafft habe. Aber er hat auch die Geschichte einer der Oscar-Verleihungen erzählt, bei denen Moroders Mutter dabei war. Als der Musikproduzent sie fragte, wie es ihr gefallen habe in Los Angeles, antwortete die alte Dame nur: „Ich glaube, du solltest wieder nach Hause kommen."

Wahrscheinlich ist es genau das, was die Südtiroler miteinander verbindet. Die Vorstellung, nein, die feste Verabredung, dass jeder eines Tages nach Hause zurückkehrt, ganz egal, wie erfolgreich, wie wichtig, wie ausgezeichnet er ist. „Bis vor ein paar Jahren war das bei mir auch so", sagt Lanz. „Jetzt empfinde ich es als Privileg, das nicht entscheiden zu müssen."

Der Moderator lebt inzwischen mit seiner Frau und seinen zwei kleinen Töchtern in Hamburg, also dort, wo seine Sendung aufgezeichnet wird. Zur Alster ist es nicht weit, Lanz wohnt in einem der schönsten Teile der Stadt und er tut das relativ unbehelligt. Was die Aufgeregtheit seiner Bürgerinnen und Bürger angeht, sonst nicht, ist Hamburg durchaus mit Südtirol vergleichbar. Markus Lanz ist nicht der einzige Prominente, der es schätzt, in einer Metropole zu leben, in der wenig Aufhebens um prominente Menschen wie ihn gemacht wird. Ich würde wetten, dass es nach wie vor viele Hamburgerinnen und Hamburger gibt, die glauben, dass Lanz zu seinen Sendungen aus Köln oder gar aus Südtirol einfliegt, zumal er sich am öffentlichen Leben in der Stadt kaum beteiligt.

„Ich habe Hamburg am Anfang wirklich nicht gemocht", hat Markus Lanz mir einmal gesagt. „Ich habe nicht begriffen, was die Schönheit dieser Stadt ist, was Hamburg ausmacht. Das Problem war: Ich habe mich nicht darauf eingelassen, ich wollte immer zurück in die Berge. Und als ich das begriffen habe, wurde Hamburg zur besten Stadt, in der ich jemals gelebt habe." Heimat ist Hamburg, „dieses wunderschöne Zuhause", allerdings nicht geworden. Heimat, sagt Lanz, sei für ihn ein enger Begriff, der sich auf Südtirol, den Blick von einem bestimmten Berg verengt: „Ich finde es toll, wenn Menschen Orte haben, die ihnen etwas bedeuten. Ich heule manchmal ein bisschen, wenn ich aus Südtirol wegfahre, das hatte ich früher nie. Man wird im Alter offenbar sentimentaler. Gleichzeitig bin ich aber unendlich dankbar dafür, einen Ort zu haben, der mir so viel bedeutet. Viele Menschen, die ich treffe, sind so entwurzelt. Manche sind Großstadtmenschen, andere Nomaden in Äthiopien."

Wer Markus Lanz verstehen will, muss den Südtiroler verstehen, was gar nicht so einfach ist. Reinhold Beckmann, ebenfalls Wahlhamburger und als Gastgeber einer längst eingestellten Talkshow derjenige, der in Auftreten und Fragetechnik Lanz am ähnlichsten war, ist dem Phänomen in einem Gespräch mit zwei Südtirolern sehr nah gekommen. Hier Markus Lanz, dort Bergsteiger Reinhold Messner, der „von der engen, traurigen Welt" sprach, „aus der man sich befreien muss". Lanz sagte: „Ich kenne die Enge des Dorfes. Verdunkelt das die Seele? Ich würde sagen, ja. Als junger Mann nimmt man das nicht unbedingt wahr, aber bei Älteren bekomme ich das mit. Der Südtiroler hat einen Hang zur Melancholie."

Was man als deutscher Tourist nicht verstehen kann, wenn man nur zum Skifahren oder Wandern hinfährt. Für Reisende sind die Aussichten in den Bergen atemberaubend, für die Einwohnerinnen und Einwohner teils bescheiden. Wäre alles normal gelaufen für Markus Lanz aus Geiselsberg, dann wäre er Skilehrer geworden oder Bergführer oder hätte irgendeinen anderen Job im Tourismus angenommen. „Für jemanden wie mich, der aus kleinen und sehr schwierigen Verhältnissen kommt, war ein Leben, das ich jetzt lebe, nicht vorgesehen", sagt er. Die Vorstellung, dass einer wie er eines Tages in einem TV-Studio sitzt, in einer ganz und gar anderen Welt, und dabei von zwei Millionen Zuschauerinnen und Zuschauern beobachtet wird, war absurd. Der Unterschied zwischen der Natürlichkeit seines Herkunftsorts und der Künstlichkeit des Fernsehens könnte nicht größer sein und er holt Lanz jedes Mal ein, wenn er von einer seiner ungewöhnlichen Reisen zurückkehrt: „Weil ich so wenig Zeit habe, passiert es manchmal, dass ich direkt aus Grönland ins Studio muss. Dann macht mir der Lärm zu schaffen und ich frage mich manchmal: Was, zum Teufel, mache ich hier eigentlich?"

Der Südtiroler sei bescheiden und definiere Zufriedenheit ganz anders als, sagen wir mal, der Kölner. „Ich gebe Ihnen ein Beispiel: Meine Mutter hat noch nie das Meer gesehen, noch nie. Und ich habe so oft zu ihr gesagt: Du musst dir doch einmal in deinem Leben das Meer anschauen. Aber sie sagt: Ich muss das nicht. Ich habe jahrelang gebraucht, bis ich respektieren konnte, dass sie das nicht will, weil es an ihrer Zufriedenheit nichts ändert." Lanz erzählt gern solche oder andere Geschichten von seiner Mutter, zum Beispiel auch die, was sie sagt, wenn daheim „länger als fünf Tage die Sonne scheint: Dann sagt meine Mutter nicht, hoffentlich scheint sie morgen wieder, sondern: Das müssen wir büßen." Es stimme, was seine Frau Angela meine, so Lanz weiter: „Sie sagt, dass wir Südtiroler schon anders sind, unheimlich zäh, hart im Nehmen." Und hart zu sich selbst.

Alles Eigenschaften, die Markus Lanz auf seinem Weg geholfen haben, von dem er früh wusste, dass er ihn nach Deutschland führen würde. Es wäre interessant, eine Umfrage unter den Fernsehzuschauerinnen und -zuschauern dieses Landes zu machen, woher Lanz eigentlich stammt. Ich bin sicher, dass viele ihn inzwischen für einen Deutschen, maximal für einen Österreicher halten würden und eben nicht für einen Südtiroler. Lanz hat beide Staatsbürgerschaften, die italienische und die deutsche, „aber es gibt keine Hymne, bei der es mir kalt den Rücken herunterläuft, weil wir Südtiroler halt Zwitterwesen sind". Die Zerrissenheit, eines der großen Themen seines Lebens, manifestiert sich tatsächlich in seiner Herkunft. Er mag die Italiener wegen ihrer „gesunden Empathie", er war in Neapel beim Militär, bei den Gebirgsjägern, wo er eine Ausbildung zum Funker gemacht hat. Doch er merkte schnell, dass er für die anderen dort nur „so ein Teilzeit-Italiener war" und dass er südlich seiner Heimat nichts werden würde. „Für mich war klar, dass ich nach Deutschland musste", hat er gesagt, und dass er als junger Mann, der gar nichts hatte, schon gar keine Beziehungen, wusste: „Wenn es ein Land gibt, in dem jemand wie ich es packen kann, dann ist es Deutschland."

In seiner Zeit beim Militär sei ihm auch bewusst geworden, welche Bedeutung Sprache habe, einerseits, um sich abzugrenzen, andererseits, um von anderen akzeptiert zu werden. Deswegen wollte Markus Lanz, als er das erste Mal nach Deutschland kam, „so sprechen, dass niemand hört, woher ich komme". Nicht nur das ist ihm gelungen. Lanz hat mit nichts den Brenner überquert und ist heute eine der erfolgreichsten, mächtigsten TV-Figuren im wichtigsten Land Europas. „Deswegen liebe ich dieses Land so sehr, weil es einem Typen wie mir eine echte Chance gegeben hat. Dafür bin ich sehr dankbar."

Wahrscheinlich ist das auch ein Grund dafür, dass sich Markus Lanz so aufrichtig für Politik, Politikerinnen und Politiker interessiert und dass es ihm nicht egal ist, was in diesem und mit diesem Land passiert. Er hat das Gefühl, etwas zurückgeben zu müssen, und, noch viel besser: Er ist inzwischen mit seiner Sendung in einer Situation, in der er das kann. Dass aus einer ziemlich normalen Talkshow eine politische Gesprächsrunde geworden ist, liegt auch an Lanz' Wunsch, dass dieses Land das bleibt, was es für ihn war. Ein Ort, dem man vertrauen kann.

Leben mit Lanz – Woche 5

1. Februar, Gäste: Politiker Omid Nouripour (Grüne), Journalistin Helene Bubrowski, Journalisten Ulf Röller, Elmar Theveßen

Markus Lanz mag es nicht, ich erwähnte es bereits, wenn man über (sein) Aussehen redet, weil dabei schnell mitschwingt, dass er zu schön für kluge Fragen sein könnte. Trotzdem spricht er den neuen Grünen-Chef Omid Nouripour gleich zu Beginn der Sendung auf eine Äußerlichkeit an, „ich komme über die Krawatte nicht hinweg", sagt er, ob die Ausdruck einer neuen Spießigkeit bei den Grünen sei und sich Nouripour in Stellung bringe, falls das mit seiner Parteifreundin Annalena Baerbock als Außenministerin nicht funktionieren sollte. Die letzte Frage stelle sich nicht, antwortet der Politiker und sagt später, dass Baerbock in ihren ersten 54 Tagen im Auswärtigen Amt mehr unterwegs gewesen sei als mancher ihrer Vorgänger in einem Jahr. Das mit der Krawatte lasse sich schnell klären, erstens trage er immer mal wieder eine, je nach Anlass, und zweitens habe er etwas zugenommen in den vergangenen Wochen. Die Krawatte soll also kaschieren, ansonsten macht Nouripour das nicht. Er ist einer dieser Politiker, die direkt, manchmal erstaunlich direkt auf Fragen antworten, Lanz muss kaum nachhaken, selbst dann nicht, als es um den Russland-Ukraine-Konflikt geht. Waffenlieferungen an die Ukraine werde es vorerst nicht geben, sagt der Grünen-Chef, was sich aber ändern könne, wenn die Russen tatsächlich das Land angreifen würden, und ein Freund der Gaspipeline Nord Stream 2, die Deutschland direkt mit Russland verbindet, sei seine Partei sowieso nie gewesen. Ansonsten gelte, heikle diplomatische Fragen nicht in einer Fernsehsendung zu besprechen, weil schließlich keiner eine kriegerische Auseinandersetzung herbeireden wolle. Darüber besteht Einigkeit an diesem Abend, an dem überhaupt die klassischen Lanz-Konflikte ausbleiben. Der Moderator will lieber über die „Abenddämmerung der Demokratie" sprechen, „der stärksten und erfolgreichsten Herrschaftsform dieser Erde, die aber auch die schwächste ist, wenn jemand anfängt, die Freiheit zu missbrauchen", wie der US-Korrespondent des ZDF Elmar Theveßen sagt. Es ist diese Schwäche der westlichen Demokratie, die sich im Sturm auf das Kapitol in Washington am 6. Januar 2021 manifestiert hat und die Staaten wie Russland und China ausnutzen wollten. Der Leiter des ZDF-Studios in Ostasien Ulf Röller kann das so gut erklären wie wenige andere deutsche TV-Journalisten, weswegen er schon das zweite Mal in diesem Jahr bei Lanz zugeschaltet ist. Er sagt: „Man hat lange geglaubt, dass Wandel durch Handel funktioniert, dass die Chinesen sich unserem System annähern. Die Chinesen würden sagen, das ist die typische westeuropäisch-amerikanische Arroganz, dass sie glauben, dass sie die allerbesten sind und sagen, wo es langgehen muss. (…) Die Chinesen glauben wirklich, dass ihr Jahrhundert angebrochen ist und dass dieses Jahrhundert Chinesisch spricht. (…) Sie sagen: Wir sind jetzt stark genug, dass wir uns nicht mehr belehren lassen müssen, wir machen uns nicht mehr klein. Die Chinesen würden auch sagen: Der amerikanische Traum, dass es den Kindern einmal besser geht als den Eltern, den gibt es in Amerika gar nicht mehr. Es gibt sogar die Vereinigten Staaten von Amerika nicht mehr, das ist ein geteiltes, gespaltenes Land. Unser System ist Stabilität, die Menschen sind zufrieden, der amerikanische Traum lebt jetzt in China. Fast jeder Chinese hat eine ökonomische Aufstiegsgeschichte zu erzählen." Er gebe das nur wieder, so Roller, er sei Korrespondent in Peking und „ich sage nicht, dass ich das so sehe. Aber wir sind nicht bereit, über dieses Land komplett nachzudenken und auch zu lernen, sondern glauben, uns moralisch aus einer überhöhten Position leisten zu können, ignorant zu sein."

2. Februar, Gäste: Politiker Cem Özdemir (Grüne), Journalistinnen Christiane Florin, Anne Kunze, Psychiater Manfred Lütz

Gregor Gysi hat einmal gesagt, er sei zwar Atheist, habe aber Angst vor einer gottlosen Gesellschaft. Darum geht es, wenn Markus Lanz über die Missbrauchsfälle in der katholischen Kirche spricht, für die keiner die Verantwortung übernehmen will. „Wir reden über diesen riesigen Vertrauensverlust und die Frage, was das mit unserer Gesellschaft macht, wenn gerade Leute, die eine Supermacht in moralischen Dingen sind, am Pranger stehen", sagt Lanz und der Psychiater Manfred Lütz gibt ihm recht: „Ich finde sexuellen Missbrauch durch katholische Priester an Kindern und Jugendlichen schlimmer als jeden anderen Missbrauch. Denn die jungen Leute verlieren nicht nur das Vertrauen in Menschen, sondern auch das Vertrauen in Gott. Schrecklich." Fast eine Dreiviertelstunde vertieft sich Lanz mit Lütz und der Journalistin Christiane Florin in das Thema, in dem auch Papst Benedikt eine unrühmliche Rolle spielt. Das ist deutlich mehr als die Hälfte der Sendezeit, und das, obwohl einer der beliebtesten Politiker des Landes neben dem Moderator sitzt. Cem Özdemir, überraschend nach der Bundestagswahl Landwirtschaftsminister geworden, kommt erst ab Minute 43 (von 73) ins Gespräch, dann aber richtig. Das Hin und Her zwischen Lanz und ihm ist wie ein Lehrstück über einen Journalisten, der nicht lockerlässt, und einen Politiker, der geschickt den Fragen ausweicht. Etwa der, warum er, der ja eigentlich Experte für Außen- und Verkehrspolitik sei, plötzlich für die Bauern zuständig sei. Özdemir schafft es in Sekunden, von dieser Frage auf seine Herkunft zu kommen, dass es ihm nicht in die Wiege gelegt worden sei, eines Tages Minister zu werden, eine Formulierung, die wahrscheinlich jeder kennt, der ihn schon einmal befragt hat. So geht es weiter, wir werden nicht erfahren, wie es damals wirklich war, als Özdemir für seinen grünen Parteifreund Anton Hofreiter in die Ampelregierung rückte, auch wenn Lanz sagt: „Herr Özdemir, bitte, Sie waren ja schon ein paar Mal hier, Sie wissen, wie es hier läuft." Der Hinweis, gar nicht so selten geäußert, mag andere Politikerinnen und Politiker beeindrucken. Özdemir bleibt cool und antwortet später auch nicht auf die mehrfach gestellte Frage, ob Fleisch angesichts des ökologischen Umbaus der Landwirtschaft denn nun teurer werde. Na ja, er gibt es irgendwie zu, aber eben nicht so, wie Lanz es gern hätte. Wie gesagt: Wer Freude an politisch-journalistischen Scharmützeln hat, kommt auf seine Kosten und erfährt nebenbei, dass einem Schweinebauern nur 21 Prozent des Umsatzes bleiben, die mit einem Tier gemacht werden, und dass die Hartz-IV-Sätze sich auch an den Preisen für Lebensmittel orientieren. Soll heißen: Wenn Fleisch teurer wird, und das wird es, auch wenn der Minister dafür immer neue Umschreibungen findet, als dürfe nur Lanz das Wort „teurer" verwenden, dann muss die Unterstützung für all die steigen, die zum Leben (und Essen) auf Geld vom Staat angewiesen sind. Womit Özdemir recht hat, dass Landwirtschafts- eben auch Sozialpolitik ist. Und er damit doch der richtige Mann an der richtigen Stelle und sei es nur wegen seiner Herkunft.

3. Februar, Gäste: Politikerinnen Marie-Agnes Strack-Zimmermann (FDP), Sahra Wagenknecht (Linke), Politiker Claus Ruhe Madsen (parteilos), Journalistin Kristina Dunz

Wann immer Sahra Wagenknecht bei *Markus Lanz* sitzt, erinnern sich die Kritikerinnen und Kritiker der Sendung an das Aufeinandertreffen im Jahr 2014, auf das die Petition „Raus mit Markus Lanz aus meinem Rundfunkbeitrag!" folgte. Offensichtlich hat die Episode dem Verhältnis der beiden nicht geschadet, die Linken-Politikerin ist regelmäßig bei Lanz und der sagt, dass es zwischen ihnen eine „hohe Wertschätzung" gebe. Überhaupt gehören die heutigen Gäste zu jenen, die Lanz gern in seiner Sendung hat und die entsprechend oft kommen. „Hoher Frauenanteil", sagt der Moderator noch, bevor es, natürlich, um Corona geht. Sahra Wagenknecht hatte für Schlagzeilen gesorgt, als sie bei *Anne Will* erklärte, sich nicht impfen lassen zu wollen. Inzwischen hat sie sich mit Omikron infiziert, der Auftritt bei Markus Lanz ist der erste nach überstandener Erkrankung, die nicht mehr als ein Schnupfen gewesen sei, so Wagenknecht. Trotzdem will sie nicht ausschließen, sich doch noch gegen das Virus impfen zu lassen, sollten sich in den kommenden Monaten neue, gefährliche Varianten entwickeln. Von einer Impfpflicht hält Wagenknecht wenig und denkt da genauso wie Rostocks Oberbürgermeister Claus Ruhe Madsen. Der fragt sich, wie sein Gesundheitsamt die einrichtungsbezogene Impfpflicht, die ab Mitte März gilt, kontrollieren solle. Die Mitarbeiterinnen und Mitarbeiter dort seien komplett überlastet, die könnten nicht entscheiden, ob etwa ein Feuerwehrmann zum Einsatz dürfe, obwohl er nicht komplett geimpft sei. „Wenn die Hütte brennt, ist es Ihnen egal, ob der Feuerwehrmann geimpft ist oder nicht", sagt die FDP-Politikerin Marie-Agnes Strack-Zimmermann. Das ist witzig, zeigt aber auch, in welch absurde Lage Deutschland geraten ist, ganz anders etwa als Nachbar Dänemark. Dort hätte es eine klare Kommunikation gegeben, was gegen die Pandemie zu unternehmen sei und unter welchen Bedingungen Maßnahmen gegen das Virus aufgehoben werden könnten, sagt Madsen, der selbst Däne ist: „Man kann entweder eine Kerze hochhalten und den Leuten ein wenig Licht und Hoffnung geben oder man kann jede Kerze auspusten." Soll heißen: Die große Mehrheit der Deutschen hat sich impfen und boostern lassen, hat Masken getragen, Abstände eingehalten und Kontakte reduziert – und hat jetzt das Gefühl, dass das alles nichts gebracht hat. Überall in Europa werden die Regeln gelockert oder ganz abgeschafft, nur in Deutschland nicht. „An welcher Stelle haben wir die Leute verloren?", fragt Lanz und Strack-Zimmermann antwortet, dass sie sich wundere, „was für eine renitente Gesellschaft wir geworden sind. Das hat nicht nur etwas mit der Kommunikation zu tun."

„Ich dachte, das ist dieser Unterhaltungsfuzzi"

Zwei Interviews, ein Besuch beim Papst und der Anfang vom Ende eines falschen Image

Ein Juni-Tag im Jahr 2013. Markus Lanz hat gerade eine Sendung mit Uwe Seeler, Fußball-Legende vom Hamburger Sportverein, der Grünen-Politikerin Claudia Roth und der Schauspielerin Susanne Uhlen aufgezeichnet. Vor dem Studio warten drei Wagen darauf, die Gäste nach Hause, zum Flughafen, Bahnhof oder ins Hotel zu fahren. Das Studio selbst ist wieder leer und aufgeräumt, der Moderator redet noch mit Susanne Uhlen, vielleicht fotografiert er sie. Das macht er gern mit seinen Gästen.

Es ist das erste Mal, dass ich Lanz zu einem persönlichen Gespräch treffe. Der Juni 2013 ist ein besonderer Monat für ihn, wenige Tage später soll er die XXL-Ausgabe von *Wetten, dass..?* auf Mallorca moderieren (die von den Medien brutal zerrissen werden wird), am 19. Juni ist die 500. Ausgabe seiner Talkshow geplant (bei der die Kritik auch nicht besser sein wird). Es ist 20.30 Uhr, als Markus Lanz so weit ist, zunächst lässt er sich vom Hamburger Fotografen Marcelo Hernandez vor den Mauern des TV-Studios porträtieren. Als dessen Lichtanlage vom Wind umgeworfen wird, ist Lanz der Erste, der beim Wiederaufstellen hilft. Er kennt so etwas, ist selbst ein ausgezeichneter Fotograf und sagt über die Lichtanlage: „Die habe ich auch und die hält offensichtlich etwas aus."

So beginnt ein Treffen, das eigentlich maximal eine Stunde dauern sollte und von dem ich mir, ehrlich gesagt, nicht viel erwartet hatte. Ein längeres Interview sollte dabei herauskommen, etwas, das man in der Sprache der Zeitungsleute einen Seitenaufmacher nennt, Themen: das Fernsehen im Allgemeinen und Lanz im Speziellen. Am Ende saßen wir mehr als zwei Stunden in einem Konferenzraum zusammen, in dem große Schüsseln mit Schokolade, Lakritz und anderen Süßigkeiten standen, die mein Gegenüber nicht anrührte. Wir sprachen über vieles, aber kaum über das Fernsehen, am Ende reichte das Material vielleicht gerade deshalb für eine Doppelseite im *Hamburger Abendblatt*.

Das las sich dann so:

Als ich während meines Volontariats zu RTL Nord kam, hatten Sie dort Ihre letzten Tage und ein Kollege sagte mir: „Das ist Markus Lanz, der wird mal ein ganz Großer." Seitdem habe ich Ihren Weg etwas verfolgt und wundere mich: Lange nahm ich Sie nur als TV-Menschen wahr und plötzlich waren Sie der Grönland-Reisende, der Foto- und Biograf, der Unternehmer, der Wetten, dass..?-Moderator. Was sind Sie denn jetzt wirklich?

Markus Lanz: Für mich sind das alles keine Widersprüche. Ich habe mich eigentlich immer als Reporter verstanden. Das ist es auch, was ich im Ausland sage, wenn Leute mich fragen, was ich beruflich mache. Mich reizt es bis heute, Dinge als Erster zu erfahren, vor allem: sie selbst zu sehen und mir ein Bild zu machen. Ich wollte immer schon wissen, was hinter der nächsten Kurve kommt. Daher kam auch der Drang, nach Grönland zu gehen, nach Äthiopien oder in die Mongolei.

Ihre Grönland-Berichte waren ein Wendepunkt in meiner Wahrnehmung von Markus Lanz. Ich dachte: Ist das der gleiche Markus Lanz, der spätabends mit Leuten plaudert oder mit Spitzenköchen kocht?

Wenn man sich die Mühe macht und mal ein bisschen genauer hinguckt – also nicht nur schnell meinen Namen googelt, sondern vielleicht mal einen Text liest, den ich geschrieben habe, oder die Fotos betrachtet, die ich gemacht habe –, dann stellt man möglicherweise fest, dass es in meinem Leben ein paar Dinge gibt, die mir sehr wichtig sind und die ich gerade deshalb nicht an die große Glocke hänge. Es ist doch so: Je wahnsinniger alles wird, je größer auch die öffentliche Präsenz wird – und zwar die, die nun einmal zu meinem Beruf gehört, aber auch die, die einfach über einen hereinbricht und die sehr, sehr aufgeblasen und künstlich ist –, desto größer wird die Sehnsucht nach einer gewissen Wahrhaftigkeit. Ich habe das erlebt, als ich im Dezember in der Mongolei war und dort bei der Familie eines kasachischen Adlerjägers übernachtet habe. Die haben in einer Hütte geschlafen, die nur mit etwas getrocknetem Kuhdung geheizt wird. Nachts wird es im Raum minus zehn Grad kalt und die Kinder werden auf die Erwachsenen verteilt und kriechen zu denen unter die Decke, weil sie sonst erfrieren. Trotzdem husten manche, als wären sie kurz vor der Lungenentzündung. Und dann stellst du der Mutter die Frage, was sie sich wünscht, ob sie vielleicht gern mal in die Hauptstadt fahren würde. Und sie guckt mich verständnislos an und antwortet: Was soll ich da? Ich sage: Na ja, mal schön essen gehen, Kleider kaufen, so was. Und sie: Wieso, ich habe hier doch alles. Da habe ich gemerkt: Das sind lauter Fragen aus meiner Welt, die ihr gar nicht in den Sinn kommen. Sie lässt sich überhaupt nicht korrumpieren.

Offensichtlich gibt es eben doch Dinge, die man für Geld nicht kaufen kann.

Ja, und deswegen ist für mich immer die Frage, was Menschen wirklich antreibt, warum sie das machen, was sie tun. Gibt es ein erfülltes Leben, wenn du eigentlich nichts von dem hast, was wir im Westen, was wir in Deutschland für erstrebenswert halten?

Das ist doch für jeden von uns die Kernfrage.

Stimmt.

Für Sie könnte man konkretisieren: 500 Sendungen Markus Lanz, ist es das eigentlich?

Genau.

Und wie ist die Antwort?

Die Antwort ist: Ich mache das wahnsinnig gern, weil ich immer wieder besondere Begegnungen mit Menschen habe. So wie neulich mit Günter Netzer, der davon sprach, wie gerne er in seinem Leben immer faul war. Und wie dankbar er dafür ist, dass es trotzdem irgendwie ganz gut funktioniert hat.

Sie machen das also alles gar nicht fürs Fernsehen, sondern für sich.

Ich mache das, weil jedes neue Gespräch, jede neue Begegnung mit einem Menschen, den du zu kennen glaubst, anders ausfällt. Ob es die erste, die 200. oder die 500. Sendung ist, ist dabei völlig egal.

Sie sind wahrscheinlich ein idealer Typ fürs Fernsehen. Aber umgekehrt gilt das anscheinend nicht. Sie könnten doch ab morgen ohne Fernsehen leben, oder?

Ich glaube tatsächlich, dass ich das könnte, ja.

Was ja besonders interessant ist, weil Sie so eine Karriere im Fernsehen gemacht haben.

Ja, aber nur zufällig. Ich hatte sehr viel Glück, war oft am richtigen Ort und mir macht das, was ich tue, so großen Spaß, dass ich es mit Haut und Haaren tue. Aber wenn es morgen vorbei wäre, dann würde ich etwas anderes tun. Und zwar mit Haut und Haaren.

Hier Wetten, dass..?, dort Grönland. Sie scheinen vor nichts Angst zu haben.

Das stimmt überhaupt nicht. Im Gegenteil: Ich bin ein sehr ängstlicher Mensch. Wenn du mit Jägern in Nordgrönland unterwegs bist, in der Dunkelheit der Polarnacht, und du weißt, unter dir geht es 3.000 Meter in die Tiefe und vor dir auf dem Schlitten sitzt einer, dessen Sprache du nicht sprichst, und es gibt keinen Handyempfang und keinen, der dich notfalls abholt, dann kann die nackte Panik in dir hochsteigen. Und ich bin jemand, der dazu neigt. Wenn ich von solchen Touren nach Deutschland zurückkomme, habe ich damit zu kämpfen, dass ich oft wochenlang nachts hochschrecke und panisch bin.

Warum machen Sie es dann?

Um die eigenen Dämonen in den Griff zu kriegen.

Dass Sie das können, haben Sie doch mehr als einmal bewiesen.

Es geht nicht darum, sich etwas zu beweisen, sondern um ein großartiges Naturerlebnis, das Sie nur haben, wenn Sie bereit sind, sich auf diese einzigartigen Landschaften einzulassen, sich manchmal auch durchzuquälen und sich immer wieder der eigenen Endlichkeit und Winzigkeit bewusst zu werden.

Ist das nicht schlimm?

Nein, das ist nicht schlimm. Ich erzähle Ihnen eine andere Geschichte: Ich fliege mit meinem Sohn einmal im Jahr nach Grönland. Wir kommen dort in ein Hotel, in dem die Zimmer ziemlich kalt sind, die Duschen mies und das Essen zum Heulen. Am nächsten Tag setzen wir uns dann auf den Hundeschlitten und reisen acht, neun Stunden bis in ein kleines Dorf. Dort wohnen wir dann in einem Holzhaus, ohne fließendes Wasser, ohne Dusche, müssen uns ziemlich mühsam das Essen selbst zubereiten und die Toilette besteht aus einem Eimer. Und wissen Sie was: Wenn wir dann nach einer Woche aus dem Dorf wieder in das Hotel zurückkehren, dann freuen wir uns über das luxuriöse Hotel. Was ich damit sagen will: Es ist immer wieder wichtig, die Komfortzonen des eigenen Lebens zu verlassen, um zu merken, wie gut es uns eigentlich geht. Das macht einen sehr, sehr dankbar.

Ich verließ das TV-Gelände irgendwann nach 23 Uhr, und als ich kurz vor Mitternacht nach Hause kam, fragte meine Frau: „Was hast du denn so lange bei dem Lanz gemacht?"

Ich antwortete: „Du, der ist ganz anders, als ich gedacht habe." Und ganz anders, als er in den meisten Medien beschrieben worden war.

Dem Mann, der lange als einer der härtesten Interviewer Deutschlands galt, ging es ähnlich wie mir. Arno Luik hatte sich im selben Jahr mit Markus Lanz zu einem Gespräch für den *Stern* verabredet und er hatte vor dem Treffen einen eindeutigen Eindruck von ihm. „Ich dachte, das ist dieser Unterhaltungsfuzzi", sagt Luik. Er muss im Vorfeld des Interviews nahezu alles gelesen haben, was über Lanz bis dahin veröffentlicht worden war, seine Vorbereitung bestand aus 60 dicht beschriebenen DIN-A4-Seiten. Hinterher war er, wie ich, verblüfft: „Ich habe selten einen Menschen getroffen, bei dem der Unterschied zwischen dem medialen, überaus schlechten Image und der Wirklichkeit derart groß war." Markus Lanz habe mental unter einer „wahnsinnigen Anspannung" gestanden, die Rufe nach seiner Ablösung als *Wetten, dass..?*-Moderator waren von Folge zu Folge lauter geworden. „Er stand so unter Beschuss und war trotzdem, als er zu mir kam, verblüffend entspannt und irre uneitel", sagt Luik.

Der Autor traf Lanz Ende 2013 in seiner Wohnung in Hamburg, der Moderator war krank an diesem Tag, „so richtig, mit Fieber und so". Trotzdem sagte Lanz den Termin nicht ab, „obwohl ich wusste, was mir blühte: Ich kannte ja seine harten Interviews und ich mochte sie. Von Luik interviewt zu werden, war sicherlich kein Vergnügen, aber in gewisser Weise ein Ritterschlag. Und nun war ich also selbst dran. Gut drei Stunden Attacke. Freundlich im Ton, hart in der Sache. Von der Frau, die das Gespräch später abtippte, ist der Ausruf überliefert: ‚Da ging es ja ab. War wie ein Hörspiel!'"

Diese Sätze stammen aus dem Vorwort, das Markus Lanz für ein Buch („Als die Mauer fiel, war ich in der Sauna") mit den besten Interviews von Arno Luik geschrieben hat, das Anfang 2022 erschien. Luik staunte, als Lanz ihm verriet, dass er als Interviewer ein Vorbild für ihn sei, „er unterbricht, er zitiert, er hat eine Meinung, genau wie ich", sagt der Autor. Er staunte aber vor allem, als sich Markus Lanz für ein Foto „einfach so bei mir vor die Heizung stellte, ohne Visagist, ohne Allüren". Diese Uneitelkeit habe er „wahnsinnig sympathisch" gefunden und sie zeigte sich erneut, als es um die Autorisierung des langen Interviews ging. Die kann für Journalistinnen und Journalisten ein echtes Problem, ein zäher Vorgang werden, oft wird stundenlang mit Pressesprecherinnen und -sprechern oder Managerinnen und Managern um Formulierungen gestritten, es werden einmal gesagte Dinge wieder zurückgenommen, andere hinzugefügt. „Markus Lanz hat mich einfach angerufen, wir haben kurz über ein paar Änderungen gesprochen, das war es", sagt Luik, und dass das wirklich untypisch gewesen sei, wenn er daran denke, „welche Schwierigkeiten ich mit vielen anderen meiner Interviewpartner gehabt habe". Dabei sei das Gespräch „heftig gewesen, ich hätte verstanden, wenn er es nach einer Stunde abgebrochen hätte". Zur medialen Dauerkritik an seinem Auftreten sagte Lanz damals: „Handle ich mit Waffen oder verkaufe ich Frauen? Was mach ich denn? Fernsehen."

Wer sich mit Markus Lanz beschäftigt, merkt schnell, dass das Bild, das in den Jahren 2013 und 2014 transportiert wurde, überzeichnet war. Es ging kaum um den Menschen, sondern immer um das Medienprodukt, es ging nicht um die Wirklichkeit, sondern um die künstliche Welt der Medien und Medienschaffenden und deren Sicht. Bis zum Aus von *Wetten, dass..?* war Markus Lanz ein Teil dieser Welt, ein Teil der Medienblase, auch wenn man spätestens nach seinem Wechsel von RTL zum ZDF hätte merken können, dass er sich darin gar nicht (mehr) wohlfühlte. Der Niedergang von *Wetten, dass..?* brachte den endgültigen Bruch, für Lanz hatte er auch etwas von einer Erlösung. Dieser Misserfolg, so schmerzlich er damals gewesen sein muss, hat ihm geholfen, sich vom Beifall der Massen und der Beurteilung durch andere freizumachen. Von dem Moment an, an dem ihm endgültig klar wurde, dass es vorbei ist, dass es das ein für alle Mal war mit der (großen) Unterhaltung, für die er sowieso nicht geboren war, hatte er nichts mehr zu verlieren. Die Medienwelt, die ihn zu dem gemacht hatte, der in Zeitungen und im Internet so scharf kritisiert wurde, hatte ihn ausgespuckt. Das Einzige, was ihm danach noch blieb, war er selbst. Vielleicht sehen genau deshalb „viele eine krasse Einsamkeit in ihm", wie es die Klimaaktivistin Luisa Neubauer sagt.

Markus Lanz hatte ungewollt und auf einem der härtesten möglichen Wege den Zustand von Unabhängigkeit und Selbstbestimmung erreicht, von dem er geträumt hat. Auf einmal konnte er machen, was er wollte, weil erstens niemand, auch die größten Kritikerinnen und Kritiker nicht, mehr so genau hinguckte und weil zweitens kaum jemand noch etwas von ihm erwartete. „Die Art und Weise, wie er sich danach durchgekämpft hat, ganz ohne zu lamentieren, hat ihn zu dem gemacht, was er heute ist", sagt Manfred Lütz.

Der Psychotherapeut und Bestsellerautor („Irre. Wir behandeln die Falschen") kennt Markus Lanz seit Jahren, die beiden verbindet ein besonderes Erlebnis. Lütz und Lanz waren gemeinsam bei Papst Benedikt, der Moderator hatte seinem Gast nach einer Sendung gesagt, dass es ihm ein Herzensanliegen sei, den Heiligen Vater noch einmal zu treffen. „Das war echt, wirklich persönlich interessiert, kein Promi-Getue", sagt Lütz. Der hatte Verbindungen aus einer Zeit, in der Papst Benedikt noch Joseph Ratzinger war, man bekam einen Termin. Lütz und Lanz reisten in den Vatikan, sie fanden einen schwachen, müden alten Mann vor und dachten schon, dass ein Gespräch nicht zustande kommen würde. Am Ende gab es das doch. „Markus Lanz ist existenziell berührt gewesen, er hat sowieso eine Sensibilität für Existenzielles, für Echtes", sagt Lütz. „Bei *Wetten, dass..?* plätscherte er nicht gleichmäßig-desinteressiert durch die Sendung wie Thomas Gottschalk das zur Perfektion betrieben hat, sondern er brachte sich ganz persönlich mit ein. Das war anders, aber das Publikum wollte wieder seine gewohnte künstliche Gottschalk-Welt." Mit seinem Rauswurf aus dieser Kunst-Welt habe Lanz die Chance gehabt, sich auf das zu besinnen, was ihn ausmache, auf seine Präsenz, den Willen, sich intensiv auf Gespräche vorzubereiten, sein echtes Interesse an echten Menschen und an Politik. „So fragt er beharrlich durch die routinierten Politikersprüche hindurch, bis der Zuschauer erleben kann, was das für ein Mensch ist, dieser Politiker", sagt Lütz.

Hajo Schumacher, Autor und sowohl bei Lanz als auch in anderen Talkshows jahrelang ein Dauergast, bringt die Entwicklung wie folgt auf den Punkt: „Wenn du mit dem Unterhaltungskapitel durch bist, stellt sich die Grundsatzfrage. Strategisch gesehen musste Markus Lanz nach dem, was er erlebt hat, seriöser werden und es passte auch viel besser zu ihm. Seine Politisierung und die Politisierung seiner Sendung waren der Ablass für *Wetten, dass..?*" Soll heißen: Unabhängig von seinen eigenen Vorlieben, unabhängig von dem tiefen Wunsch, endlich ernsthaft arbeiten zu können und ernst genommen zu werden, blieb Lanz nach seinem Scheitern im bunten Teil der Fernsehwelt, und damit ist auch die Talkshow gemeint, die er von Johannes B. Kerner übernommen hatte, gar nichts anderes übrig, als sein Comeback im echten Journalismus zu versuchen. Außerdem ahnte er: Wenn ich mit politischen Interviews zurückkomme, wenn ich allen zeige, dass ich etwas kann, womit sie überhaupt nicht gerechnet haben, dann wird dieses Comeback perfekt.

Leben mit Lanz – Woche 6

8. Februar, Gäste: Politiker Lars Klingbeil (SPD), Christoph Ploß (CDU), Journalistin Claudia Kade, Politologin Margarete Klein

Als Lars Klingbeil das letzte Mal bei Markus Lanz war und es für ihn anstrengend wurde – damals ging es um die Frage, ob Karl Lauterbach wirklich Bundesgesundheitsminister werden könne, Kanzler Olaf Scholz hatte seine Entscheidung noch nicht getroffen –, sagte er, halb im Spaß, dass er sich überlegen würde, ob er erneut in die Sendung komme. Nun ist er wieder da und es werden sicher weitere Auftritte folgen, weil die jungen Leute in der SPD Lanz trotz dessen kritischer Fragen schätzen und entschlossen sind, sich diesen zu stellen. Und weil sie wissen, dass sie über die Sendung und ihre Verbreitung im Internet auch die Wählerinnen und Wähler erreichen, die bei der Bundestagswahl im September 2021 für die FDP und die Grünen gestimmt haben. Der Preis dafür ist diesmal ein Duell zwischen dem Moderator und dem Politiker um einen einzigen Begriff. Es geht um Nord Stream 2 und die Frage, warum es so schwer ist, dem russischen Präsidenten Wladimir Putin mitzuteilen, dass die Gaspipeline auf dem Spiel steht, wenn seine Truppen in der Ukraine einmarschieren. Das hört sich dann so an, nachdem Lanz gefragt hat, warum denn niemand in der SPD Nord Stream 2 in den Mund nehmen würde:

Klingbeil: „Ich kann gern Nord Stream 2 sagen, wenn Sie das so erfreut."

Lanz: „Würden Sie auch den Satz sagen: Wenn Russland in die Ukraine einmarschiert, dann fließt durch Nord Stream 2 kein Gas?"

Klingbeil: „Wir können auch Wladimir Putin alles sagen, was wir vorhaben …"

Lanz: „Würden Sie den Satz sagen?"

Klingbeil: „Wir können uns ziemlich dumm in der Außenpolitik verhalten, aber ich bin dagegen, dass wir das tun."

Lanz: „Das heißt, Biden ist dumm?" (Der US-Präsident hatte bei einer Pressekonferenz nach einem Treffen mit Olaf Scholz genau den geforderten Satz gesagt.)

Und weiter, etwas später:

Klingbeil: „Herr Lanz, jetzt führen wir eine innenpolitische Debatte in Deutschland über die Frage, ob ein Bundeskanzler einen Pullover im Flugzeug tragen darf und über die Frage, ob er Nord Stream 2 sagt …"

Lanz: „Nein, nein, nein, nein …"

Klingbeil: „… aber es geht darum, einen Krieg in der Mitte Europas zu verhindern."

Lanz: „Joe Biden hat wörtlich gesagt: Wenn die einmarschieren, wird es kein Nord Stream 2 geben, das verspreche ich ihnen."

Klingbeil: „Und Olaf Scholz hat gesagt, wir sind uns einig."

Lanz: „Was heißt das? Dann sagen Sie es doch. Sie sagen es jetzt auch nicht."

Klingbeil: „Herr Lanz, weil Sie jetzt unbedingt diesen Satz wollen, SPD-Vorsitzender sagt Nord Stream 2 …"

Lanz: „… was ist dran an diesem Satz, ich würde es gern verstehen?"

Klingbeil: „Herr Lanz, weil ich die feste Überzeugung habe, dass es nicht sinnvoll ist, Putin in unsere Karten gucken zu lassen …"

Lanz: „Wir sollten uns jetzt keine Märchen erzählen."

Klingbeil: „Was verstehen Sie denn nicht an dem Satz, dass alle Optionen auf dem Tisch liegen? Ich frage mich das seit Tagen. Erklären Sie es mir!"

Lanz: „Was ist so schwierig an dem Satz: Wenn die Russen in der Ukraine einmarschieren, wird es kein Nord Stream 2 geben?"

In der Detailfrage versteckt sich eine übergeordnete: Warum kommuniziert Bundeskanzler Olaf Scholz so, wie er kommuniziert, und schafft es selbst in einem von Lanz gelobten Interview mit dem amerikanischen Sender CNN nicht, sich zu Nord Stream 2 zu äußern, nachdem Joe Biden das getan hat? Die Antwort bleibt aus, Klingbeil spricht wie Scholz und fängt an, seinerseits Lanz zu befragen („Sie sind mir noch die Antwort schuldig, wo die SPD nicht klar ist"). Der Hamburger CDU-Landesvorsitzende Christoph Ploß, den der Moderator als einen „kommenden Mann in der CDU" angekündigt hat, kann einem fast leidtun, als der SPD-Vorsitzende seine Anmerkungen zum Thema wie folgt abkanzelt: „Das tun wir jetzt mal als krampfhaften Versuch ab, sich in der Opposition zurechtzufinden, das ist mir zu albern."

9. Februar, Gäste: Politiker Jörg Meuthen (AfD), Politikerin Ricarda Lang (Grüne), Journalistin Nadine Lindner, Ökonom Clemens Fuest

Viel ist in den vergangenen Jahren darüber diskutiert worden, wie man mit Politikerinnen und Politikern der AfD in Talkshows umgehen soll. Man kann sie gar nicht erst einladen, aber das ist zu einfach und wird journalistischen Ansprüchen nicht gerecht. Oder man macht es wie Markus Lanz, der mit dem ehemaligen Chef Jörg Meuthen nicht darüber spricht, warum er gerade aus der AfD ausgetreten, sondern, warum er so lange Mitglied der Partei gewesen ist. Die Frage stellt sich insbesondere, wenn man mit Einspielfilmen belegen kann, dass Meuthen spätestens 2018 endgültig wusste, mit wem er es da zu tun hatte in der AfD, die er angeblich auf einen „bürgerlich-konservativen Kurs" bringen wollte. Es geht zum Beispiel um Andreas Kalbitz, einen Mann, „der über Jahre hinweg widerwärtige Sachen gesagt hat und Sie sind mit ihm in einer Partei geblieben", sagt Ricarda Lang, die neue Grünen-Vorsitzende. „Dass Sie jetzt ausgetreten sind, ist keine Frage von Rückgrat oder Anstand, sondern es liegt daran, dass Sie keine Machtperspektive mehr haben. Und diese Reinwascherei, nachdem Sie jahrelang Rechtsradikale in der Partei geduldet haben, nimmt Ihnen niemand ab, Herr Meuthen." Der wird böse: „Sie nicht, kümmern Sie sich mal um die gewaltaffinen Teile Ihrer Partei", sagt er, verfällt damit in den alten AfD-Duktus, wird aber sofort von Lanz gebremst: „Lasst uns mal versuchen, sachlich zu bleiben, denn die Frage ist sehr berechtigt."

Lanz lässt auch bei Ricarda Lang, „der jüngsten Vorsitzenden in der Geschichte der deutschen Parteien", eine ausweichende Antwort nicht durchgehen.

Lanz: „Befürworten Sie den Plan von Wirtschaftsminister Robert Habeck, Flüssiggaslieferungen aus den USA zu bekommen, ja oder nein?"

Lang antwortet: „Für mich ist der Weg, um diese Unabhängigkeit herzustellen, der Ausbau der erneuerbaren Energien."

Lanz sagt: „Das ist nicht die Antwort auf die Frage, Frau Lang."

Lang: „Doch, das ist meine Antwort auf Ihre Frage."

Lanz: „Das heißt, Sie beantworten die Frage nicht."

Lang: „Wenn Sie das so sehen."

Lanz: „Anders kann man das ja nicht sehen. Ein Gespräch ist Frage, Antwort, das ist das Spiel."

Das muss man Clemens Fuest nicht erklären, der das Kernproblem der deutschen Energiepläne wie folgt auf den Punkt bringt: „Wir erfinden eine völlig neue Energieversorgung, die unerprobt ist, und schalten gleichzeitig Kernkraftwerke ab, die schon da sind und nicht viel kosten", sagt der Chef des Ifo Instituts. Das kann gut gehen, muss aber nicht.

10. Februar, Gäste: Politikerin Karin Prien (CDU), Schülerin Johanna Börgermann, Ärztin Eva Hummers, Soziologe Aladin El-Mafaalani

Es wird das Geheimnis des ZDF bleiben, warum es eine seiner wichtigsten politischen Sendungen selbst in einer hochpolitischen Zeit erst spät in der Nacht beginnen lässt. Vielleicht liegt es daran, dass *Markus Lanz* trotz der nicht zu übersehenden Veränderungen bei Themen und Gästen gerade in den vergangenen zwei Jahren immer noch im Bereich Unterhaltung geführt wird, vielleicht hat es damit zu tun, dass das Format auch um 23.30 Uhr funktioniert (und hohe Marktanteile erreicht). Dieser Donnerstag ist erneut eine gute Möglichkeit, Lanz und *Maybrit Illner*, die direkt davor läuft, zu vergleichen, gerade weil sich die Themen überschneiden. Bayern will die einrichtungsbezogene Impfpflicht gegen Corona, die Mitte März beginnen soll, nicht umsetzen, bei Illner sieht man dazu das Aufeinandertreffen von Vertretern der FDP, SPD und CSU mit den erwartbaren Vorwürfen und parteipolitischen Scharmützeln. Lanz stellt seinen Gästen, zu denen mit Schleswig-Holsteins Bildungsministerin Karin Prien nur eine Politikerin gehört (eine Journalistin oder ein Journalist ist interessanterweise diesmal gar nicht dabei), eine scheinbar banale Frage: Wie kann es sein, dass alle 16 Bundesländer eine Impfpflicht beschließen, sich Bayern aber nicht daran hält? Das kann eigentlich gar nicht sein, obwohl Prien versucht, Verständnis für andere Länder zu zeigen, die Angst davor hätten, dass in den Pflegeheimen das Personal knapp wird. Doch den Punkt macht Lanz, auch wenn sein Vergleich, dass er schließlich nicht einfach 180 km/h auf einer Autobahn fahren dürfe, auf der 130 km/h vorgeschrieben seien, nicht passt. Es bleibt komisch, dass der Staat von seinen Bürgerinnen und Bürgern Gesetzestreue erwartet, von sich selbst aber, zumindest in Bayern, nicht. Das ärgert vor allem die jüngeren Menschen, als deren Vertreterin die 19 Jahre alte Johanna Börgermann von der Schülerinitiative „Wir werden laut" zu Gast ist. „Wir leiden", sagt sie, bevor der Soziologe Aladin El-Mafaalani das Dilemma der Pandemie in einem Satz beschreibt: „Diejenigen, die am wenigsten vom Virus betroffen sind, sind am allerstärksten von den Maßnahmen betroffen." Die Spätfolgen von Lockdowns und Distanzunterricht bei Schülerinnen und Schülern würden die Gesellschaft noch lange beschäftigen, besonders, weil zwei Jahre Pandemie für einen Zehnjährigen etwas anderes seien als etwa für einen Mann wie Markus Lanz „mit 50 Jahren". Bei dem einen gehe es um ein Fünftel der Lebenszeit, bei dem anderen nur um ein Fünfundzwanzigstel. Lanz lässt das mit den 50 Jahren, die er alt sein soll, so stehen, die meisten Zuschauerinnen und Zuschauer werden sowieso glauben, dass er jünger ist. Dabei wird er am 16. März 53 … Eine andere Zahl zum Schluss: Als El-Mafaalani das erste Mal in der Sendung das Wort ergreift, liegt sein Buch „Mythos Bildung" in der gebundenen Form in den Verkaufscharts bei Amazon auf einem Platz kurz vor 50.000. Am nächsten Morgen findet man es auf Nummer 439, das Taschenbuch steht sogar auf Rang 18.

„Das ist wahr"

Von Gauland zu Laschet oder wie ein Gespräch einem späteren Kanzlerkandidaten zum Verhängnis wurde

Markus Lanz sagt, dass er sich selbst nicht googlen würde, und das nimmt man ihm ab, wenn man all die Sachen gelesen hat, die man im Internet über ihn finden kann. Wichtige Beiträge erreichen ihn trotzdem, sie werden von Mitarbeiterinnen und Mitarbeitern weitergeschickt, etwa das Interview, dass der *Deutschlandfunk* im April 2022 mit Arno Frank über Lanz führte, Titel: „Moderationsathlet auf der Sitzkante". Der *Spiegel*-Journalist Frank war es auch, der den Text schrieb, den Markus Lanz am 31. März 2020 zu lesen bekam. „Ein Interview wie ein Stierkampf" stand darüber und gemeint war das Gespräch, das er am Abend zuvor mit Armin Laschet, dem Vorsitzenden der CDU, geführt hatte. Ich weiß noch, dass ich die Sendung zusammen mit meiner Frau gesehen habe, es war die Zeit, als noch nicht feststand, ob Laschet oder der bayerische Ministerpräsident Markus Söder Kanzlerkandidat der CDU/CSU für die Bundestagswahl 2021 werden sollte. Wir spürten, dass das Interview ein besonderes war, wir bewerteten es aber unterschiedlich. Während meine Frau Armin Laschets Auftritt „sehr menschlich" fand und ihn als Politiker sympathisch, fragte ich mich, wie jemand, der sich von Markus Lanz so vorführen und verunsichern ließ, glauben konnte, Bundeskanzler zu werden.

Arno Frank schrieb: „Stierkampf ist ein Kulturgut, das in Deutschland nur wenige Freunde hat. Allzu grausam, wie der

Matador das orientierungslose Rindvieh zur Strecke bringt. Lange sieht es so aus, als würde er mit seinem Opfer nur tanzen, spielerisch, bevor am Ende doch Blut in den Sand der Arena sickert. So in etwa hat Markus Lanz es am Dienstagabend auch mit Armin Laschet getan." Frank prägt den Begriff „Lanzismus", mit der er einen Teil der Fragetechnik des Moderators zu beschreiben versuchte. Gemeint ist zum Beispiel, dass Lanz mitten im Gespräch sagt, dass es „jetzt aber politisch werde", um dann „eine denkbar unpolitische Frage zu stellen". Soll heißen: Ein Interview, das scheinbar harmlos beginnt und vor sich hinplätschert, nimmt plötzlich eine Wendung ins Ernsthafte und dann doch wieder nicht und dann – dann ist der Gast verwirrt, oder, um es mit Arno Frank zu sagen, der Stier in der Falle.

Zum Verständnis: Wenige Tage vor der Sendung hatte die damalige Bundeskanzlerin Angela Merkel Armin Laschet in der Talkshow von Anne Will vorgeworfen, als Ministerpräsident in Nordrhein-Westfalen gegen die Beschlüsse zu verstoßen, die man gemeinsam zur Bekämpfung der Corona-Pandemie getroffen habe.

Lanz fragte: „Jetzt einmal politisch, Herr Laschet: Wo haben Sie am Sonntagabend gesessen, als die entscheidenden Sätze fielen?"

Laschet antwortete: „Ich habe *Anne Will* geguckt."

Lanz: „Was haben Sie erwartet und was haben Sie bekommen?"

Laschet: „Nein …"

Lanz: „Doch, doch. Das war meine Frage."

Laschet: „Anne Will hat sehr geschickt, auf den Punkt, dreimal nachgefragt und daraus ist das entstanden." (…)

Lanz: „Es war die Kanzlerin selbst, die NRW ins Spiel gebracht hat. (…) Sie betont extra: NRW. Und wir beide, Herr Laschet, kennen uns lange und gut genug, wir schauen uns dabei tief in die Augen: Das war kein Zufall. Warum macht sie das?"

Laschet: „Nein, ich bin auch nicht bereit … Ich kenne sie so gut, wir haben ein so gutes Vertrauensverhältnis und ich bin sicher, sie wollte damit keinen Schaden auslösen. (…)"

Arno Frank schrieb: „Der Stier, Laschet, wendet sich nach links, er habe mit der Kanzlerin telefoniert. Dann besinnt er sich, dass er das eben schon mal versucht hat, und wendet sich nach rechts, es gehe um die Sache. Jetzt ist Lanz nah genug, um zuzustechen. Er betont jedes Wort einzeln: ‚Entschuldigung, Sie sind der neu. gewählte. CDU. Chef. Herr Laschet.' Und diese Geschichte sei in der Sekunde, in der Merkel sie ausspracht, mit ihm verbunden: ‚Ich meine, es geht jetzt um was. Sie beschädigt Sie.'"

Laschet: „Ich empfinde das nicht so."

Lanz: „Als CDU-Chef und auch als möglichen Kanzlerkandidaten."

Laschet: „Ich empfinde das nicht so." (…)

Lanz: „Aber Sie haben sich doch nicht darüber gefreut, Herr Laschet."

Laschet: „Herr Lanz, ich sage es noch mal: Ich habe mich nicht darüber gefreut. Aber in einer solchen Pandemie, in einer solchen Krise, muss es auch zwischen einem CDU-Chef und einer Kanzlerin mal einen unterschiedlichen Akzent in einem kleinen Detail geben können. Punkt."

Lanz: „Unbedingt. Aber nicht vor fünf Millionen Leuten, am Sonntagabend zur besten Sendezeit. (…) In München sitzt einer, ich habe neulich den Satz gelesen, der riecht das, wenn da einer angeschossen ist, der riecht das."

Laschet: „Ja, das ist auch nicht angemessen. (…)"

Lanz: „Da sitzt jetzt jemand und der sagt öffentlich, wieder öffentlich, nicht gut, das kann doch nicht sein, dass sich sechs Monate vor der Bundestagswahl die Kanzlerin und der Parteichef zerfleischen. Sagt der auch nicht zufällig."

Laschet: „Das ist wahr." (…)

Zusammengefasst fand Arno Frank, dass der Moderator seinen Gast erst in Sicherheit gewiegt und ihn dann wie ein Matador zur Strecke gebracht habe. Lanz selbst hat das Bild mit dem Stierkampf gut gefallen, die Sendung als Ganzes hat er anders gesehen als die meisten Journalistinnen und Journalisten, für die Armin Laschet mit seinem Auftritt bei Lanz erledigt war, bevor er überhaupt Kanzlerkandidat wurde. Normalerweise schaue er sich seine Gespräche nicht noch einmal an, so Lanz, aber in diesem Fall habe er es getan. Er sagte, beim BDZV-Kongress, einem digitalen Treffen von Menschen aus dem Journalismus und Verlagswesen: „Da war ein Spitzenpolitiker, der verletzlich ist, und aus dieser Verletzlichkeit hat er kein Geheimnis gemacht. Ich mochte das. Wir wollen doch, dass Politiker ehrlich sind, und wenn sie dann ehrlich sind, dann hauen wir ihnen genau das um die Ohren. Das ist auch eine Frage an uns selbst, wie wir in der Berichterstattung dann am Ende urteilen."

Das Urteil über Markus Lanz war nach diesem 30. März einhellig, es war der Moment, in dem auch der Letzte begreifen konnte, dass seine Sendung nicht mehr die war, als die sie einmal begonnen hatte, und dass da so etwas entstanden war wie eine politische deutsche Late-Night, ein Ritual kurz vor dem Zubettgehen, das für Spitzenpolitikerinnen und -politiker sehr relevant werden konnte. Armin Laschet bekam von seinem Umfeld nach dem Auftritt den dringenden Rat, weitere Einladungen in die Sendung auf keinen Fall anzunehmen, und das tat er selbst dann nicht, als er sich als CDU/CSU-Kanzlerkandidat gegen Markus Söder durchgesetzt hatte. „Er ist keiner, der in seiner Kommunikation anderen das Wort abschneidet", sagt einer seiner damaligen Berater, gemeint war wohl: Er war dem Lanz nicht gewachsen, deshalb ist er nicht mehr hingegangen. Ich hätte gern mit Laschet selbst darüber gesprochen, wie er den Auftritt gesehen hat und wie er ihn heute sieht. Er wollte nicht.

Für ihn war der 30. März 2021 wie für Markus Lanz ein besonderer Punkt in der jeweiligen Karriere, wobei es für den einen (Laschet) in die falsche und für den anderen (Lanz) in die richtige Richtung ging. Wann er diese Richtung, den Weg zu einer Talkshow, die radikal politisch und ernsthaft ist, eingeschlagen hat, lässt sich genau gar nicht feststellen. Das sei ein schleichender Prozess gewesen, sagt Markus Heidemanns, Lanz' Geschäftspartner: „Wir haben irgendwann angefangen, vermehrt Politiker in die Sendung zu holen, die Interviews wurden länger und wir haben dazu politische Journalisten eingeladen. Diese Klammer, die es früher in Talksendungen nicht gegeben hat, hat sich als wegweisend herausgestellt. Denn mit dem Politikjournalisten kann man in der Sendung praktisch einen Live-Faktencheck machen."

Das wäre theoretisch auch bei der missglückten Folge mit Sahra Wagenknecht im Jahr 2014 möglich gewesen, die der daran beteiligte *Stern*-Autor Hans-Ulrich Jörges als den Beginn der Politisierung von Markus Lanz sieht. Tatsächlich wirkte dessen Umgang mit Politikerinnen und Politikern zu dieser Zeit noch etwas unbeholfen, es fehlte vor allem die Souveränität, die ihn später auszeichnen sollte und die bereits in Sendungen vor dem Gespräch mit Armin Laschet immer wieder aufschien. Zum Beispiel am 3. Oktober 2017. Nur hat es damals kaum jemand bemerkt.

Markus Lanz hatte ausgerechnet für die Folge am Tag der Deutschen Einheit Alexander Gauland, den Fraktionsvorsitzenden der AfD im Bundestag, eingeladen, als Journalist war Robin Alexander von der *Welt* dabei. Es ging um die Frage, was die AfD damit meine, wenn sie sagt, dass sie sich „unser Land zurückholen will", und Lanz, der Südtiroler, fragte: „Gehöre ich auch dazu?"

Gauland kam ins Stottern: „Ich wüsste nicht, warum nicht."

Lanz: „Ich habe einen italienischen Pass."

Gauland: „Die EU ist kein Problem …"

Lanz: „Meinen Sie damit mich auch, Herr Gauland? Ich habe einen italienischen Pass."

Gauland: „Ja, natürlich sind Sie bei uns herzlich und gerne immer aufgenommen …"

Lanz: „Was ist mit meinem türkischen Gemüsehändler, der hier seit 20 Jahren lebt?"

So ging das weiter, Lanz zeigte in dieser und folgenden Sendungen, woran viele andere Talkshows scheiterten. „Er hat das großartig gemacht, im Umgang mit der AfD war Markus Lanz immer der Beste", sagt der Medienwissenschaftler Bernd Gäbler, der sich sowohl lange mit Talkshows als auch mit dem Aufstieg der AfD beschäftigt hat. Das sei unaufgeregt gewesen, nicht in einer pampigen, sondern in einer sehr gut vorbereiteten und detaillierten Art und Weise. „Lanz hat in seinen Gesprächen mit der AfD auf die Substanz und nicht auf den Effekt gesetzt", sagt Gäbler, eine Entwicklung, die sich nach und nach auf all seine Sendungen übertragen hätte. „Der Weg vom Wendler zu Habeck war ein weiter und er ist bemerkenswert", meint der Experte und spielt darauf an, dass früher C-Promis wie der Schlagersänger Michael Wendler Einladungen von Markus Lanz erhalten haben.

Das wäre heute undenkbar. Wobei in der Sendung weiterhin Stars sitzen, auch solche, die die Massen begeistern. Nur kommen sie jetzt aus der Politik und sind nicht Stars, wenn, sondern weil sie bei Markus Lanz sitzen. So wie Karl Lauterbach.

Aber das ist (natürlich) eine eigene Geschichte.

Leben mit Lanz – Woche 7

15. Februar, Gäste: Politiker Alexander Graf Lambsdorff (FDP), Ukraines Botschafter Andrij Melnyk, Politologin Daniela Schwarzer, Journalist Michael Bröcker

Die Talkwoche beginnt mit einer Überraschung. Obwohl Bundeskanzler Olaf Scholz am Montag und Dienstag nach Kiew beziehungsweise Moskau reisen wird, um in Gesprächen mit den dortigen Präsidenten zu versuchen, einen Krieg in Europa zu verhindern, spricht Anne Will mit ihren Gästen am Sonntag über Corona. Was vielleicht mit der Angst der Talkshow-Macherinnen und -Macher vor außenpolitischen Themen zusammenhängt, die für die Zuschauerquote normalerweise nicht so gut sind wie innenpolitische. Markus Lanz hat nur Expertinnen und Experten für die Ukraine-Russland-Krise zu Gast, darunter einen, der normalerweise in einer Talkshow nichts zu suchen hat und der nicht weiß, dass der Moderator am Ende ihm die härtesten Fragen stellen wird. Doch erst einmal kann Andrij Melnyk, Botschafter der Ukraine in Deutschland, das Gespräch über Scholz' Besuch bei Wladimir Putin entspannt verfolgen. Es geht um den absurd langen Tisch, an dem der russische Präsident den Kanzler empfangen hat. Was Lanz für eine Machtdemonstration, ein „Psychospiel" hält, hat wahrscheinlich andere Gründe. „Vielleicht hat der ewige Präsident tatsächlich Angst vor Corona", sagt Michael Bröcker, Chefredakteur bei *The Pioneer*. Was dafür spricht: Putin hat am Vortag auch seinen eigenen Außenminister mit einem Abstand von (mindestens) sechs Metern empfangen … Eindruck scheint der mächtige Tisch auf Scholz sowieso nicht gemacht zu haben. Er sei sehr klar und sehr ruhig gewesen, „das war bisher sein bester Auftritt als Kanzler", sagt Bröcker. Lanz muss lachen, als die Szene aus der Pressekonferenz eingespielt wird, in der Scholz darüber spricht, dass ein möglicher NATO-Beitritt der Ukraine so weit in der Zukunft liege, dass die beiden Staatschefs dann voraussichtlich gar nicht mehr im Amt sein würden. So etwas zu sagen, wenn man neben Wladimir Putin steht, muss man sich erst mal trauen, „so ist Scholz eigentlich nur hinter den Kulissen", sagt Lanz, bevor er sich den ukrainischen Botschafter vornimmt. Denn der bleibt bei seiner Einschätzung, dass ein Krieg unmittelbar drohe, „dabei hat Ihr Außenminister gerade erklärt, dass das Schlimmste abgewendet sei", so Lanz. Doch Melnyk, der das Verhalten der Bundesregierung in den vergangenen Tagen so hart wie kein anderer kritisiert hat, besteht weiter auf Waffenlieferungen aus Deutschland, er zählt sogar auf, was man alles braucht. Markus Lanz stellt die Fragen, auf die auch der Botschafter keine Antworten hat: „Was würden Waffenlieferungen an Ihrer Situation ändern? Wie wollen Sie eine Armee wie die russische abschrecken? Warum rüsten Sie nicht verbal ab?"

16. Februar, Gäste: Olympiasiegerin Natalie Geisenberger, Journalisten Thomas Kistner, Ulf Röller

Markus Lanz ärgert sich immer wieder, wie das ZDF seine Sendung ansetzt, „wir werden da manchmal unglaublich herumgeschoben", hat er in einem Interview mit der Fachzeitschrift *Journalist* gesagt, und dass man eine Talkshow auch „kaputtprogrammieren" könne, wenn man ihr jede Verlässlichkeit nehme. Heute ist der Frust bei Redaktion, Zuschauerinnen und Zuschauern besonders groß, denn die gewohnte Lanz-Sendung an einem Mittwoch fällt komplett aus. Die neue Folge beginnt erst um Mitternacht und damit am Donnerstag, verdrängt von Berichten aus der Fußball-Champions-League. Und was macht

Lanz? Er verkürzt die Sendung von normalerweise 75 auf 44 Minuten, hat „zu sehr später Stunde" nur zwei Gäste im Studio und einen, Ulf Röller, den China-Korrespondenten des ZDF, zugeschaltet. Thematisch schließt der Moderator, wie das früher öfter üblich war, an die vorhergehende Sportsendung an, spricht aber nicht über Fußball, sondern über die Instrumentalisierung der Olympischen Spiele in China. „Es lässt sich mit dem ganzen olympischen Narrativ eine wunderbare, gigantische Lüge zusammenspinnen", sagt der Journalist Thomas Kistner. Es sei nur noch ein Geschäft, es gehe „um Geld, Geld, Geld" und sonst um gar nichts und das habe das Regime in China „maximal" für seine Zwecke genutzt. Die Erinnerungen, die bei den Sportlerinnen und Sportlern geschaffen wurden, beschreibt die Rodel-Olympiasiegerin Natalie Geisenberger so: „Ich bin da hin, habe meinen Job gemacht und jetzt bin ich wieder hier und werde nie wieder nach China fahren."

17. Februar, Gäste: Politiker Norbert Röttgen (CDU), Journalistinnen Kerstin Münstermann, Anna Lehmann, Ex-Botschafter Rüdiger von Fritsch

Wer nach Anzeichen für ein sich anbahnendes Ende der Pandemie in Deutschland sucht, findet sie bei Markus Lanz. Zum ersten Mal seit mehreren Monaten taucht Corona, wenn überhaupt, in einer Sendewoche nur in Nebensätzen auf. Lanz verzichtet sowieso komplett auf innenpolitische Themen, auch wenn das, siehe oben, für Talkshows immer ein Risiko ist. Doch die Vorstellung, man könne deutschen Fernsehzuschauerinnen und -zuschauern komplexe internationale Zusammenhänge (mitten in der Nacht!) nicht vermitteln, teilt der Moderator nicht. Er schätzt die Entwicklung der Ukraine-Krise früh richtig ein.

Grundsätzlich ist Lanz seit Langem überzeugt, dass das politische Interesse des Publikums größer ist als vermutet und dass man ihm intellektuell mehr zumuten kann, zum Beispiel eine Sendung, in der es auch um „die Gefahren zukünftiger geopolitischer Verwerfungen für EU und NATO" gehen soll. Zumindest kündigt das ZDF den „Talk vom 17. Februar" offiziell so an und es ist ein Glück, dass man ihn in der Mediathek am nächsten Tag in aller Ruhe ansehen kann und nicht auf die Erstausstrahlung von 23.30 bis 0.45 Uhr angewiesen ist. Wenn es öffentlich-rechtliche TV-Anstalten mit ihrem Informationsauftrag gerade in unsicheren und erklärungsbedürftigen politischen Phasen ernst meinen, ist solch eine Zeit, um mal in Markus Lanz' Sinne nicht drumherum zu reden, mindestens eine Unverschämtheit. Zumal der ehemalige deutsche Botschafter in Russland Rüdiger von Fritsch aus eigener Anschauung berichten kann, was Wladimir Putin will und wie die Lage wirklich ist. Erkenntnis eins, eher nüchtern: Für Deutschland darf Russland eigentlich kein Gegner sein und umgekehrt, der eine muss großes Interesse an den Sicherheitsbedürfnissen des anderen haben, weil diese ihn direkt betreffen. Erkenntnis Nummer zwei, eher psychologisch und emotional: Ausgerechnet der Mann, vor dem die westlichen Demokratien im Februar 2022 am meisten Angst haben, ist selbst voller Sorge. „Anderes fürchtet er nicht so sehr, aber vor Corona hat Putin offensichtlich Angst", sagt Kerstin Münstermann, die wie alle Journalistinnen und Journalisten, die Olaf Scholz auf seiner Reise nach Russland begleitet haben, in Deutschland drei PCR-Tests (in vier Tagen) und noch einen in Russland machen musste. Lanz lässt erneut das Bild einblenden, das Putin und Scholz an dem langen Tisch zeigt, an dem sie weit voneinander entfernt sitzen. „Ist das Diplomatie oder Angst vor Bakterien?", lautet die Frage an von Fritsch. „Das ist Angst vor Bakterien", sagt der ehemalige Botschafter und Münstermann erzählt, dass alle russischen Kameraleute, die von dem Treffen berichten wollten, vorher zwei Wochen in Quarantäne mussten. Es sind solche Geschichten, die *Markus Lanz* auch ausmachen, und eine hat von Fritsch noch. Er berichtet von Putins „grauem, kaltem Palast" vor den Toren Moskaus, der „völlig ungemütlich, völlig unpersönlich und ohne jeglichen Versuch, Atmosphäre zu schaffen", eingerichtet worden sei. „Ich war mal mit einer Landesministerin dort, die ihren Ministerpräsidenten begleitete, und die erlaubte sich die Bemerkung: ‚Hier hat nie eine Frau Hand angelegt.'"

"Wir sind Gesundheitsminister"

Wie Karl Lauterbauch (auch) durch seine Lanz-Auftritte in die Bundesregierung kam

Die Stimmung, die am 6. Dezember 2021 in der Redaktion von *Markus Lanz* in Hamburg herrschte, lässt sich mit drei Worten beschreiben, die passende, selbst gemachte Zeitungstitelseite dazu hängt bei Markus Heidemanns im Büro, die Schlagzeile lautet: „Wir sind Gesundheitsminister." Natürlich war es der damals noch designierte Bundeskanzler Olaf Scholz, der Karl Lauterbach an diesem Tag als Nachfolger von Jens Spahn vorstellte, aber bei *Markus Lanz* hatten sie das (berechtigte) Gefühl, daran nicht unbeteiligt gewesen zu sein. Indirekt hatte Scholz das auch zugegeben, als er in Berlin seine Ministerinnen und Minister präsentierte und mittendrin der Lanz-Dauergast war: „Die meisten Bürgerinnen und Bürger haben sich gewünscht, dass der nächste Gesundheitsminister vom Fach ist, dass er das wirklich gut kann und dass er Karl Lauterbach heißt. Er wird es."

Dass es so weit gekommen ist, dass der Mann, dem in der SPD kaum jemand zutraute, ein Regierungsamt zu übernehmen, dieses ausgerechnet von Olaf Scholz anvertraut bekam, widerlegte all jene, die behaupteten, politische Talkshows hätten keine Macht. „Karl Lauterbach wäre ohne seine Talkshow-Auftritte niemals Gesundheitsminister geworden", sagt Giovanni di Lorenzo, Chefredakteur der *Zeit*. Hamburgs Bürgermeister Peter Tschentscher, wie Lauterbach Mitglied der SPD und Vertrauter von Olaf Scholz, findet: „Für ihn waren die Auftritte in Talkshows eine ideale Möglichkeit, auf die Diskussion und die Entscheidungen in der Corona-Pandemie Einfluss zu nehmen und ein Stück weit auch Werbung für sich zu machen. Das hat zu einer Bekanntheit geführt, dass er aus sehr guten Gründen für dieses Amt vorgeschlagen wurde."

Für diese Bekanntheit war *Markus Lanz* sehr stark verantwortlich, in Zahlen: 2020 war Karl Lauterbach in 31 politischen Talkshows zu Gast, 14-mal bei Maybrit Illner, Anne Will, Sandra Maischberger oder Frank Plasberg, 17-mal bei Markus Lanz. 2021 absolvierte er elf von 40 Auftritten in Hamburg. „Ich hätte Karl Lauterbach am liebsten jede Woche in der Sendung gehabt", sagt Lanz, der Aufstieg des einen ist ohne den Aufstieg des anderen nicht zu erklären. Wie sehr die Verbundenheit zwischen den beiden Außenseitern – der eine war es lange in der SPD, der andere, siehe oben, im deutschen Fernsehen und der Medienwelt – sogar im politischen Berlin wahrgenommen wurde, zeigte ein Besuch des SPD-Vorsitzenden Lars Klingbeil in der Sendung, wenige Tage, bevor Olaf Scholz seine Ministerinnen und Minister vorstellen sollte. Es ging mal wieder um Corona und die neuen Maßnahmen dagegen, das war im Winter 2021 nach wie vor das Thema, das die Deutschen am meisten bewegte. Lanz war zu diesem Zeitpunkt etwas anderes noch wichtiger. Der Ehrgeiz, als Erster vermelden zu können, wer Gesundheitsminister in der Ampelregierung wird, und die Hoffnung, dass es vielleicht tatsächlich „sein" Karl Lauterbach werden könnte, waren dem Moderator seit mehreren Sendungen anzumerken.

Im Gespräch mit Lars Klingbeil tat Lanz auf einmal so, als hätte er sichere Informationen, dass Andrea Nahles, die ehemalige Parteivorsitzende und langjährige Weggefährtin von Olaf Scholz, Gesundheitsministerin werden könnte. Ein Gerücht, dass sich am Ende als falsch entpuppte und das Klingbeil nur ein Lächeln entlockte.

Lanz hakte nach: „Wird denn Karl Lauterbach jetzt Gesundheitsminister?"

Klingbeil: „Das war der eigentliche Kern der Frage."
Lanz: „Das ist ein Teil der Frage, natürlich."
Klingbeil: „Herr Lanz, Karl Lauterbach würde ja nichts ohne Sie machen. Das ist mittlerweile eine solche Verbindung, Sie müssten ja mitkommen dann. Was würden Sie denn hier in der Sendung machen ohne ihn?"
Lanz lachte, sagte „nein, nein, nein", aber man merkte, dass ihm diese Bemerkung schmeichelte, es schmeichelt ihm sowieso, dass er zu wichtigen Politikerinnen und Politikern ein enges Verhältnis hat. Er freut sich, wenn sie ihn anrufen, er kokettiert in Gesprächen damit, dass das für einen „einfachen Jungen aus den Bergen" etwas Besonderes sei.
Markus Lanz hat früh erkannt, wie wichtig Karl Lauterbach für seine Sendung werden könnte, er hat ihn schätzen gelernt, weil er sich wie er tief in Details eingearbeitet hat, weil er die vielen Fragen, die sich zu Corona stellten, so beantworten konnte, dass die meisten es verstanden. Über Lauterbach ist einmal gesagt worden, dass seine „Eitelkeit inhaltlicher Natur" sei, das gilt auch für Lanz. Der Politiker musste lange mitansehen, dass andere regierten, während er nur im Fernsehen auftreten konnte, der Moderator litt darunter, dass man seine Gespräche nicht so wahrnahm wie die von Anne Will. Corona war für beide die Gelegenheit, daran etwas zu ändern, und sie haben sie genutzt. Seine Sendung sei mit dem Virus eng verbunden, hat Lanz einmal gesagt und das ist untertrieben. Die Pandemie rückte all das in den Vordergrund, was Markus Lanz ausmacht, sein Interesse an existenziellen Fragen, die Stärken seiner Redaktion bei Recherchen und Vorbereitungen der Sendungen, dazu der Zwang, auf Publikum zu verzichten. Das waren die Zutaten, die dazu führten, dass *Markus Lanz* den Deutschen Fernsehpreis in der Kategorie Information erhielt und von der Kritik auf einmal gefeiert wurde. Karl Lauterbach war auf dem Weg dorthin der entscheidende Gast und er war es gern. „Ich hatte Zeit, die

Dinge zu erklären, es konnten Abbildungen aus Studien gezeigt werden, man konnte Dinge illustrieren", sagt der Gesundheitsminister. „Markus Lanz hat sich intensiv mit der Pandemie beschäftigt, er war immer sehr gut vorbereitet, sodass die Möglichkeit bestand, nicht nur vorzutragen, sondern im kritischen Gespräch eine aufklärerische Arbeit zu leisten. So hat er seine Arbeit verstanden. Er hatte damals den Willen, von Woche zu Woche so viel über die Pandemie zu verstehen wie möglich und so darüber zu sprechen, dass der Zuschauer mitdenken konnte. Das war ein Lagerfeuer, an dem über Corona gesprochen wurde."

Dabei blieb es nicht. Wenn die Aufzeichnungen beendet waren, diskutierten Lanz und Lauterbach weiter, teilweise stundenlang. „Ich bin quasi immer mit in die Garderobe gegangen", sagt der Wissenschaftler. Man tauschte Handynummern aus, verabredete sich zum Essen, sprach zwischen den Sendungen regelmäßig miteinander. „Wenn Markus Lanz andere Gäste zum Thema Corona hatte und er hatte bestimmte Fragen, dann haben wir oft telefoniert, wenn er eine wissenschaftliche Einschätzung haben wollte."

Am Ende ging die Beziehung zwischen dem Politiker und dem Journalisten über das Formell-Professionelle hinaus, vielleicht lässt sich das bei 28 gemeinsamen Sendungen in zwei Jahren und den vielen Garderoben-Gesprächen gar nicht vermeiden. Lanz und Lauterbach lernten sich auch privat ein wenig kennen, ließen sich diese Vertrautheit im Studio aber nicht anmerken, gerade Markus Lanz nicht. Bei dem konnte man nach der Ernennung Lauterbachs zum Gesundheitsminister den Eindruck bekommen, dass er ihn bei Befragungen besonders hart rannimmt, damit bloß keiner auf den Gedanken kommt, er würde ihn besser behandeln als andere. „Wenn man sich privat ein bisschen kennt, und das ist bei Markus Lanz und mir der Fall, dann muss trotzdem die Zusammenarbeit absolut professionell sein", sagt Lauterbach dazu. Und: „Ich schätze an seiner Talkshow, dass er durch das provokante Rückfragen, das Insistieren natürlich in der Lage ist, jemanden aus der Reserve zu locken. Das finde ich nicht falsch. Wenn man gut vorbereitet ist und hat nichts zu verbergen, dann ist das ein Format, mit dem man gut leben kann. Das ist eine Talkshow, die ihren eigenen Charakter hat."

Trotzdem glaubt Lauterbach nicht, dass allein seine Auftritte bei Lanz und den anderen politischen Talks ihn in die Regierung von Olaf Scholz gebracht haben: „Ich bin viel in Talkshows, aber ich bin auch jeden Tag in Nachrichtensendungen gewesen. Meine Präsenz war in anderen Formaten und den sozialen Medien hoch. Die Kombination hat eine Rolle gespielt, dass sich in der Bevölkerung eine breite Unterstützung für meine Rolle als Gesundheitsminister aufgebaut hatte." Er habe die Talkshow auch nicht als Möglichkeit gesehen, um bekannt zu werden, so Lauterbach, das sei für ihn schließlich kein Problem gewesen: „Ich bin jetzt so lange dabei und war deshalb vorher schon sehr vielen Leuten bekannt, über die mehr als 20 Jahre, die ich jetzt Gesundheitspolitik mache. Ich wollte Inhalte vermitteln und dieses Interesse habe ich weiterhin."

Das hat er mit Markus Lanz gemeinsam. Eine andere Sache nicht. Während Lanz ein Talkshow-Junkie ist, das heißt, sich auch die Konkurrenz ansieht, sagt Lauterbach: „Ich schaue selbst übrigens nie fern."

Leben mit Lanz – Woche 8

22. Februar, Gäste: Politiker Kevin Kühnert (SPD), Journalist Robin Alexander, Autorin Gabriele Krone-Schmalz, Politologin Gwendolyn Sasse

Es ist gut 24 Stunden her, dass Russlands Präsident Wladimir Putin die Separatistengebiete Donez und Luhansk anerkannt und eine wahnwitzige Rede gehalten hat, in der er die Souveränität der Ukraine als Ganzes infrage stellt. In dieser Situation würde Markus Lanz gern mit Gerhard Schröder sprechen, einem der engsten Vertrauten Putins in Deutschland. Er steht seit Langem auf der Wunschliste der Redaktion, Lanz hat dem Altkanzler ausrichten lassen, dass er eine Sendung mit ihm als einzigem Gast machen würde. Doch Schröder will nicht, anders als früher sind ihm „*Bild*, *BamS* und Glotze" egal, er hat eigene Möglichkeiten, sich zu Wort zu melden, wenn er es will, zum Beispiel in seinem Podcast *Die Agenda*. So scheint es, als müsse Markus Lanz zu Beginn der nächsten großen Weltkrise, die scheinbar nahtlos die Corona-Pandemie ablöst, ohne einen Putin-Versteher auskommen. Doch das täuscht. Die Rolle übernimmt die Autorin Gabriele Krone-Schmalz, die in der Sendung dafür wirbt, sich den Konflikt nicht aus deutscher oder westlicher Sicht, sondern mit den Augen Putins anzusehen. Was beim Journalisten Robin Alexander für Unverständnis sorgt („wie können Sie das rechtfertigen?") und Markus Lanz beinahe wütend macht.

Lanz: „Man kann doch jetzt nicht so tun, als hätte man es hier mit jemandem zu tun, der mit alledem nichts zu hat und immer nur dann eingreift, wenn es darum geht, arme Russen in irgendwelchen abtrünnigen Gebieten zu verteidigen. Das ist wirklich albern."

Krone-Schmalz: „Niemand von uns sitzt hier und verteidigt, was Putin macht."

Lanz: „Doch, Sie verteidigen gerade Wladimir Putin."

Krone-Schmalz: „Nein, um Himmels willen, ich bin nur für präzise Sachen." Und später: „Und wenn Sie mich schlachten, ich finde es falsch, dass Nord Stream 2 nicht in Betrieb geht."

Es wird so emotional, dass der politische Gast des Tages in den ersten 20 Minuten nicht zu Wort kommt. Als SPD-Generalsekretär Kevin Kühnert in die Diskussion einsteigt, beruhigt das die Gemüter auch nicht. Es geht um die Rolle von, siehe oben, Gerhard Schröder und der SPD bei Bau und Planung von Nord Stream 2. „Es gibt eine sozialdemokratische Ministerpräsidentin [gemeint ist Manuela Schwesig aus Mecklenburg-Vorpommern], die eine hoch dubiose Stiftung aufmacht, mit Gazprom-Geld und Gazprom-Personal", sagt Robin Alexander, und all das nur, um Sanktionen der USA zu umgehen und eine Gaspipeline zu bauen, „die Europa gespalten hat", so Gwendolyn Sasse. „Was machen wir nun?", will Lanz von der Politologin wissen. „Ich wünschte, es gäbe eine einfache Antwort auf diese Frage", sagt sie.

23. Februar, Gäste: Politiker Gregor Gysi (Linke), Alexander Graf Lambsdorff (FDP)

Es ist riskant, am 23. Februar eine politische Talkshow aufzuzeichnen, aber Markus Lanz bleibt nichts anderes übrig. Zu den Zeiten, in denen das ZDF die Sendung ausstrahlt, würde der Moderator keine Gäste live ins Studio bekommen, schon gar nicht Politiker aus Berlin. Also sprechen Gregor Gysi von den Linken und Alexander Graf Lambsdorff von der FDP über die Krise in der Ukraine, die schon in wenigen Stunden ein Krieg sein wird und vieles von dem, was Putin-Erklärer Gysi sagt, ad absurdum führt. Lanz schätzt den Politiker, gerade weil er so pointiert spricht, wie er spricht, aber angesichts dessen offensichtlichen Verständnisses für Kriegstreiber Putin schafft er es diesmal kaum, Gysi nicht ins Wort zu fallen. Den entscheidenden Punkt macht in den nur 45 Minuten nach Mitternacht sowieso Alexander Graf Lambsdorff, als er darauf hinweist, dass die Ukraine 1994 freiwillig auf Atomwaffen verzichtet und im Gegenzug dafür die Garantie von Russland erhalten habe, die Grenzen des Landes zu respektieren, gar zu schützen. „Die Ukraine hat ihre Atomwaffen abgegeben und ist jetzt verwundbar, angreifbar, wird gerade zerrissen von russischen Truppen im Osten und wird bedroht an allen Grenzen. Was sendet das für ein Signal an andere Staaten auf der Welt im Hinblick auf Atomwaffen?", fragt der FDP-Politiker und gibt die Antwort gleich selbst: „Es ist ein fatales Signal. Es wird jetzt mehr Staatenlenker geben, die sagen: Schaut euch die Ukraine an. Niemals werden wir auf Atomwaffen verzichten, wir werden dagegen alles dafür tun, welche zu bekommen."

24. Februar, Gäste: Politiker Robert Habeck (Grüne), Norbert Röttgen (CDU), Gerhart Baum (FDP), Ukraines Botschafter Andrij Melnyk, Journalistinnen Alice Bota, Eva Quadbeck, Autorin Kateryna Mishchenko

Der 24. Februar ist angesichts der Bilder und Nachrichten vom Krieg in der Ukraine der Tag der Fassungslosigkeit. Markus Lanz hat so viele Gäste wie selten eingeladen, vier sitzen im Studio in Hamburg, drei werden nacheinander zugeschaltet, es ist eine Sondersendung, 90 Minuten lang. Trotzdem sind es die Pausen, die auffallen, Momente des Schweigens, die es normalerweise in einer Talkshow nicht oft gibt. Niemand weiß, wie es weitergeht, auch Vizekanzler Robert Habeck nicht, dessen ehrliche Aussagen Angst machen können, etwa, wenn er über die „Irrationalität

Wladimir Putins" oder von einem Schreiben der amerikanischen Handelsministerin spricht, aus dem er vor dem Angriff ziemlich genau erfahren hat, was Russland plant. „Was erwarten Sie für heute Nacht, für die nächsten Tage?", will Lanz von Habeck wissen und seine Worte kommen nach einer langen Pause, stammelnd: „Ich hoffe, dass ... Krieg ist natürlich immer fürchterlich und wird Menschenleben kosten und Flucht verursachen und viele Menschen ihrer Heimat berauben. Aber ich hoffe, eben nicht zu viele. Was ich für heute Nacht erwarte, kann ich Ihnen nicht sagen, sondern würde ich später einmal reflektieren."

Kateryna Mishchenko hätte gern mehr vom Wirtschaftsminister erfahren. Die Autorin wird direkt nach Habeck aus Kiew zugeschaltet, sie sagt einen der eindrucksvollsten Sätze der Sendung: „Heute Morgen haben viele wieder an den Zweiten Weltkrieg gedacht. Ich bin selbst von Sirenen aufgewacht und ich konnte nicht glauben, dass das passiert. Und ich konnte auch nicht wirklich verstehen, was wir jetzt tun müssen, was die Sirenen heißen und was uns erwartet." Kurz nach diesen Worten bricht die Verbindung ab, es wird der ukrainische Botschafter Andrij Melnyk aus Berlin zugeschaltet, der in der vergangenen Woche schon bei Lanz zu Gast war und damals von ihm wegen seiner Kriegsrhetorik in die Mangel genommen wurde, zu Unrecht, wie man jetzt weiß. „Ich muss Ihnen sagen, dass ich viele Jahre nicht mehr geweint habe. Heute war dieser Tag. Wir haben geweint, nicht nur wegen dieses perfiden Vernichtungskriegs, der gegen die Ukraine gestartet wurde. Ich habe tatsächlich heute geweint wegen der Kälte und Gleichgültigkeit, die mir im Laufe des Tages in Berlin entgegengeschlagen ist. Ich habe mich mit vielen Mitgliedern der Ampelkoalition getroffen und jede unserer Bitten, uns zu helfen, wurde abgeschmettert. Das ist sehr traurig. Ich kann nicht verstehen, wie man so kaltherzig und stur bleiben kann." Die Ukraine fühle sich wie ein „Opferlamm, das vor laufenden Kameras geschlachtet wird". Kann man da widersprechen? Norbert Röttgen tut es nicht, im Gegenteil: „Meine Einschätzung ist, dass wir abstrakt viel entschlossener reden: volle Solidarität, Zeitenwende, historischer Bruch, Krieg, Angriffskrieg. Aber wenn es dann konkret wird, was es für uns an Veränderungen bedeutet, dann stelle ich bis zu dieser Minute in den unterschiedlichen Bereichen fest, dass wir nicht in den Taten nachvollziehen, was wir in den Worten beschreiben. Und das ist total gefährlich."

25. Februar, Gäste: Politiker Jürgen Trittin (Grüne), Soziologe Gerald Knaus, Journalistin Claudia Kade, Politologin Gwendolyn Sasse

Für *Markus Lanz* zu arbeiten heißt, viel zu arbeiten. Immer wieder werden Sendungen kurzfristig umgeschmissen, müssen Gäste aus- und andere eingeladen und heute Dossiers erstellt werden, von denen man gestern noch gar nicht wusste, dass man sie braucht. Das gilt besonders für die Woche, in der Russland den Krieg in der Ukraine beginnt und die Markus Lanz eine zusätzliche Sendung an einem Freitag beschert, die vierte. Normalerweise hat der Moderator rund fünf Tage Zeit, sich auf seine Gespräche vorzubereiten, jetzt sind es nur ein paar Stunden. Er knüpft an die großen Fragen an, die die Sendungen am Mittwoch und Donnerstag geprägt haben. Warum hat sich Deutschland so in Wladimir Putin täuschen können, wieso hat man nach der Annexion der Krim durch Russland 2014 nur ein Jahr später den Vertrag für die Gaspipeline Nord Stream 2 unterschrieben? Und: Wie kann man den Krieg möglichst schnell beenden? Frage eins lässt sich mit drei Begriffen des Soziologen Gerald Knaus beantworten: „Naivität, Trägheit, Korruption." Zu Frage drei sagt die Politologin Gwendolyn Sasse, die das zweite Mal in dieser Woche bei Lanz zu Gast ist: „Nur ein Dissens unter den russischen Eliten kann Druck auf Putin aufbauen." Der Widerstand von mächtigen Personen aus Unternehmen und Wissenschaft und anderen könnte den Präsidenten eher stoppen als die Proteste auf der Straße. Wobei, und das ist eine der wenigen guten Nachrichten dieser Woche, es davon gar nicht wenige in Russland gibt. In 40 Städten ist gegen den Krieg in der Ukraine demonstriert worden, 1.800 Demonstrierende wurden festgenommen.

„Man ist wer, weil man gesehen wird"

Über die Macht der Talkshows und wieso Politikerinnen und Politiker alles für eine Einladung absagen

Wer mit Fernsehleuten über die Macht von Talkshows spricht, erhält gern Antworten, die den Einfluss der Sendungen auf die Politik und politische Karrieren relativieren. Markus Lanz ist da keine Ausnahme, scheint sich aber der Verantwortung, die er hat, bewusst zu sein. Dem Magazin *GQ* sagte er zu dem Thema: „Macht ist ein viel zu großes Wort dafür. Es geht auch gar nicht darum, aber womöglich haben Sie trotzdem einen Punkt. Das ist tatsächlich etwas, das mir manchmal unheimlich ist. Ich denke viel darüber nach und schlafe dann auch mal schlecht. Die Absicht ist natürlich nicht, Macht auszuüben. Die Absicht ist einfach nur, ein möglichst gutes, ein kritisches Gespräch zu führen, die Widersprüchlichkeiten aufzudecken, die Floskeln zu enttarnen und die Nebelkerzen zu bemerken, die geworfen werden. (…) Wir sind Journalisten und müssen uns anstrengen, unseren Job möglichst gut zu machen. Dass wir dabei Fehler machen, ist übrigens auch klar."

Wir, das sind neben Lanz Anne Will, Maybrit Illner, Sandra Maischberger und Frank Plasberg. Dreimal ARD, zweimal ZDF, pro Woche bis zu acht Sendungen mit vielen Millionen Zuschauerinnen und Zuschauern, allein Lanz kam im Jahr 2021 pro Folge auf fast zwei Millionen. In der Corona-Pandemie haben alle politischen Talkshows noch einmal Publikum dazugewonnen, „wenn die Zeiten ernster werden, wird auch der Talk relevanter", sagt der Medienwissenschaftler Bernd Gäbler. Je wichtiger die Themen, je größer die Zahl der Zuschauerinnen und Zuschauer, desto stärker wächst der Einfluss der Talkshows. Sie seien der wichtigste Platz für politische Debatten im Land, sagt der Publizist Albrecht von Lucke, sie sind die letzte Möglichkeit, in der sich Politikerinnen und Politiker in längerer Form präsentieren können. Talkshows hätten einigen politischen Einfluss, „ob man das will oder nicht", es habe da eine Entwicklung weg von den politischen TV-Magazinen gegeben, sagt Gäbler, der früher Chef des angesehenen Grimme-Instituts war: „Deshalb hat Markus Lanz 2021 den Deutschen Fernsehpreis in der Kategorie Information zu Recht erhalten und nicht Sendungen wie *Monitor* oder *Panorama*. Meines Erachtens hätte er sogar den Grimme-Preis in dieser Kategorie verdient."

Auch Politikerinnen und Politiker neigen wie die Macherinnen und Macher, Moderatorinnen und Moderatoren manchmal dazu, die Bedeutung der Formate herunterzuspielen. „In der Politik ist es weitverbreitet zu sagen, dass Talkshows eine Last seien und man nicht gern hingeht, auch weil die Qualität minderwertig sei", sagt Karl Lauterbach. „Trotzdem nutzen die meisten jede Gelegenheit hinzugehen. Ich habe es immer anders gesehen. Ich bin der Meinung, dass Talkshows einen wesentlichen Beitrag dazu leisten, dass Hintergründe so aufgearbeitet werden, dass sie jeder versteht." Mehr noch: „Talkshows sind ein Beitrag zur politischen Kultur in Deutschland", so der Gesundheitsminister, wobei er sie nie als Chance gesehen habe, populär zu werden.

Ob das stimmt, ist eine andere Frage, denn tatsächlich besteht die Macht der Talkshows vor allem in der Möglichkeit, Politikerinnen und Politiker bekannt werden zu lassen oder eben nicht. Als Gregor Gysi nach der Wiedervereinigung Politik in der Bundesrepublik machen wollte, hatte er ein Problem: „Zu Beginn meiner Karriere lehnte mich die Mehrheit der

Bevölkerung ab. Ich musste in die Talkshows gehen, um mich bekannter zu machen und Akzeptanz zu erhalten", sagt der Linken-Politiker. Das Kalkül ging auf: „Ich brachte den Talkshows eine doppelte Quote: Die, die mich mochten, sahen zu und die, die mich zutiefst ablehnten, auch." Durch seine Auftritte bei Lanz und Co. wurde Gysi zu einem der populärsten Politiker des Landes und er gibt zu, dass „das die einzige Chance war, Menschen zu erreichen, gerade wenn man so ausgegrenzt wurde wie ich".

Das Prinzip der Talkshow-Demokratie sei dabei ein ziemlich simples, so Gysi: „Man ist wer, weil man gesehen wird. Weil man immer wieder eingeladen wird. Und um im Gespräch zu bleiben, reicht es mitunter schon, ins Gerede zu kommen." Allein die Tatsache, dass eine Politikerin oder ein Politiker in eine Sendung eingeladen wird, signalisiert, dass sie oder er wichtig ist. Und: Wer es einmal zu Markus Lanz ins Studio geschafft hat, erhöht damit die Chance, danach von Anne Will oder Maybrit Illner eingeladen zu werden, die Talkshow-Macherinnen und -Macher gucken den anderen nicht nur aufmerksam zu, sie gucken auch voneinander ab. Wer bei A gut funktioniert hat, wird das auch bei B tun, entweder weil er wirklich etwas zu sagen hat oder weil er rhetorisch geschickt ist.

Manche der rhetorisch Besten, wie Gysi, Wolfgang Kubicki von der FDP oder der Grüne Robert Habeck, können es sich erlauben, wählerisch zu sein und Einladungen abzusagen, weil sie so viele erhalten. Kubicki hat in den ersten Monaten 2022 sogar eine Talkshow-Pause gemacht.

Andere Politikerinnen und Politiker können sich das nicht leisten, vor allem die nicht, die am Beginn ihrer Laufbahn stehen und etwas werden wollen, zum Beispiel Bundeskanzler. „Mir hat damals, als ich noch ein junger Politiker gewesen bin, geholfen, dass ein paar TV-Journalisten einen gern eingeladen haben in die Talkshows. Das schafft eine Bekanntheit, die hilfreich ist, wenn man kandidiert oder sich weiterentwickeln will", sagt Altkanzler Gerhard Schröder, und dass darüber eine Nähe, manchmal sogar so etwas wie Freundschaften entstanden seien, die nützlich sein können: „Wenn Sie als Politiker bekannt werden wollen, macht es Sinn, ins Fernsehen zu gehen. Ich mache jetzt keine Talkshows mehr, was soll ich da. Ich muss mich dort über Leute ärgern, die ich nicht leiden mag und die mich nicht leiden mögen. Warum soll ich dort sitzen? Ich kann jetzt das, was ich sagen will, über die sozialen Medien direkt kommunizieren. Das ist der Vorteil für jemanden wie mich, der hinreichend bekannt ist."

Norbert Röttgen, versierter Außenpolitiker der CDU und gern gesehener Talkshow-Gast, rät jungen Kolleginnen und Kollegen, sich eine Einladung etwa zu Markus Lanz nicht entgehen zu lassen. „Er hat uns immer gesagt: Wenn der euch will, solltet ihr alles versuchen, um hingehen zu können", sagt Christoph Ploß, der Vorsitzende der Hamburger CDU, der wegen einer Aufzeichnung von Lanz schon mal die Sitzung seines Landesvorstandes verschoben hat. „Ein solcher Auftritt bringt für die eigene Bekanntheit mehr als 100 Interviews in Zeitungen", sagt Wolfgang Kubicki.

Das liegt auch daran, dass diese Zeitungen am Morgen nach einer Talkshow über das berichten, was Politikerinnen und Politiker dort gesagt haben, dass es eine Zweit- und Drittverwertung im Internet gibt, in den sozialen Medien, überall. Ausschnitte von *Markus Lanz* werden bei YouTube Hunderttausende Male angesehen, das Ab- und Beschreiben seiner Sendungen ist kurz davor, eine eigene journalistische Form zu werden. Damit steigt der Einfluss, den die Macherinnen und Macher der Talkshows haben oder, um es mit Peter Tschentscher zu sagen, dem Nachfolger von Olaf Scholz als Hamburger Bürgermeister: „Dieses Format hat eine große mediale Wirkung und wenige Akteure haben die Möglichkeit, das zu gestalten. Das beginnt bei den Gästen, die eingeladen werden."

Bei Lanz entscheidet über die vor allem Chefredakteur Markus Heidemanns. Er legt fest, wer in die Sendung kommt, er entscheidet, wenn eine Einladung kurzfristig wieder zurückgenommen wird. Es soll hochrangige Politikerinnen und Politiker gegeben haben, die schon auf dem Weg ins Studio waren, als sie telefonisch eine Absage erhielten, weil sie doch nicht ins Konzept des jeweiligen Tages passten. Es gibt einen Satz, der unter Politikerinnen und Politikern dazu kursiert, er lautet: „Man weiß erst, dass man bei Lanz in der Sendung ist, wenn man wirklich auf einem der vier Stühle sitzt."

Christoph Ploß hat die Erfahrung gemacht, dass „Politiker alles stehen und liegen lassen", wenn die Mail oder der Anruf aus der Redaktion von *Markus Lanz* kommt, was übrigens auch für viele Journalistinnen und Journalisten gilt, gerade für jene, die ein Buch geschrieben haben. Bei Autorinnen und Autoren lässt sich die Bedeutung, die Lanz hat, in einer harten Währung messen, nämlich in den Verkaufszahlen ihrer Bücher. Media Control hat analysiert, wie sich der Auftritt einer Autorin oder eines Autors bei *Markus Lanz* auswirkt, und ist zu einem eindeutigen Ergebnis gekommen: „Wer ein Buch geschrieben hat und den Verkauf pushen will, muss in die Sendung." Bewiesen wird das mit sogenannten Fieberkurven der Bücher von Autorinnen und Autoren wie Richard David Precht, Georg Mascolo und Mai Thi Nguyen-Kim, die über Tage steil nach oben gingen, nachdem sie bei Lanz zu Gast waren. Das Prinzip ist bei Politikerinnen und Politikern dasselbe, wobei die es in der Sendung deutlich schwerer haben als Menschen aus den Bereichen Schriftstellerei oder Journalismus, weil sie Gefahr laufen, auf eine oder mehrere Fragen von Markus Lanz keine Antwort zu haben. Oder zumindest keine, die dem Moderator gefällt.

„Es wird oft vergessen, dass Politiker nicht in ein TV-Studio kommen, um Fragen zu beantworten, sondern um ein riesiges Publikum zu erreichen, dass es ohne den Interviewer nicht gibt", sagt Armin Wolf, Anchorman beim ORF in Österreich und für seine Gesprächsführung mindestens so gefürchtet wie Markus Lanz. Der habe in Deutschland eine neue Form der Talkshow erschaffen, so Wolf: „De facto macht er sehr lange Einzelinterviews. Das gibt ihm die Möglichkeit, inklusive einer exzellenten Vorbereitung, die Leute zu grillen. Ich würde als Politiker, wenn ich mir nicht wirklich sehr sicher wäre, tendenziell nicht hingehen, weil die Gefahr, dass man sich blamiert, sehr groß ist."

Tatsächlich haben mir in den vielen Gesprächen, die ich für dieses Buch geführt habe, Politikerinnen und Politiker immer wieder erzählt, dass ein Besuch bei Lanz größtes Risiko, aber wenn man sich gut schlägt, größte Chance zugleich sei. „Bei Lanz zu sein, ist immer gefährlich, aber du kannst dir dort auch Meriten holen, dort werden Legenden geboren", sagt Christoph Ploß. Kevin Kühnert, inzwischen Generalsekretär der SPD, erzählt, dass er „nie mehr bemitleidet wird als vor oder nach einer *Markus-Lanz*-Sendung". Einfacher, da sind sich nahezu alle meine Gesprächspartnerinnen und -partner einig, sei ein Auftritt bei Maybrit Illner oder Anne Will, was aber, so erklärt es Armin Wolf, „nicht daran liegt, dass die beiden keine hervorragenden Interviewerinnen wären. Das liegt am Sendungssetting. Wenn du eine Diskussion mit vier, fünf überwiegend politischen Leuten hast, kannst du einen einzelnen Gast weniger intensiv befragen." Luisa Neubauer, die alle Talkshows aus Sicht eines Gastes kennt, sagt, dass *Anne Will* meist „etwas von Koalitionsverhandlungen" habe.

Leben wir also in einer Talkshow-Demokratie? Die Antwort ist: Ja, natürlich, und je stärker die Menschen durch Themen wie die Pandemie oder den Krieg politisiert werden, weil sie merken, dass politische Entscheidungen sie täglich und sehr direkt in ihrem Leben betreffen, desto größer wird die Macht der Talkshow-Macherinnen und -Macher. Dabei geht es nicht nur um die Auswahl der Gäste, also um die Frage, wer etwas vor einem

Millionenpublikum sagen darf und wer nicht. Es geht auch um das sogenannte Agenda-Setting. Talkshows entscheiden, über welche Themen gesprochen wird, und zwingen Gästen im Zweifel genau diese Themen auf. Wer Karriere machen will, kann sich weder Markus Lanz noch Will, Illner, Maischberger oder Plasberg entziehen, was im Vorfeld der Bundestagswahl 2021 selbst Olaf Scholz eingesehen hatte. Der hält gar nichts von Talkshows und hat sie trotzdem fast alle besucht, als (ihm) klar war, dass er der nächste Kanzlerkandidat der SPD sein würde. Seit er tatsächlich Kanzler ist, brauchen die Talkshows ihn mehr als er sie; wenn Scholz in einer auftreten will, meldet er sich dort und bekommt sofort eine Einladung, und zwar als einziger Gast. Das war bei Angela Merkel, seiner Vorgängerin, nicht anders.

Die scheinbar ewige Kanzlerin trat nach 16 Jahren 2021 ab, die Talkshow-Moderatorinnen und -Moderatoren blieben. Wenn man über ihre Macht und ihren politischen Einfluss schreibt, muss man auch darüber schreiben, wie lange sie schon im Geschäft sind. Maybrit Illner begann mit ihrer Talkshow, die damals noch *Berlin Mitte* hieß, 1999, kurz nachdem Helmut Kohl als Bundeskanzler von Gerhard Schröder abgelöst worden war. Anne Will ist seit 2007 im Geschäft, Markus Lanz auch schon seit 2008. Die Sendungen tragen wie selbstverständlich ihre Namen, sie sind eine erstaunliche Konstante in einer demokratischen Gesellschaft, die normalerweise vom Wechsel lebt. Es gibt viele Gründe, warum die Gastgeberinnen und Gastgeber einer Talkshow so lange, wenn man so will, „im Amt" bleiben. Es ist, siehe Markus Lanz, mühsam und kann dauern, ein Gesicht aufzubauen und zu etablieren, es kostet viel Geld. Es gibt nicht viele, die wirklich gut talken können; eine Sendung zu haben, in der man während der Liveübertragung oder der Aufzeichnung weitestgehend auf sich allein gestellt ist, ist anspruchsvoll, vor allem, wenn sie politisch ist. „Und Fernsehen ist ja auch immer der Appell an das kollektive Gedächtnis, deshalb hilft eine gewisse Beständigkeit", sagt Giovanni di Lorenzo, der seit mehr als 30 Jahren die Talkshow *3 nach 9* moderiert, und das stimmt.

Es stimmt aber auch, dass die Macht der Menschen, die gleichzeitig eine Talkshow sind, deswegen nicht geringer wird. Man kann Politikerinnen und Politiker verstehen, die Respekt davor haben, sich den Lanzens unserer Zeit zu stellen, und die sich deshalb auf unterschiedlichste Weise darauf vorbereiten (lassen).

Leben mit Lanz – Woche 9

1. März, Gäste: Politikerin Nancy Faeser (SPD), Politiker Norbert Röttgen (CDU), Politologin Margarete Klein, Soziologe Gerald Knaus, Militärexperte Carlo Masala

Und (Talkshow-)Geschichte wiederholt sich doch. Es ist ziemlich genau zwei Jahre her, dass *Markus Lanz* nicht nur endgültig zu einer politischen Sendung wurde, sondern wochenlang allein auf ein Thema setzte. Was im Frühjahr 2020 Corona war, ist jetzt der Krieg in der Ukraine. Wieder sind die Menschen in großer Sorge, wieder ist der Bedarf an Informationen und Erklärungen hoch und wieder ist Lanz auf der Suche nach den richtigen Gästen, die die vielen offenen Fragen beantworten können. Was in der Pandemie Karl Lauterbach war, könnte jetzt Norbert Röttgen werden, weil er sich seit vielen Jahren mit Außenpolitik beschäftigt, weil er klug und verständlich darüber sprechen kann und weil er als Teil der Opposition mehr Zeit für TV-Auftritte hat als Regierungsvertreterinnen und -vertreter. Sonntag war der CDU-Politiker bei *Anne Will*, sein letzter Besuch bei *Markus Lanz* ist auch erst wenige Tage her und man ahnt, dass weitere folgen werden. Über die Rede von Olaf Scholz bei der Sondersitzung des Deutschen Bundestags sagt Röttgen, der wie viele seiner Parteikolleginnen und -kollegen den Bundeskanzler lange beklatscht hat: „Das ist ein Bruch mit den Glaubenssätzen, an die wir uns geklammert haben, bis es nicht mehr ging." Dem Regierungschef sei spätestens am Sonnabend klar geworden, dass Deutschland nicht so weitermachen könne wie bisher, er habe erkannt, dass „Verteidigungsfähigkeit und militärische Sicherheit Teil unserer Zukunftsgestaltung sind". Das, was bisher als Aufrüstung diffamiert wurde, sei auf einmal notwendig und deshalb habe Olaf Scholz Fakten geschaffen. „Dem Kanzler war klar: Wenn ich anfange, das in der SPD-Bundestagsfraktion zu diskutieren, wird da nichts rauskommen. Deshalb hat er seine Richtlinienkompetenz wahrgenommen und bestimmt, dass der Kurs jetzt anders werden soll." Dabei geht es nicht nur um die 100 Milliarden Euro, die die heruntergewirtschaftete Bundeswehr auf einmal bekommen soll, oder um die mehr als zwei Prozent des Bruttoinlandsprodukts, die Deutschland künftig – wie übrigens vom ehemaligen US-Präsident Donald Trump (!) gefordert – für seine Verteidigung ausgeben will. Es gehe um mehr, sagt ein Mann, der bei der Bewertung des Krieges in der Ukraine vielleicht das werden könnte, was Christian Drosten für die Beurteilung des Corona-Virus gewesen ist (mit dem Unterschied, dass Drosten nie bei *Markus Lanz* zu Gast war). Carlo Masala leitet das Metis-Institut für Strategie und Vorausschau der Universität der Bundeswehr München. Er sagt die entscheidenden Sätze des Abends: „Es gibt jetzt diese 100 Milliarden für die Bundeswehr und die sollen vernünftig ausgegeben werden. Aber viel, viel wichtiger ist, dass diese Bundesrepublik, ihre Politik und ihre Gesellschaft einen mentalen Wandel durchlaufen und endlich akzeptieren, dass es Situationen gibt, in denen man Aggressoren nur mit der Drohung militärischer Macht begegnen kann, um der Diplomatie zum Erfolg zu verhelfen. Wir haben 30 Jahre lang dem Dogma angehangen, dass jeder eine friedliche Lösung will, dass Dialog, wirtschaftliche Verflechtung und Kooperation dazu führen, dass andere, die uns eigentlich nicht mögen, so werden wie wir." Das war offenbar ein Fehler: „Es gibt manchmal Situationen, in denen es um militärische Macht geht. Und die brauchen wir."

2. März, Gäste: Politiker Ralf Stegner (SPD), Diplomat Christoph Heusgen, Journalistin Mariam Lau, Autorin Alice Bota

Christoph Heusgen ist schwierige Gesprächssituationen gewöhnt. Er war viele Jahre der außen- und sicherheitspolitische Berater von Angela Merkel, begleitete sie unter anderem zu Verhandlungen mit dem russischen Präsidenten Wladimir Putin. Bei *Markus Lanz* war Heusgen noch nie, es ist eine Premiere in Zeiten des Krieges und in seiner neuen Funktion als Chef der Münchner Sicherheitskonferenz. Der erfahrene Diplomat kommt ins Stammeln, als Lanz aufzählt, wie Putin in den vergangenen Jahren mordend durch die Welt gezogen ist: Tschetschenien, Georgien, die Krim, die Ostukraine, Syrien, Libyen, Zentralafrika, Mali. „Die Liste ist fast unendlich lang. Wieso waren wir so naiv zu glauben, dass dieser Mann Gutes im Schilde führt?", fragt Lanz und kann (einmal mehr) nicht verstehen, dass Deutschland trotz der Annexion der Krim durch Russland weiter an Nord Stream 2 festgehalten hat, einem Projekt, dass vor allem das Ziel gehabt hätte, bei Gaslieferungen nach Westen die Ukraine zu umgehen. „Dass da psychologisch jemand [wie Putin] das Gefühl hat, es ist völlig egal, was ich anstelle, die Deutschen wollen einfach weiter mit mir Geschäfte machen, das Gefühl kann ich gut verstehen. Sie auch?" Heusgen versucht zu antworten, aber es kommt nicht mehr heraus als das: „Ja, ich meine, es gibt ja das, ähm, ja, was wir Wandel durch Handel, das ist eine lange Geschichte ..." Im Verlauf des Gesprächs wird Heusgen indirekt zugeben, dass er als Berater gegen den Bau von Nord Stream 2 gewesen ist, sich aber nicht gegen Merkel und ihren damaligen Koalitionspartner habe durchsetzen können. Besser kann man das Versagen der deutschen Außenpolitik in Bezug auf Putin nicht auf den Punkt bringen und besser als Heusgen kann man den russischen Präsidenten, den er rund

20-mal getroffen hat, auch nicht charakterisieren. Putin sei in den vergangenen Jahren paranoid geworden. Inzwischen könne man gar nicht sagen, ob beziehungsweise wem Putin noch vertraue, es scheint, als lebe er in einer Welt, in der er all das, was er von sich gibt, auch wirklich glaubt. Was für eine Art Mensch der Autokrat im Kreml ist, verrät eine andere Geschichte, die Heusgen bei Lanz erzählt. Es geht um das erste Treffen von Merkel und Putin, bei dessen Vorbereitung der Berater die Kollegen in Russland darauf hingewiesen hatte, dass Angela Merkel Angst vor Hunden hat, sie ist vor ihrer Zeit als Kanzlerin einmal von einem gebissen worden. Und was macht Putin? „Er lässt ihr einen Plastikhund auf den Stuhl legen", erzählt Heusgen. Noch Fragen?

Ja, Markus Lanz will vom SPD-Außenpolitiker Ralf Stegner wissen, ob er dessen Argumentation richtig verstanden hat, dass Deutschland besser keine Waffen liefern solle, „damit der Krieg in der Ukraine schneller vorbei ist".

Stegner sagt: „Wenn man es so verkürzt sagt, klingt es zynisch. Das Ziel muss sein, dass möglichst wenige Menschen sterben müssen. Deshalb geht es darum, so schnell wie möglich eine Waffenruhe zu erzielen." (…)

Lanz: „Herr Stegner, warum wird Deutschland nicht angegriffen, warum wird Polen nicht angegriffen, warum wird Lettland nicht angegriffen, was ist Ihre These?"

Stegner: „Weil wir in der NATO …"

Lenz: „Exakt. Weil wir bis an die Zähne bewaffnet sind. Das ist der Grund, das ist doch die Wahrheit."

Die Wahrheit ist auch: Nicht nur viele deutsche Politikerinnen und Politiker haben ihre Meinung geändert, was Waffenlieferungen an die Ukraine betrifft, auch Markus Lanz. Wir erinnern uns an die Sendung vom 15. Februar, als er dem ukrainischen Botschafter, der vehement um Waffen aus Deutschland für sein Land gebeten hatte, folgende Fragen stellte: „Was würden Waffenlieferungen an Ihrer Situation ändern? Wie wollen Sie eine Armee wie die russische abschrecken?" Es sind genau die Formulierungen, die diesmal Ralf Stegner benutzt und für die Lanz auf einmal kein Verständnis mehr hat. Wenigstens gibt er es zu: „Alle waren der tiefen Überzeugung, ich übrigens auch: Waffenlieferungen bringen nichts." Angesichts der Bilder aus Kiew müsse er leider sagen, dass er sich geirrt habe.

3. März, Gäste: Politiker Omid Nouripour (Grüne), Journalistin Helene Bubrowski, Bürgerrechtlerin Irina Scherbakowa, Ex-Diplomat Rüdiger von Fritsch, Klimaaktivistin Luisa Neubauer

Maybrit Illner hat an diesem Donnerstag nur einen Gast, aber das ist der, den die anderen auch gerne hätten. Bundeskanzler Olaf Scholz beantwortet eine Stunde Fragen über den Krieg in der Ukraine und die Auswirkungen auf Deutschland, es ist ein ernstes, zuweilen etwas zähes Gespräch und es ist ein Erfolg für das ZDF. Denn Scholz' Vorgängerin Angela Merkel war in den vergangenen Jahren bevorzugt bei *Anne Will* und der ARD zu Gast, was in der Redaktion von *Markus Lanz* immer wieder für Enttäuschungen und Frust gesorgt hat: „Angela Merkel war nie bei uns, obwohl wir sie mehrmals angefragt haben, die geht offensichtlich nur zu Frau Will", hat Chefredakteur Markus Heidemanns dazu gesagt. Bei Olaf Scholz ist das anders, was der Besuch bei Illner beweist, und wahrscheinlich wäre er auch zu Lanz gekommen, wenn die Sendung in Berlin und nicht in Hamburg aufgezeichnet werden würde. Der Standort ist, wenn es um Politikerinnen und Politiker in Regierungsämtern mit wenig Zeit geht, ein Nachteil.

Statt des Kanzlers hat Lanz vertraute Gesichter eingeladen. Omid Nouripour, Rüdiger von Fritsch und Helene Bubrowski waren 2022 alle schon einmal da, Luisa Neubauer ist seit Jahren ein Stammgast. Der Moderator hält sehr viel von der Klimaaktivistin und wird ihr in der Diskussion über die Abhängigkeit Deutschlands von Gas, Öl und Kohle aus Russland mehrfach zur Seite springen. Den größten Redeanteil aber hat Rüdiger von Fritsch, weil er der derjenige ist, der zum Krieg in der Ukraine und zu Russlands Präsidenten Wladimir Putin am meisten zu erzählen hat. Der ehemalige deutsche Botschafter in Moskau ist wie gemacht für Lanz. Er spricht klar und anschaulich, etwa, wenn er gleich zu Beginn sagt, dass Putin – und inzwischen auch sein Außenminister Lawrow – in einer völlig verzerrten Wahrnehmung der Wirklichkeit lebe: „Wir müssen uns klar machen, dass wir es mit Obsessionen, Phobien und Traumata eines einzelnen Mannes zu tun haben." Wahrheit sei in diesen Kreisen nicht das, „was wahr ist, sondern das, was nützt". Es sei niemand mehr da, der Putin kontrolliere, „und man muss sich fragen: Berät ihn überhaupt noch jemand?" Der russische Präsident verstieße mehrfach gegen die eigenen Interessen. Er schädige sein Land wirtschaftlich und finanziell, er führe den Westen in seltener Entschlossenheit zusammen und „er macht die Erreichung aller geopolitischen Ziele unmöglich, die er noch im Dezember selbst als Anspruch formuliert hatte". Langfristig werde der Krieg in der Ukraine der Anfang vom Ende der Ära Putin sein, das sieht auch die aus Moskau zugeschaltete Bürgerrechtlerin Irina Scherbakowa so, die ohnmächtig, zornig, schockiert ist und „sich in diesen Tagen fühlt, wie ich mich noch nie in meinem Leben gefühlt habe".

„Unterbrechen Sie Ihre Frau auch immer?"

Nur keine Angst: Wie Politikerinnen und Politiker sich auf einen Auftritt bei Markus Lanz vorbereiten

Man kann das politische Leben von Marie-Agnes Strack-Zimmermann in zwei Phasen einteilen: in eine Zeit vor ihrem ersten Besuch bei *Markus Lanz* und in eine Zeit danach. Die Auftritte in der Sendung haben aus der Verteidigungsexpertin der FDP eine der bekanntesten Politikerinnen der FDP gemacht, zuweilen wirkte sie wie die legitime Nachfolgerin ihres Parteifreundes Wolfgang Kubicki. „In Fachkreisen kannte man mich auch schon vorher, doch durch *Markus Lanz* ist die Bekanntheit stark beflügelt worden", sagt Strack-Zimmermann, vor allem das Interesse anderer Talkshows und Fernsehsender habe nach ihren ersten Auftritten dort deutlich zugenommen.

Was auch daran lag, dass sich die FDP-Politikerin in den Sendungen gut geschlagen hatte. Strack-Zimmermann hatte sich schon für das erste Aufeinandertreffen mit Lanz am 9. Juni 2021 eine Strategie zurechtgelegt. „Ich hatte mir vorgenommen, mir nichts gefallen zu lassen und ab und zu ein wenig frech zu werden, das kann er gut ab", sagt sie.

Das hörte sich dann so an, etwa als es in der Sendung um die Impfungen gegen Corona ging:

„So wie man früher, dass wissen Sie nicht, Herr Lanz, da waren Sie noch zu jung, Reihenimpfungen gemacht hat."

„Vielen Dank, ich spendiere Ihnen nach der Sendung ein Getränk", sagte Lanz.

„Das war der Werbeblock Charme", erwiderte Strack-Zimmermann.

Die zweite Spitze folgte, als Lanz von einem Thema in einer für ihn typischen Art ab- und auf eine neue Fragestellung umlenken wollte.

„Lassen Sie uns mal nach vorn gucken", sagte er. „Alte Traumata arbeiten wir bei Gelegenheit mal ab."

„Herr Lanz, ich hoffe, Sie werden nicht mein Trauma in vier Jahren."

Als sei es damit nicht genug, wagte sich Strack-Zimmermann an den Punkt, von dem sie wusste, dass er vielen Zuschauerinnen und Zuschauern nach wie vor an Lanz missfällt. Sie sagte: „Sie unterbrechen wirklich immer. Machen Sie das zu Hause auch bei Ihrer Frau?"

„Das ist jetzt ein sehr privates Thema. Wenn Sie abweichen und schwafeln, muss ich leider dazwischengehen", sagte Lanz und später, als Strack-Zimmermann ihm ins Wort fiel: „Sie unterbrechen mich ständig. Machen Sie das zu Hause auch?"

Spätestens jetzt merkte man, dass der Moderator Gefallen an der Politikerin gefunden hatte und dass deren Strategie aufgegangen war. Frech zu sein, auch richtig frech, ist eine Möglichkeit, wie Politikerinnen und Politiker in den Gesprächen mit Markus Lanz bestehen können. Und darum geht es, jeder, der in die Sendung kommt, weiß, dass er mit den üblichen Spielchen hier nicht durchkommt. Die üblichen Spielchen, das ist zum Beispiel die sogenannte 3-T-Technik, die T stehen für touch, turn und tell. Der Gast streift mit seiner Antwort kurz die Frage, die ihm gestellt worden ist, und wendet sich dann einem Thema zu, über das er lieber sprechen will. Die primitive Variante ist das oft gehörte „Das ist eine interessante Frage, aber lassen Sie mich vorher sagen …". Gern probiert wird auch, auf die erste, meist harmlose Frage möglichst lange und ausführlich in der Hoffnung zu antworten, dass wenige andere (kritische) Fragen folgen werden. Besonders raffiniert ist, wenn ein Gast sagt, dass „es drei Punkte gibt, die wichtig sind", weil der Moderator dann gezwungen ist, ihn diese drei Punkte vortragen zu lassen. Christian Lindner, FDP-Vorsitzender und Bundesfinanzminister, war lange ein Meister dieser Drei-Punkte-Rhetorik.

Bei Markus Lanz funktioniert das alles nicht, weil er seine Gäste, gerade die politischen, gnadenlos unterbricht, weil er ihnen ins Wort fällt wie kein anderer Moderator im deutschen Fernsehen. Wenn es heute Beschwerden beim ZDF über die Sendung gibt, und die gibt es nach wie vor, beziehen sie sich genau auf dieses Unterbrechen, was auch damit zu tun hat, dass die traditionellen, eher älteren Zuschauerinnen und Zuschauer des ZDF finden, dass sich „das nicht gehört" und es unhöflich ist, jemanden nicht aussprechen zu lassen. Wobei man feststellen müsse, so Marie-Agnes Strack-Zimmermann, dass sich die Zuschauerinnen und Zuschauer insbesondere bei Politikerinnen und Politikern über das Ins-Wort-Fallen aufregen würden, die sie mögen. Bei solchen, die sie nicht mögen, könnten sie es dagegen gar nicht abwarten, dass Lanz sie unterbreche und „richtig grillt". Ein Politiker hat mal zu Lanz gesagt, dass „es Abende gibt, an denen hasse ich Sie, und andere, an denen liebe ich Sie". Das trifft es.

Weil der Moderator es sowieso so macht, wie er es für richtig hält, müssen sich die Politikerinnen und Politiker, die bei ihm bestehen wollen, etwas einfallen lassen. „Bei Markus Lanz zu sitzen, ist eine echte Herausforderung, weil Sie sehr schlagfertig sein müssen", sagt selbst Wolfgang Kubicki, stellvertretender Präsident des Deutschen Bundestages und rhetorisch einer der gewieftesten Politiker des Landes. Wer mit Angst in die Sendung gehe, habe schon verloren, wer sich vorher Gegenmaßnahmen und -reaktionen überlege, habe wenigstens eine Chance. Kubicki würde im Notfall bis zum Äußersten gehen: „Wenn Markus Lanz mich in die Enge treiben würde, würde ich sagen: Wenn ich wie

Sie einen Knopf im Ohr hätte, wüsste ich auch auf alles eine Antwort." Tatsächlich ist Lanz über einen solchen Knopf, einen kleinen Lautsprecher in seinem linken Ohr, das man im Fernsehen so gut wie nie sieht, mit der Regie und seinem Chefredakteur Markus Heidemanns verbunden. Der Knopf ist bei vielen Gästen ein Tuschelthema, um das es später ausführlicher gehen wird.

Auch Ralf Stegner, Kubickis jahrelanger Widerpart im Landtag von Schleswig-Holstein und seit 2009 regelmäßiger Gast bei *Markus Lanz*, setzt in der direkten Konfrontation auf Härte, vielleicht kann einer wie er auch gar nicht anders. „Der Trick ist, nicht das zu sagen, was er hören will", so Stegner. „Wenn der einen in die Mangel nimmt, ist das gar nicht schlecht, weil der Adrenalinspiegel steigt und man dann sehr konzentriert ist." Man dürfe sich nicht unter Druck setzen lassen und man dürfe Markus Lanz nicht unterschätzen. „Manchmal wirkt er gar nicht politisch und geht einem um den Bart, darauf darf man nicht reinfallen. Er weiß genau, was er will", sagt Stegner. Das ist ein Geheimnis seines Erfolges, ein anderes sei, dass man, wegen der Länge der Sendung und wegen des inzwischen fehlenden Publikums, nicht mehr merken würde, dass es ein TV-Gespräch ist. Stegner kommt übrigens deshalb gern zu Lanz, weil er dort für seine Argumente und Argumentationen die Zeit erhält, die in anderen Talkshows fehlt.

„Bei den übrigen Talkshows ist der Mangel an Zeit ein großes Problem", sagt auch Gregor Gysi. Wie groß dieses Problem sei, hätten in der Vergangenheit die Briefe gezeigt, die er nach seinen Talkshow-Auftritten erhalten habe: „Nur wenige Bemerkungen zum Inhalt, aber zuhauf Kommentare zum Anzug, zum Sitz des Kragens und der Krawattenfarbe." Bei Lanz kann man mit solchen Oberflächlichkeiten nicht mehr von dem ablenken, was man sagt, dafür muss man als Politikerin oder Politiker zu viel sagen. Es gibt Sendungen, in denen das Zwiegespräch zwischen dem Moderator und dem Gast aus der Politik mehr als die Hälfte der Sendezeit einnimmt. Das ist verlockend, das ist wie sieben, acht oder neun Interviews im *heute journal* oder in den *Tagesthemen*.

Fast alle Politikerinnen und Politiker, mit denen ich für dieses Buch gesprochen habe, nennen als einen entscheidenden Unterschied zwischen *Markus Lanz* und den anderen politischen Talkshows die Zeit, die man dort hat. Viele finden, dass bei *Maybrit Illner* oder *Anne Will* zu wenig Raum für Nachfragen und tiefergehende Gespräche sei, weil der nächste Gast mit seinem Statement warte. Der ehemalige Bundestagspräsident Norbert Lammert ist genau deswegen nicht in Talkshows gegangen: „Mir gefällt dieses Format im Allgemeinen nicht, schon die Anzahl und Zusammensetzung der Teilnehmer erfolgt dramaturgischen Gesichtspunkten, das ist wie in der Oper", sagt er. Und: „Gelegentlich hat man den Eindruck, dass die wichtigste Funktion des Gastgebers ist, immer dann einzugreifen, wenn ein gutes Gespräch zu beginnen droht." Lammert war und ist grundsätzlich zwar bereit, in Talkshows aufzutreten, aber nur, „wenn man mir garantiert, dass ich mindestens fünf aufeinanderfolgende Sätze sagen kann", kürzer ließen sich die meisten anspruchsvollen Fragen nämlich nicht beantworten. Bei *Markus Lanz* war Lammert („inzwischen bin ich angenehm überrascht, wie politisch, nicht polemisch die Sendung geworden ist") schon 2012 zu Gast, damals in einem Einzelgespräch. Vielleicht muss man auf der Suche nach dem Zeitpunkt, an dem die Politisierung der Sendung begann, doch weiter zurückgehen …

Gregor Gysi ist bis heute gern zu Gast bei Lanz, weil der gut und oft nachfrage und „weil er mir erlaubt, zum Mitmoderator zu werden, ich darf auch hin und wieder Fragen stellen, das gefällt mir". Daniel Günther, seit 2017 Ministerpräsident Schleswig-Holsteins, nimmt wegen des Zeitarguments nur noch Einladungen von Lanz an. Vor dem Gastgeber hat er dabei keine

Angst, er kontert scharfe Fragen oder vermeintliche Enthüllungen mit entwaffnender Ehrlichkeit. Wenn also Lanz glaubt, etwas bisher nicht Bekanntes über den CDU-Mann herausgefunden zu haben, und das entsprechend in seiner Sendung zelebriert, sagt der Politiker sinngemäß einfach etwas wie: „Ja, das stimmt, Herr Lanz, genauso hat es sich zugetragen", und nimmt damit dem Angriff seine Wucht.

Markus Söder geht anders vor. Dem bayerischen Ministerpräsidenten wird nachgesagt, dass für ihn die Auftritte bei Lanz so etwas wie Schulungen seiner sowieso ausgefeilten Rhetorik sind. Auf jeden Fall gehört das Aufeinandertreffen des ehemaligen (Söder) und des aktiven Journalisten (Lanz) immer zu den Höhepunkten der jeweiligen Staffeln. Der CSU-Vorsitzende war es auch, der der Sendung 2021 mit rund drei Millionen Zuschauerinnen und Zuschauern und einem Marktanteil von fast 25 Prozent die bis dahin besten Werte ihrer Geschichte bescherte. Was man beim ZDF kaum glauben konnte, verwunderte Lanz nicht: „Wenn wir miteinander reden, passiert eigentlich immer irgendetwas." Ich hätte gern mit Markus Söder darüber gesprochen, wie er das sieht, aber sein Büro sagte mit dem Hinweis ab, dass man nicht „Stichwortgeber" für Berichte über andere sein wolle, zumindest nicht so lange, wie der Ministerpräsident politisch aktiv sei. Für seine Taktik gegenüber Markus Lanz muss man allerdings auch gar nicht mit Söder reden, die ist recht offensichtlich. Er nutzt die seit Beginn der Corona-Pandemie bestehende Möglichkeit und lässt sich jedes Mal von München aus nach Hamburg in die Sendung schalten, auch wenn Lanz nicht müde wird zu sagen, er hoffe auf ein baldiges Wiedersehen im Studio. Die Zuschaltung hat mehrere Vorteile, vor allem den, dass man sich als Politikerin und Politiker dem direkten Zugriff von Markus Lanz entziehen kann, dass man nicht auf dem Stuhl neben ihm, sondern weit entfernt sitzt und notfalls so tun kann, als habe man die Frage akustisch nicht verstanden.

Für Peter Tschentscher scheidet das als Strategie aus, dafür liegt der Amtssitz des Hamburger Bürgermeisters viel zu nah an dem TV-Studio, in dem die Talkshow aufgezeichnet wird. Tschentscher profitierte in den vergangenen Jahren von dieser räumlichen Nähe, vor allem aber von Corona. Ein Arzt im Range eines Ministerpräsidenten war in den Jahren 2020 und 2021 ein idealer Gast, Lanz schätzte Tschentscher, zumindest in den Hochphasen der Pandemie. Hamburgs Bürgermeister sagt, dass es „als Regierender schon ein gewisses Risiko ist, sich diesen Formaten auszusetzen". Talkshow-Teilnahmen seien per se anstrengend, die bei Markus Lanz besonders. Obwohl er sich immer intensiv auf die Sendungen vorbereitet habe, hätte Lanz Dinge präsentiert, „mit denen ich nicht gerechnet habe, die Redaktion ist sehr gut". Trotzdem habe er sich entschlossen, die Einladungen immer wieder anzunehmen, und das scheint ein Grundkonsens in der SPD zu sein, zu der Tschentscher gehört. 2022 gab es fast zwei Monate, den März und den April, bei dem niemand aus der CDU/CSU bei Lanz zu Gast war, aber jede Menge Vertreterinnen und Vertreter der Sozialdemokratie, unter anderem eben Peter Tschentscher. Kevin Kühnert, früher Vorsitzender der Jusos, gehört längst zu der Stammbesetzung bei Lanz: „Ich bin bestimmt schon ein Dutzend Mal bei dem gewesen, ich weiß also, was mich erwartet", sagt er. „Es ist sein Job, harte Fragen zu stellen, und ich werde das immer verteidigen. Mir ist ein kritischer Journalist hundertmal lieber als einer, der Gefälligkeitsfragen stellt. Dann würde ich mir Sorgen um unsere Demokratie machen, aber nicht, wenn im öffentlich-rechtlichen Fernsehen ein selbstbewusster, gut informierter Journalist vor mir sitzt und mich mit Sachen konfrontiert." Man müsse wissen: „Eine naive Frage stellt der nicht, weil er naiv oder nicht gut informiert ist, sondern weil er mich testet, wie ich darauf reagiere. Ich muss mich äußern können zu Dingen, die an Stammtischen und in Sportvereinen besprochen werden, und ich kann nicht eine Diskussion mit Markus Lanz anfangen, warum er jetzt eine blöde Frage stellt."

Diese Erkenntnis ist für Politikerinnen und Politiker, aber auch für alle anderen, die sich mit der Sendung beschäftigen, wichtig. Einer wie Markus Lanz stellt die Fragen nicht für sich selbst, in der Regel kennt er die meisten Antworten, sonst wäre er kein guter, mindestens aber ein schlecht vorbereiteter Moderator. Er stellt sie für das Publikum, und was dabei herauskommt, hat Armin Wolf einen „Dialog für Dritte" genannt: „Wir laden Politikerinnen und Politiker ein, um ihre bekannten Positionen kritisch zu hinterfragen, sodass sie sie nicht einfach verkünden können, sondern begründen müssen. Denn unsere Zuschauerinnen und Zuschauer haben etwas anderes zu tun, als sich den ganzen Tag mit politischen Fragen zu beschäftigen, dafür werden wir bezahlt."

Deshalb müssten sich, so Kevin Kühnert, Menschen wie er Moderatoren wie Markus Lanz stellen: „Augen auf bei der Berufswahl. Wer Politik machen will, dann aber nicht bereit ist, sich mal in ein härteres Interview zu setzen, hat wildromantische Vorstellungen, wie der Arbeitsalltag aussieht." Das klingt wie eine Kritik an CDU/CSU-Politikerinnen und -Politikern, war es aber nicht, weil Kühnert diese Sätze weit vor jenen Wochen formulierte, in denen die Vertreterinnen und Vertreter der anderen großen Volkspartei eine Lanz-Auszeit nahmen, was übrigens immer der einfachste Weg ist, nicht ins Gerede zu kommen. Kleiner Nachteil, gerade für die Opposition: Man ist im wahrsten Sinne des Wortes auch kein Gesprächsthema mehr.

Überhaupt war es schwierig, mit CDU/CSU-Politikerinnen und -Politikern für dieses Buch ins Gespräch zu kommen, nicht nur Markus Söder sagte mir auf meine freundliche Anfrage ab, auch der ehemalige CDU-Generalsekretär Paul Ziemiak tat das, obwohl er angesichts mehrerer Auftritte bei Lanz bestimmt viel zu erzählen gehabt hätte. Von Jens Spahn, dem ehemaligen

Bundesgesundheitsminister, habe ich bis heute auf meine Mail keine Reaktion bekommen, bei Angela Merkel habe ich es gar nicht erst versucht. Die hätte auch nur sagen können, warum sie nie bei Lanz gewesen ist, man ahnt die Antwort.

Es blieb Schleswig-Holsteins Bildungsministerin Karin Prien, die sich bei *Markus Lanz* regelmäßig gut schlägt und die auf einen Nebensatz von mir gleich in der Redaktion nachfragte, ob wirklich seit fast acht Wochen niemand aus ihrer Partei für die Sendung zugesagt habe. Und es blieb der junge CDU-Bundestagsabgeordnete Christoph Ploß. Dem passierte das, wovon eher unbekannte Politikerinnen und Politiker träumen: Er erhielt gleich mehrere Einladungen von Lanz und war, wenn ich mich nicht verzählt habe, mindestens fünfmal zu Gast. Über einen Auftritt erzählt Ploß Folgendes: „Markus Lanz war der Grillmeister, der Journalist Robin Alexander war der Spiritus und ich war das Steak. Ich versuchte, ruhig zu bleiben, mich nicht provozieren zu lassen, und hatte mir vorher ein paar starke Sätze überlegt, die ich auf jeden Fall unterbringen wollte." Das machen nahezu alle Politikerinnen und Politiker, üblicherweise besprechen sie vorher mit ihren Beraterinnen und Beratern, welche Botschaften man unbedingt transportieren will und was man auf keinen Fall sagen darf. Beim Übergang von der Theorie (was sage ich?) zur Praxis (was habe ich da gesagt?) haben es junge, nicht so erfahrene Politiker wie Ploß bei Lanz allerdings schwer. Zwar kündigte der Moderator ihn wahlweise als den kommenden Mann oder Hoffnungsträger in der CDU an, knallte ihm aber auch Sätze wie diese entgegen: „Sie wissen, wo wir hier sind, diese Floskel geht hier nicht durch." Oder: „Das ist doch Quatsch. Können wir die Fußballvergleiche mal weglassen, Herr Ploß, bitte." Macht man nicht, was Lanz will, darf man im Zweifel, und das ist für einige Politikerinnen und Politiker die Höchststrafe, nicht wiederkommen. „Man wird eingeladen, weil man einigermaßen anschaulich formulieren kann", sagt Ralf Stegner.

Wenn man sich die Dauergäste, Menschen wie Marie-Agnes Strack-Zimmermann, Kevin Kühnert, Omid Nouripour, Robert Habeck und Karl Lauterbach ansieht, ist es genau das, was sie gemeinsam haben.

Und man stellt sich die Frage, die sich auch Markus Lanz stellt: Warum sprechen eigentlich so viele andere Politikerinnen und Politiker so (unverständlich), wie sie sprechen?

Leben mit Lanz – Woche 10

8. März, Gäste: Politikerin Marie-Agnes Strack-Zimmermann (FDP), Journalist Robin Alexander, Politikwissenschaftlerin Claudia Major, Ökonomin Karen Pittel

Es ist Tag 13 des Ukraine-Krieges und Markus Lanz bekommt zu spüren, wie unberechenbar und dynamisch die Nachrichtenlage sein kann. Zu Beginn der Sendung spricht er mit seinen Gästen lange über das Angebot Polens, Kampfjets aus dem eigenen Bestand an die Ukraine zu liefern, allerdings nicht direkt, sondern über die Rammstein Air Base der US-Amerikaner in Rheinland-Pfalz. Das sei ein Paradigmenwechsel, sagt Lanz, man debattiert über die möglichen Folgen, über rote Linien, die aus Sicht Russlands überschritten werden könnten, und sogar über die Frage, wer die polnischen Maschinen eigentlich von Deutschland in die Ukraine bringen soll. „Wir stochern ein wenig im Möglichen, ich weiß nicht, wie das Prozedere ist", gibt die FDP-Verteidigungsexpertin Marie-Agnes Strack-Zimmermann früh zu. Kurz vor dem Ende der Sendung bekommt Markus Lanz aus der Redaktion dann die Information, dass die Amerikaner gar nichts von der Entscheidung der Polen wussten, der Ukraine Kampfflugzeuge zur Verfügung zu stellen.

„Wer wusste nicht von der Entscheidung?", fragt der Journalist Robin Alexander nach.

„Die Amerikaner", sagt Lanz.

„Wie? Dann kann das nicht funktionieren", sagt Alexander.

„Exakt", sagt Lanz.

Und Strack-Zimmermann, trocken: „Was heißt, dass man erst mal die Quellen prüfen muss, bevor man darüber diskutiert."

In den 75 Minuten zuvor hat vieles an Lanz-Folgen in den vergangenen Wochen erinnert, nicht nur die Dauergäste Strack-Zimmermann und Alexander, die allein aufgrund ihrer langen Erfahrung in diesem Format die Sendung dominieren. Zum wiederholten Mal geht es um die 5.000 Helme, die Deutschland an die Ukraine geliefert hat, und es geht um die Fehler, die das Land im Umgang mit Putin gemacht hat. Vergangenheitsbewältigung, die wenig bringt, so die Politikwissenschaftlerin Claudia Major: „Es ist nicht interessant zu gucken, was wir alles falsch gemacht haben. Wir sollten uns stattdessen überlegen, wie wir künftig mit einem konfrontativen Russland umgehen sollten." Und, so Lanz, „welchen Preis wir zu zahlen bereit sind". Der Verzicht auf Gas, Kohle und Öl aus Russland, den Kanzler Olaf Scholz bislang ausgeschlossen hat, könnte Deutschland 0,3 bis drei Prozent des Bruttoinlandsprodukts kosten, sagt Karen Pittel, Leiterin des ifo Zentrums für Energie, Klima und Ressourcen: „Das wären 800 bis 1.000 Euro pro Kopf."

Der interessanteste Einspielfilm des Tages stammt aus einer Sitzung der Vereinten Nationen in New York aus dem Jahr 2018. Er zeigt einen Politiker, der folgende Sätze sagt: „Deutschland wird total abhängig von russischer Energie werden, wenn es nicht sofort seinen Kurs ändert. Hier in der westlichen Hemisphäre sind wir verpflichtet, unsere Unabhängigkeit von den Übergriffen expansionistischer ausländischer Mächte zu bewahren." Der Politiker hieß Donald Trump und im Saal ist der damalige deutsche Außenminister Heiko Maas zu sehen, der sich genervt abwendet ...

9. März, Gäste: Astronaut Alexander Gerst, Wissenschaftsjournalist Lars Abromeit

Es ist Tag 14 des Ukraine-Krieges und Markus Lanz wird trotzdem kein Wort darüber verlieren. Die heutige Folge ist vor Längerem aufgezeichnet worden, sie wird jetzt ausgestrahlt, weil die Redaktion sich auf die große Live-Sondersendung am 10. März vorbereiten und das Studio in Hamburg dafür umgebaut werden muss. Und doch passt das nur 45 Minuten dauernde Gespräch mit dem Astronauten Alexander Gerst und dem Wissenschaftsjournalisten Lars Abromeit in die Zeit, weil es um die „Zerbrechlichkeit unseres Planeten" und die Frage geht, wie Menschen sich in Extremsituationen verhalten. Markus Lanz kennt diese Situationen selbst sehr gut, er war in der Antarktis und in Grönland unterwegs, und man merkt ihm schnell an, wie nah ihm die heutigen Gäste sind. So nah, dass dem Moderator nach einer guten Viertelstunde etwas passiert, was er sonst tunlichst vermeidet. Er rutscht vom professionellen „Sie" ins „Du" und scheint es selbst gar nicht zu merken. Lanz duzt außerhalb des Studios nicht wenige seiner Gäste und mit denen, die häufiger kommen, gibt es auch so etwas wie eine Vertrautheit, nur anmerken lässt er sich das normalerweise nicht. Das ist diesmal anders, weil das, was Gerst und Abromeit erzählen, viel mit Lanz' Leben zu tun hat, etwa, wenn der Astronaut von „brutalen Begegnungen" mit der Realität berichtet oder der Journalist über die Besteigung des Himalajas sagt: „Man zweifelt nicht wirklich an sich, aber man befragt sich immer wieder selbst. Man befragt sich: Will man weitergehen, will man zurück? Wie viel bist du bereit zu leiden? Denn es ist klar: Man muss auch ein bisschen leiden, um überhaupt hochzukommen." Es sind Sätze, die von Lanz kommen könnten.

10. März, Gäste: unter anderem Politiker Robert Habeck (Grüne), Alexander Graf Lambsdorff (FDP), Politikerin Nancy Faeser (SPD), Ukraines Botschafter Andrij Melnyk, Natalia Klitschko (Ehefrau des Kiewer Bürgermeisters Vitali Klitschko), Journalistin Katrin Eigendorf, Journalist Elmar Theveßen

Die Titelmusik („An guten Tagen" von Johannes Oerding) ist anders, die Sendezeit ebenfalls und das passt, weil auch sonst immer weniger so ist, wie es einmal war. Markus Lanz beginnt mit seiner Talkshow um 20.15 Uhr, und zwar live, es soll „Ein Abend für den Frieden" werden, in dem fast 4,2 Millionen Euro Spenden für die Menschen in der Ukraine gesammelt werden. Es wird ein bedrückender, bewegender und eindringlicher TV-Moment, „genaugenommen ist es ein Abend für Deutschland", schreibt die *Süddeutsche Zeitung*. Die Befindlichkeit der Bürgerinnen und Bürger bringt Lanz in wenigen Sätzen auf den Punkt: „Wie beginnt man so eine Sendung? Vielleicht so: Die nächsten 105 Minuten werden viel erzählen von der hässlichen Fratze der Politik, von Lügen, von unglaublichem Zynismus. Sie werden aber auch von dem Dilemma erzählen, in dem wir alle gerade stecken, und die bittere Wahrheit ist: Wir kriegen dieses Dilemma nicht aufgelöst. Denn natürlich würde jeder den Kindern, Frauen und Männern in der Ukraine helfen wollen, natürlich, mit allen Mitteln und notfalls auch militärisch, um den Kriegsverbrecher Putin zur Rechenschaft zu ziehen. Gleichzeitig aber weiß jeder, der nur ein bisschen bei Verstand ist: Die Gefahr, dass am Ende ganz Europa zum Schlachtfeld wird, ist tatsächlich so groß, wie sie lange nicht mehr war. Wer nichts tut, löst unermessliches Leid aus, wer eingreift, auch. Das ist unser Dilemma und vielleicht auch die Schuld, mit der wir eines Tages klarkommen müssen."

Die Sendung sind eigentlich drei Talkshows hintereinander, jede halbe Stunde wechseln die Gäste, der Vizekanzler ist da, die

Bundesinnenministerin, der ukrainische Botschafter, der Deutschland Feigheit vorwerfen wird, weil es nicht bereit sei, mehr Waffen zu liefern. Natalia Klitschko, die Frau des ukrainischen Nationalhelden Vitali Klitschko, erzählt von der Flucht ihrer 72 Jahre alten Mutter, ihrer Schwester und ihres Neffen, die es nach vier Tagen aus dem Kriegsgebiet heraus geschafft haben, in Sicherheit in Budapest sind und bald nach Hamburg kommen werden. Sie erzählt von ihrem eigenen Haus, in dem sie bereits Vertriebene aufgenommen hat, und vom Haus einer Hamburger Familie, die für drei Wochen im Urlaub in Thailand ist und ihr die Schlüssel gegeben hat, damit sie dort weitere Menschen aus der Ukraine unterbringt. Sie erzählt, wie sie jeden Morgen auf ihr Handy guckt, ob Wladimir und Vitali Klitschko noch „am Leben sind". Wladimir sagt in einer Videobotschaft für die Sendung: „Wir verteidigen nicht die Ukraine, wir verteidigen den Frieden in Europa." Katrin Eigendorf, Korrespondentin des ZDF, wird live aus der Ukraine dazugeschaltet, sie spricht über den russischen Angriff auf ein Kinderkrankenhaus in Mariupol: „Ich habe als Kriegsreporterin viel gesehen, aber das, das ist die Sprache des Islamischen Staates, die ich zuletzt in Kabul erlebt habe. Dass so etwas mitten in Europa passiert, macht mich sprachlos."

„Was geht Ihnen durch den Kopf, wenn Sie solche Geschichten hören?", will Lanz von Bundeswirtschaftsminister und Vizekanzler Robert Habeck wissen.

„Durch den Kopf geht mir: Tust du genug?", sagt Habeck und gibt die Antwort wenig später selbst, als er versucht zu begründen, warum Deutschland auf die Energielieferungen aus Russland, auf Öl, Kohle und vor allem Gas, nicht verzichten könne, noch nicht. „Wir würden es als Gesellschaft nicht lange durchhalten", sagt er und deshalb fließe die Energie weiter von Russland nach Deutschland und das Geld dafür in die andere Richtung. „Das ist eine rationale, keine emotionale Entscheidung", sagt Habeck.

„Und wenn Sie mir alle den Kopf waschen, haben Sie einen Punkt."

Gerald Knaus ist auch wieder bei Lanz, der Migrationsforscher ist zu einem Stammgast geworden. Seit Kriegsbeginn seien schon 2,4 Millionen Menschen aus der Ukraine geflohen, sagt er. Und: „Ich bin mir nicht sicher, ob sich alle bewusst sind, was das heißt. Es könnten auch zehn Millionen Flüchtlinge werden." Menschen, die gestern noch ein ganz normales Leben gehabt hätten, so wie Tatjana. In einem Einspielfilm erzählt sie: „Ich kann das Gefühl gar nicht beschreiben, wie es mir geht. Ich war Managerin in einer internationalen Firma. Ich hatte alles, was ich brauchte, für mich und mein Kind. Privatschule, Auto, tolle Wohnung in Kiew, gutes Einkommen. Jetzt habe ich gar nichts hier und weiß nicht, was ich tun soll."

„Es ist schlimm geworden mit den Jahren"

Warum Politikerinnen und Politiker so sprechen, wie sie sprechen, und eine Ähnlichkeit mit Claus Kleber

Manchmal sind es die kleinen Geschichten, mit denen sich große Zusammenhänge gut illustrieren lassen. Eine dieser Geschichten spielt in der sogenannten Maske der Redaktion von *Markus Lanz*, wo sich der Moderator irgendwann im Frühjahr 2022 die Haare machen ließ, in den Spiegel guckte und grinsend sagte: „Jetzt habe ich wirklich die perfekte Claus-Kleber-Frisur."

Tatsächlich ist Lanz dem ehemaligen *heute-journal*-Conférencier in den vergangenen Jahren ähnlicher geworden. Das liegt am Alter, das Jungen- und zum Teil Bubihafte ist aus Lanz' Gesicht verschwunden, die Haare sind grauer geworden. Allein deshalb wirkt manches, was er sagt, heute wichtiger und seriöser, als wenn er es vor fünf oder zehn Jahren gesagt hätte. Vor allem ist sich Markus Lanz aber mit Claus Kleber einig, wenn es um Floskeln in der Politik, um Interviews ohne Antworten und die Sprache der Politikerinnen und Politiker allgemein geht. Kleber hat über all das in einer Art Abschiedsinterview mit dem *Spiegel* gesprochen: „Es ist ein merkwürdiges Wettrennen darum entstanden, in Interviews möglichst wenig preiszugeben und sich dann mit einem triumphierenden Lächeln zu verabschieden." Das sei schlimmer geworden in den vergangenen Jahren, „die gucken das alle voneinander ab", so Kleber. „All diese Medientrainer, die der Politik eingeredet haben, dass man möglichst wenig sagt, sollten gefeuert und durch

Menschen ersetzt werden, die etwas von inhaltlichen Argumenten verstehen."

Es sind genau diese Punkte, an denen Markus Lanz in seinen Sendungen ansetzt. „Ich versuche, Menschen, die sehr geübt sind, Fragen zu umgehen, aus dem Konzept zu bringen", sagt er, und dass er mit zunehmendem Alter eine ebenso zunehmende Ungeduld bei sich feststelle, wenn seine Gäste ausweichend antworten. Das lässt Lanz niemandem durchgehen, es ist, wenn man so will, die Marktlücke, die er entdeckt hat: Politikerinnen und Politiker dazu zu bringen, auf die Fragen, die man ihnen stellt, wirklich zu antworten.

Dass viele das nicht tun, dass sie sich manchmal einen Spaß daraus zu machen scheinen, alles Mögliche zu sagen, nur nicht das, was Menschen wie Lanz (und damit Millionen von TV-Zuschauerinnen und -Zuschauern) von ihnen wissen wollen, hat viele Gründe. So viele, dass Gregor Gysi ein Buch darüber geschrieben hat, es heißt „Was Politiker nicht sagen … weil es um Mehrheiten und nicht um Wahrheiten geht". Der zweite Teil des Titels ist ein ernüchternder, aber wahrscheinlich zutreffender Befund. Jeder Satz, den eine Politikerin oder ein Politiker sagt, kann, bewusst oder unbewusst, falsch verstanden, aus dem Zusammenhang gerissen oder von einer anderen Partei gegen sie oder ihn verwendet werden. Bundeskanzler Olaf Scholz hat sich deshalb zur Maxime gemacht, dass jede seiner Äußerungen von allen zu jeder Zeit so verstanden werden soll, wie er sie gemeint hat. Da ist schon eine Formulierung wie „Guten Morgen!" gefährlich.

Es wird oft vergessen, dass Politikerinnen und Politiker die Nähe zu Journalistinnen und Journalisten nicht suchen, weil sie deren Fragen beantworten wollen. Das Gegenteil ist richtig. Am liebsten wäre es ihnen, wenn man ihnen einfach Sendezeit oder eine Zeitungsseite zur freien Gestaltung zur Verfügung stellen würde. „Mein Traum als Bundeskanzler war, einmal in der

Woche von 20 Uhr bis 20.15 Uhr auf den großen Fernsehsendern zu den Bürgern zu sprechen", sagt Gerhard Schröder, ganz ohne die lästigen professionellen Fragestellerinnen und Frager. Für Politikerinnen und Politiker in anderen Ländern hat sich dieser Traum erfüllt. Der ehemalige amerikanische Präsident Donald Trump konnte seine Anhängerschaft direkt via Twitter informieren und indoktrinieren, zumindest so lange, bis man ihn dort rausgeschmissen hat.

Von solchen Follower-Zahlen, also Zuschauerinnen und Zuschauern, Leserinnen und Lesern, wie sie Trump in den sozialen Medien hatte, sind deutsche Politikerinnen und Politiker allerdings weit entfernt. Sie brauchen nach wie vor Journalistinnen und Journalisten, um ein möglichst großes Publikum in kurzer Zeit zu erreichen, und müssen sich, siehe oben, Strategien überlegen, wie sie in deren Sendungen oder Interviews überzeugen können, ohne zu viel von sich preisgeben oder sich festlegen zu müssen.

Daraus ist in den vergangenen Jahren eine Rhetorik entstanden, die, so nennt es Gysi, „die Erwartungen des Publikums an Information und mögliche Meinungsbildung verachtet". Inzwischen gäbe es Politikerinnen und Politiker, die sich so an ihre nichtssagende Sprache gewöhnt hätten, dass sie gar nicht mehr anders reden könnten, selbst wenn sie wollten. Ein Phänomen, das Wolfgang Kubicki auch bei Debatten im Parlament, der vermeintlich wichtigsten Bühne der Politik, erlebt. „Ich ärgere mich jedes Mal im Deutschen Bundestag, wenn die, die Reden vorlesen, selbst gar nicht wissen, was dort enthalten ist, weil ihre Mitarbeiter das aufgeschrieben haben. Das ist teilweise so gestanzt und phrasenhaft, dass man sich schon fragt, was die Botschaft des Beitrags ist." Die Sprache des politischen Betriebes sei zunehmend „hohl und unattraktiv geworden", sagt Gysi. Dabei gehe es darum, „diejenigen, die später dann mit politischen Beschlüssen leben müssen, bereits am Prozess der Entscheidungsfindung zu beteiligen". Dafür müssten sie, also die Bürgerinnen und Bürger, aber verstehen, worüber geredet wird. „Politiker müssen lernen, ihre Sprache zu übersetzen, ich kann es doch auch", sagt Gysi. Wenn sie das nicht tun, wenn sie reden und reden, ohne irgendetwas zu sagen, dann müssten die Journalistinnen und Journalisten eingreifen, denn: „Wo es um Antworten geht, bleibt Rhetorik zuallererst eine Kunst des Fragens."

Genau daran scheint es in den vergangenen Jahren gehapert zu haben, sonst hätte Markus Lanz, der ewige Nachfrager und Unterbrecher, heute nicht die (Allein-)Stellung, die er hat. Als jemand, „der wahrlich nie geschont wurde von Journalistinnen und Journalisten", wundere er sich über deren „Langmut und Gleichmut", sagt Gysi. Dass Deutschland so hilflos und unvorbereitet in die Corona-Pandemie und den Ukraine-Krieg gestolpert sei, habe auch mit „harmlosen" Medien zu tun, findet der CDU-Politiker Norbert Röttgen: „Zum Teil fehlt es im politischen Journalismus schon an der Fähigkeit, die richtigen Fragen zu stellen, geschweige denn, die Antworten kritisch zu bewerten." Kollege Kubicki geht noch einen Schritt weiter: „Die Medien haben sich daran gewöhnt, Phrasen zu transportieren, weil es einfacher ist, als komplexe Sachverhalte auf einen Punkt bringen zu wollen. Davon lernen junge Politiker, möglicherweise so zu formulieren, dass alle Deutungen möglich sind, weil man dann Widerständen aus dem Weg gehen kann. Ich habe das mehrfach in Fernsehinterviews erlebt, dass eine Frage gestellt wird und ein Politiker eine völlig andere Antwort gibt. Er antwortet also auf eine Frage, die gar nicht gestellt worden ist, und in dieser Antwort ist keine klare Position zu erkennen." Das habe sich unter Angela Merkel, in den 16 Jahren ihrer Kanzlerschaft, bewährt und die Menschen hätten sich leider daran gewöhnt, dass das so ist: „Ich würde das im parlamentarischen Bereich nicht durchgehen lassen, sondern konsequent nachfragen."

Wobei Kubicki zugeben muss, dass im Bundestag heute viele Debatten noch langweiliger sind als die von Parteienproporz und Zeitmangel geprägten Diskussionen in manchen Talkshows. „Immer, wenn ich nach einem Sitzungstag frustriert bin", erzählt er, „gehe ich nach Hause und lege eine CD der Bundestagssitzungen aus den 60er- und 70er-Jahren ein." Würde heute im Parlament gesprochen wie damals, müsste er als Versammlungsleiter bei jedem dritten Satz einen Ordnungsruf erteilen, „so haben wir uns daran gewöhnt, dass wir nicht mehr mit klaren Worten pointiert etwas auf den Punkt bringen". Die Empfindlichkeit, was Sprache angehe, sei außerordentlich gewachsen: „Je mehr wir uns daran gewöhnen, desto langweiliger wird die Politik." Inzwischen könne man sogar „nichts oder wenig sagen und damit Kanzler werden", sagt der FDP-Politiker und meint damit sowohl Angela Merkel als auch Olaf Scholz.

Etwas Verständnis für deren Zwänge bringt Giovanni di Lorenzo, Chefredakteur der *Zeit* und Gastgeber von *3 nach 9*, auf: „Jeder falsche Satz, jedes falsche Wort kann zu einer unheimlichen Belastung für eine Politikerin oder einen Politiker werden. Deshalb fangen viele an, auf Autopilot zu schalten und nur das zu sagen, was absolut unverdächtig ist. Das nervt natürlich. Aber ich muss zugeben: Wenn ich selbst interviewt werde, lege ich großen Wert auf eine Autorisierung, weil einen jedes falsch gesetzte Wort wochenlang beschäftigt halten kann. Ich finde, Journalisten sollten generell aufhören, jeden Halbsatz aus dem Zusammenhang zu reißen und zu skandalisieren. Das ist für die öffentliche Debatte furchtbar."

Markus Lanz hat in seinem Podcast einmal mit Richard David Precht darüber gesprochen, warum das alles so ist, wieso Politikerinnen und Politiker so reden, wie sie reden. Precht hat einige schlaue Sätze gesagt, etwa: „Jeder sucht sich seine Wahrheit heraus, damit sie ihn bestätigt", und das, was wir in Deutschland erleben, etwa bei den Triellen vor der Bundestagswahl, aber zum

Teil auch in Talkshows, ein „Demokratietheater" genannt. Oder, um es ein letztes Mal mit Gregor Gysi zu sagen: „Wo Schnelligkeit vor Gründlichkeit kommt, wo die Personalisierung höher im Kurs steht als der Inhalt und wo das Entertainment mehr und mehr die Regie übernimmt, dort leidet in wachsendem Maße die Ernsthaftigkeit unserer ohnehin misstrauisch beäugten Sprache."

Es ist diese Ernsthaftigkeit, auf die es Markus Lanz inzwischen ankommt, einige, die ihn kennen, sagen, auf die es ihm immer angekommen sei. Deshalb hat er die Unterhaltungsshow, die er einst von Johannes B. Kerner übernommen hat, Stück für Stück umgebaut, erst die Künstlerinnen und Künstler, Schauspielerinnen und Schauspieler nicht mehr eingeladen, dann die Politikerinnen und Politiker länger zu Wort kommen lassen, schließlich das Publikum rausgeschmissen. Was am Ende übrig blieb, ist eine Sendung, die so ist wie ihr Gastgeber, und ein Gastgeber, der so ist wie seine Sendung. Markus Lanz hat aus *Markus Lanz* ein Format gemacht, in dem Gründlichkeit vor Schnelligkeit kommt und in dem klassisches Entertainment keine Rolle mehr spielt, übrigens auch, weil Lanz alles ist, aber eben kein Entertainer.

„Wir sind nicht mehr in der Lage zu diskutieren, wir haben es verlernt zu streiten", hat Lanz in dem Podcast mit Precht gesagt. Daran will er etwas ändern und dafür hat er eine Moderations- und Fragetechnik entwickelt, die einer der Gründe ist, warum die Sendung sowohl bessere Quoten als auch bessere Kritiken bekommt als in den vergangenen Jahren. Wobei es nach wie vor Gesprächspartnerinnen und -partner gibt, die er damit nicht beeindrucken kann, vor allem einen …

Leben mit Lanz – Woche 11

15. März, Gäste: Politiker Markus Söder (CSU), Politologinnen Daniela Schwarzer, Sabine Fischer, Journalistin Katrin Eigendorf, Ökonom Marcel Fratzscher

Es gibt einen einfachen Trick, wenn man als Politikerin oder Politiker bei Markus Lanz zu Gast sein, die direkte Konfrontation aber vermeiden will. Man lässt sich zuschalten, ich erwähnte es bereits. Markus Söder macht das seit Langem und er weiß, warum. Denn in ihren Duellen schenken sich der bayerische Ministerpräsident und der Moderator normalerweise nichts, auch diesmal nicht. Lanz konfrontiert Söder einen großen Teil der Sendezeit mit den engen Bindungen, die „gerade die CSU" in der Vergangenheit zu Wladimir Putin gehabt habe, er blendet Bilder von Treffen des russischen Präsidenten mit Söders Amtsvorgängern Horst Seehofer und Edmund Stoiber ein und er zitiert einen Satz des aktuellen Ministerpräsidenten vom 20. Januar: „Russland ist ein schwieriger Partner, aber kein Feind Europas", hat Markus Söder damals gesagt. Der könnte jetzt einräumen, dass diese Worte und vieles mehr falsch gewesen seien, so wie es Wirtschaftswissenschaftler Marcel Fratzscher fordert, der es „verstörend findet, dass die Politik in Deutschland Fehler nicht eingesteht". Söder spricht zwar davon, dass „wir jetzt alle Ukrainer sind", hält es aber für wichtig, im „ureigensten europäischen und deutschen Interesse mit Russland im Gespräch zu bleiben. Das ist nie falsch und am Ende wird es irgendeine Form von Diplomatie wieder geben müssen."

„Nicht ablenken", ruft Markus Lanz irgendwann dazwischen.

Söder kontert aus München: „Herr Lanz, ich weiß schon, was ich sage, ähnlich wie Sie", und attestiert dem Moderator einen

„hohen Belastungseifer", was die bayerischen Ministerpräsidenten angeht.

Lanz fragt zum Verhältnis von Deutschland und Russland: „Stand die Wirtschaft über der Moral?"

Söder sagt: „Wir müssen immer beides im Blick haben, den Einsatz für unsere Werte genauso wie Millionen Arbeitsplätze. (…) Es wird nicht lange dauern, dass sehr viele Deutsche, die jetzt bereit sind, an allem mitzuwirken, skeptisch sein werden, ob und wie das funktionieren soll." Lanz wirft Bayern vor, besonders von russischen Rohstoffen wie Gas, Öl und Kohle abhängig zu sein und zu wenig für den Aufbau erneuerbarer Energien getan zu haben, Söder schießt zurück, dass sein Land eigentlich überall das beste sei, außer bei der Windkraft. Dann geht es richtig ab:

Lanz: „Ich bin immer wieder baff erstaunt, was Sie für ein brillanter Verkäufer von Politik sind. Sie sagen, dass Sie bei erneuerbaren Energien auf allen Positionen die Nummer 1 sind, bei Windkraft die Nummer 8. Ich habe mir das mal genauer angesehen und man wird auch schnell fündig. Sie argumentieren immer mit den absoluten Zahlen. (…) Wenn man sich die relativen Zahlen anschaut, sieht die Welt völlig anders aus. (…) Sie sind insgesamt ungefähr auf Platz 7, so großartig läuft es nicht bei Ihnen."

Söder: „Sie suchen sich aber auch jede Statistik so aus, dass sie in Ihre Argumentation passt."

Lanz: „Ich lerne von den Besten."

Söder: „Ich bin auch immer beeindruckt, was Sie für ein Verkäufer Ihrer eigenen Argumentation sind. (…) Ich kann ja nun mal nichts dafür, dass wir an vielen Stellen gar nicht so schlecht sind, auch wenn es dem einen oder anderen nicht so gefällt."

Lanz: „Wir diskutieren das bei nächster Gelegenheit mal bitte hier im Studio aus. Ich würde mich sehr freuen, wenn wir von Angesicht zu Angesicht …"

Söder: „… ich freue mich auf die neuen Statistiken, die Sie dann präsentieren, und wie es dann doch gelingt, Bayern auf den letzten Platz zu rechnen. Viel Erfolg."

Lanz: „Und schon wieder dreht er mir alles um …"

16. März, Gäste: Autor Dietrich Schulze-Marmeling, Ex-Fußballprofi Sebastian Kneißl, Journalistin Diana Zimmermann

Heute hat Markus Lanz Geburtstag, er wird 53 Jahre, aber das Geschenk einer früheren Sendezeit macht ihm das ZDF nicht. Der Talk beginnt einmal mehr um Mitternacht, direkt nach der Fußball-Champions-League, in der gerade der FC Chelsea den Einzug ins Viertelfinale geschafft hat. Der Verein ist die Verbindung zum Krieg in der Ukraine: Chelsea gehört dem russischen Oligarchen Roman Abramowitsch. Was den Fans offensichtlich lange egal war. „Hat sich wirklich jemand dafür interessiert, als Abramowitsch Chelsea übernommen hat?", fragt Jürgen Klopp, Trainer von Liverpool, in einem kurzen Einspielfilm und fügt hinzu: „Ich denke, es ist offensichtlich, wo das Geld herkommt." Nur habe das jahrelang niemand hinterfragt, sagt Diana Zimmermann. Für die London-Korrespondentin des ZDF ist die Hatz des Westens auf die Oligarchen in Putins Umfeld „ein Schaulaufen", der Profisport im Westen habe das „schmutzige Geld" gern genommen. Nun müsse Abramowitsch Chelsea verkaufen, die Sanktionen Großbritanniens träfen ihn so hart, dass er in London nicht einmal mehr eine Putzfrau bezahlen könne. Angeblich gibt es einen Interessenten für den Club, er soll aus Saudi-Arabien kommen, „wo gerade an einem Tag 81 Menschen hingerichtet worden sind", so Lanz. „Der Fußball", sagt Autor Dietrich Schulze-Marmeling, „hat die Türen für Autokraten und Diktatoren weit geöffnet."

17. März, Gäste: Politikerinnen Svenja Schulze (SPD), Serap Güler (CDU), Soziologe Gerald Knaus, Ökonom Vincent Stamer, Journalist Ulf Röller

Wer als Politikerin oder Politiker zu Markus Lanz geht, müsste inzwischen wissen, dass er mit ausweichenden Antworten auf Fragen nicht durchkommt. Svenja Schulze versucht es trotzdem. Die Bundesministerin für wirtschaftliche Entwicklung und Zusammenarbeit ist wenige Stunden nach der Rede von Wolodymyr Selenskyj im Deutschen Bundestag in der Sendung. Der ukrainische Präsident war live aus dem Kriegsgebiet ins Parlament zugeschaltet, er bedankte sich bei den Deutschen, kritisierte sie aber auch hart: „Sie sind durch eine Art Mauer von uns getrennt. Es ist keine Berliner Mauer, es ist eine Mauer zwischen Freiheit und Unfreiheit. Und diese Mauer wird größer mit jeder Bombe, die auf die Ukraine fällt, mit jeder nicht getroffenen Entscheidung. (…) Lieber Herr Bundeskanzler Scholz, zerstören Sie diese Mauer."

Lanz sieht sich mit seinen Gästen diese Sequenz an und sagt: „Frau Schulze, er hat Olaf Scholz persönlich angesprochen. Und was nicht nur ich mich gefragt habe: Warum steht Olaf Scholz nicht auf und antwortet?"

Der Bundestag hatte auf Selenskyjs Rede mit langem Applaus reagiert, war dann aber zur Tagesordnung übergegangen, auf der die Einführung einer allgemeinen Corona-Impfpflicht für Deutschland stand.

Schulze sagt: „Das ist eine Entscheidung des Parlaments. Wir haben Diskussionen über die Ukraine geführt, am Abend davor …"

Lanz: „Ja, warum?"

Schulze: „Das entscheidet nicht die Bundesregierung."

Lanz: „Fanden Sie das gut?"

Schulze: „Olaf Scholz steht dauernd in Kontakt mit Selenskyj. Er tut alles, was er kann, um Putin wieder an den Verhandlungstisch zu bekommen."

Lanz: „Das ist nicht die Antwort auf die Frage. (…)"

Schulze: „Ich bin froh, dass Selenskyj in einem deutschen Bundestag sprechen kann. (…) Dass wir überhaupt die Möglichkeit haben, einen anderen Staatspräsidenten in unser Parlament zu schalten, ihm mal zuzuhören. Ein Parlament muss auch zuhören können."

Lanz: „Und dann debattieren Sie über die Impfpflicht, als wäre nichts gewesen. Finden Sie das gut?"

Schulze: „Ich finde es gut, dass ein deutscher Bundestag zuhört und dass wir dann handeln. (…) Zentral ist für mich nicht, dass eine Debatte stattfindet, das sind doch alles Kinkerlitzchen. Zentral ist, dass diesen Frauen und Kindern geholfen wird."

Lanz: „Sie nennen das Kinkerlitzchen?"

Schulze: „Das, was Sie jetzt hier mit mir machen, dieses Spiel, muss man direkt reden oder nicht, sind Kinkerlitzchen. Was wir tun müssen, ist helfen. Helfen, dass dieser Krieg beendet wird."

Lanz spricht über die „seltsame Energiepolitik der SPD" in der Vergangenheit, über Nord Stream 2 und die Nähe von Gerhard Schröder zu Wladimir Putin und will wissen, ob es nicht spätestens heute im Bundestag an der Zeit gewesen wäre, mit den Fehlern und Versäumnissen aufzuräumen. Der Dialog zwischen den beiden wird hitziger und Schulze wirkt zwischenzeitlich, als sei ihr die Verteidigung der SPD und der Regierung wichtiger als die Verteidigung der Ukraine und der Freiheit.

Lanz: „Wenn man sagt, dass die Grenzen der SPD zur russischen Energiewirtschaft fließend waren, muss man sagen, das ist eine Übertreibung. Es gab schlicht keine."

Schulze: „Das ist eine Unverschämtheit. Das weise ich auch in aller Deutlichkeit zurück." (…)

Lanz: „Niemand in der SPD hat das kommen sehen, was da jetzt passiert. Aber wäre jetzt nicht der Moment, sich mal ehrlich zu machen? War das nicht genau die verpasste Gelegenheit, heute im Bundestag mal darüber zu reden? Herr Selenskyj, wir haben Ihnen zugehört und wir haben große Fehler gemacht."

„Die Zähne ausgebissen"

Der härteste Gesprächspartner, der heimliche Lieblingskanzler und ein Interview, das neidisch macht

Wenn man sich mit Olaf Scholz zu einem Interview verabredet, muss man auf alles gefasst sein, vor allem darauf, dass er die Fragen, die man ihm stellt, nicht beantwortet. Der Kanzler gilt als der härteste Gesprächspartner, den es in der deutschen Politik gibt, selbst Markus Lanz sagt, dass er sich an Scholz „die Zähne ausgebissen" habe. Damit ist er in bester Gesellschaft, wie der Auszug (!) aus einem Gespräch zeigt, das der preisgekrönte Dokumentarfilmer Stephan Lamby kurz vor der Bundestagswahl 2021 mit Scholz führte. Es ging um einen misslungenen Werbespot der SPD, den Wahlkampfmanager Lars Klingbeil nach einmaliger Ausstrahlung aus dem Verkehr gezogen hatte. Lamby wollte von Scholz eigentlich nur wissen, ob er den Spot gekannt hatte. Das hörte sich dann so an:

Lamby: „Kannten Sie diesen Spot?"

Scholz: „Der Kampagnenleiter hat mir berichtet, dass er nicht ausgesendet wird und dass er genau einmal gezeigt worden ist."

Lamby: „Und warum?"

Scholz: „Es ist so, dass sich die Kampagne auf die Dinge konzentriert, die für die Zukunft unseres Landes wichtig sind. Und deshalb geht es mir um die Plakate und um die Botschaften, die wir damit verbinden, und das, was wir da vorgebracht haben."

Lamby: „Herr Scholz, es tut mir leid, aber ich muss da beharren. Es gibt doch einen Grund, warum dieser Spot jetzt nicht mehr gezeigt wird. Deshalb die einfache Frage: Warum?"

Scholz: „Wir brauchen eine klare Debatte, zum Beispiel über die Frage, dass es nicht in Ordnung ist für den Zusammenhalt unserer Gesellschaft und für die Frage, wie wir unsere Zukunft finanzieren …"

Lamby: „Nur damit ich es verstehe: Kannten Sie den Spot?"

Scholz: „Die Maßnahmen, die ich gebilligt habe, sind die, über die wir hier auch miteinander gesprochen haben und die ich auch richtig finde. Das sind die Plakate, über die wir hier reden, und manches, das noch keiner kennt und das demnächst kommt."

Er habe manchmal das Gefühl, hat Markus Lanz über Olaf Scholz gesagt, dass dieser „einen zweiten Hirnstrom" habe, „der den ersten kontrolliert und verhindert, dass er etwas Falsches sagt". Das deckt sich mit der ungewöhnlich langen Antwort, die Scholz mir einmal auf die Frage gegeben hat, warum er auf Fragen eigentlich nicht antwortet. Sie lautete: „Ich versuche, eine geordnete Antwort zu geben, sagen wir es mal so. Jeden Satz, den man als Politiker sagt, muss man so sagen, dass ihn jeder versteht, auch wenn er nicht dabei gewesen ist. Man kann nicht darauf setzen, dass der Rahmen, in dem ein Satz gefallen ist, immer miterzählt wird. Im Übrigen ist es ja so, dass manchmal Dinge im Fluss sind. Dann muss man es aushalten, dass der Prozess des Klügerwerdens und des Beratens noch nicht abgeschlossen ist und man das Ergebnis noch nicht verkünden kann." Oder, um es mit Markus Lanz zu sagen: „Olaf Scholz antwortet entweder auf Fragen nicht oder dreimal anders." Nikolaus Blome, Politikjournalist bei RTL, bringt es noch besser auf den Punkt: „Wenn man von Olaf Scholz wissen will, wie spät es ist, sagt er: Es regnet. Das ist eine Form von Kommunikationsverweigerung, die ich bislang von niemandem kannte."

Das waren also die Ausgangsbedingungen, als es im Wahlkampf 2021 zum Aufeinandertreffen von Lanz und Scholz kam. In der Zeit, in der sich Scholz auf den Weg ins Kanzleramt machte, ging er gegen sein Naturell in viele Talkshows. Eigentlich mag er die nicht, Begründung: „Was viele Bürgerinnen und Bürger bewegt, ist das Gefühl, dass sie in Talkshows Reden hören und sich immer weniger sicher sind, ob diejenigen, die da reden, hinterher auch etwas dafür tun, wenn sie sich aus den Sesseln erhoben haben." Das war eine klare Ansage, genau wie Scholz' Bewertung einer Formulierung, die auch Markus Lanz regelmäßig über die Lippen kommt (meist, wenn er nicht weiterweiß): „Können Sie ausschließen …' ist einer der von mir am wenigsten geliebten Sätze des deutschen Journalismus, weil man in Wahrheit in ganz vielen Fällen überhaupt nicht ausschließen kann, dass es so oder so läuft. Aber trotzdem kann man ernsthaft der Meinung sein, dass es eine bestimmte Richtung gibt, die die Sache nehmen soll. Wenn wir uns nicht für größenwahnsinnig halten, wissen wir auch, dass wir nicht alles bestimmen können."

Ein Gast, der Fragen nicht beantwortet, sondern einordnet, der Talkshows nicht mag und der die seltene Gabe hat, sich immer unter Kontrolle zu haben – das Scholz-Interview war selbst für Markus Lanz eine Herausforderung, die sein Chefredakteur Markus Heidemanns hinterher so zusammenfasste: „Wir haben es schon geschafft, ihn zum Lachen zu bringen, und das ist für ihn in einer Talkshow sehr ungewöhnlich. Und wir haben ihm ein, zwei Sätze entlockt, die nicht aus der Stehsatz-Walze gekommen sind. Aber es ist und bleibt schwierig und ich finde es schade, dass er so spricht, wie er spricht. Denn ich möchte als Bürger und Wähler dieses Landes Antworten auf meine Fragen bekommen." Ein Auszug:

Lanz: „Wie gehen Sie eigentlich damit um, Herr Scholz, dass all die, die noch vor wenigen Monaten alles dafür getan haben, um Sie zu verhindern, Sie plötzlich richtig knorke finden?"

Scholz: „Ich freue mich."

Lanz: „Das ist eine sehr menschliche Regung, das kann ich nachvollziehen."

Scholz: „Es ist aber auch ganz ehrlich."

Lanz: „Wirklich jetzt?"

Scholz: „Ja, wirklich. (…)"

Lanz: „Ich habe verrückte Szenen mit der SPD in den letzten Wochen und Monaten hier erlebt. Kevin Kühnert saß hier, mit dem haben wir uns sehr intensiv ausgetauscht, um es mal so zu formulieren. Und am Ende kam im Grunde raus, er sagte: Diese Corona-Pandemie hat Sie verändert. Und ich habe ihn dann gefragt, ob er so weit gehen würde, zu sagen: Corona hat Olaf Scholz geheilt. So weit wollte er nicht gehen, aber es ging in die Richtung. Wie gehen Sie damit um?"

Scholz: „Ich bin mit mir im Reinen."

Lanz: „Mit Kühnert auch?"

Scholz: „Wir sind zusammen dabei, einen Wahlsieg für die SPD zu erkämpfen."

Lanz: „Sind Sie mit Kevin Kühnert im Reinen oder nicht?"

Scholz: „Ja, natürlich. So. Das gehört ja dazu. Nicht, dass die SPD aus lauter Leuten besteht, die ein und dieselbe Meinung haben …"

Lanz: „Nee, darum geht es nicht."

Scholz: „… sondern dass sie zusammenhält und dass man miteinander kooperiert und darum kämpft, dass Deutschland ein besseres und gerechteres Land wird."

Lanz: „Verstehe ich, aber wie kann man denn zusammenhalten und einer Meinung sein, wenn man sich vorher bis aufs Messer bekämpft hat?"

Scholz: „Ach, das ist nur was für Waschlappen, die sich gleich aus der Politik entfernen, weil sie eine Kampfabstimmung gegen eine Frau verloren haben, wenn ich das mal sagen darf."

Lanz: „Moment, nennen Sie gerade Friedrich Merz einen Waschlappen?"

Scholz: „Ich halte so eine Vorgehensweise für etwas, für das ich nicht viel Achtung habe."

Lanz: „Sie haben gerade gesagt, Friedrich Merz ist ein Waschlappen, ja?"

Scholz: „Wer sich einfach, weil er mal eine Abstimmung verloren hat, davonmacht, ist jemand …"

Lanz: „… den Sie einen Waschlappen nennen."

Scholz: „Ich habe mich klar ausgedrückt."

Das war für einen Politiker, der normalerweise kaum auf Fragen antwortet, nicht schlecht. Aber es blieb eine Ausnahme. Nach seiner Wahl zum Bundeskanzler verschwand Olaf Scholz wieder aus den Talkshows, er brauchte sie nicht mehr. Als er notgedrungen zurückkehrte, um seine Politik nach dem Angriff Russlands auf die Ukraine zu erklären, tat er das nicht bei *Markus Lanz*, obwohl er dort sichtlich Spaß gehabt hatte. Scholz ging erst zu *Maybrit Illner* und dann zu *Anne Will* und bei Lanz hatten sie ein Déjà-vu. Angela Merkel war als Bundeskanzlerin auch nie in die Sendung gekommen; wenn sie etwas sagen wollte, tauchte sie immer bei *Anne Will* auf, natürlich als einziger Gast. Er habe das sehr schade gefunden, sagt Heidemanns, „weil ich sie schätze und weil ich glaube, dass ein Auftritt bei *Markus Lanz* auch für sie in den vergangenen Jahren interessant gewesen wäre".

Scholz blieb bei Lanz trotz seiner Abwesenheit als Kanzler omnipräsent. Spätestens, als der Krieg in der Ukraine begonnen hatte, wurde die Frage, warum der wichtigste Politiker des Landes so spricht, wie er spricht, zu einem zentralen Thema der Sendung. Denn es war wieder schlimmer geworden, auch weil Scholz als Kanzler mit seinen Worten noch vorsichtiger sein musste, als er es ohnehin schon war. Wie bei einer Pressekonferenz, die Lanz so unglaublich fand, dass er ein und denselben Ausschnitt gleich in zwei Sendungen zeigte. Scholz wurde von einer Journalistin gefragt, wie das denn nun sei mit der Lieferung schwerer Waffen an die Ukraine. Der Kanzler antwortete: „Schönen Dank für Ihre Frage, die mir nämlich eine Gelegenheit gibt, nach der ich schon seit einiger Zeit suche.

Schauen Sie sich doch mal um, was andere so tun, die mit uns eng verbündet sind, zum Beispiel unsere Freunde in den G7, die USA, Kanada, Großbritannien, Frankreich, Italien, und was die liefern, die sind mit ihren Militärs zu ähnlichen Schlussfolgerungen gekommen. Was solches Gerät betrifft, geht es um sofort verfügbare Einsatzsysteme, die vor allem dann nutzbar gemacht werden können, wenn es welche sind, die in der Ukraine schon eingesetzt werden, und deshalb ist es so, dass es kein Zufall ist, dass alle zu dem gleichen Schluss gekommen sind, dass es den meisten Sinn macht, wenn zum Beispiel solche Systeme, die bei den osteuropäischen NATO-Partnern noch vorhanden sind, von dort aus eingesetzt werden und wir denen dann ermöglichen, dass ihre eigene Sicherheit für die Zukunft gewährleistet bleibt. Also, der Blick in die Welt hilft manchmal weiter, in diesem Fall führt er zu der Erkenntnis: Diejenigen, die in einer vergleichbaren Ausgangslage sind wie Deutschland, handeln so wie wir."

„Das war semantisch sehr anspruchsvoll", sagte Lanz süffisant, als der Einspielfilm zu Ende war, und man ahnte, wie oft er dazwischen gegangen wäre, hätte der Bundeskanzler die Sätze in seiner Sendung gesagt.

Wenn es nach Markus Lanz gegangen wäre, wäre Olaf Scholz nicht Nachfolger von Angela Merkel geworden. So schwer es ist, aus den Anmoderationen und Fragen in der Sendung Lanz' politische Haltung abzulesen, weil er alle politischen Gäste gleich hart rannimmt, so eindeutig war sein Unverständnis über die Wahl der Kanzlerkandidatin bei den Grünen herauszuhören. Lanz konnte seine Begeisterung für Robert Habeck im Wahlkampf nicht verbergen, er brachte ihn sogar dann noch als Spitzenkandidaten ins Spiel, als die Entscheidung für Annalena Baerbock längst gefallen war. Der Journalist hielt diese Entscheidung für einen Fehler, er ist bis heute fest davon überzeugt, dass Habeck Kanzler geworden wäre, wenn seine Partei ihn aufgestellt hätte. Und er glaubt, dass der grüne Wirtschaftsminister seine Chance bei der Bundestagswahl 2025 bekommt.

Das Verhältnis von Lanz und Habeck ist ein besonderes, nicht weil jeder die Handynummer des anderen hat, man sich auch mal nur so anruft und miteinander redet oder Mitteilungen hin- und herschickt. Das Verhältnis ist besonders, weil Robert Habeck den Typ Politiker verkörpert, den sich Lanz in jeder Sendung als Gast und überhaupt für Deutschland wünschen würde. Dass man dem Vizekanzler beim Denken zuhören kann, ist ein geflügeltes Wort und genau das fasziniert Lanz. Habeck liefert die Antworten auf die Zwischenfragen von Markus Lanz gleich mit, ohne dass dieser sie überhaupt stellen muss. Er spricht so, dass man seine Gedankengänge in Echtzeit verstehen und nachvollziehen kann, Zweifel inklusive. Kein anderer Politiker kommt bei Lanz auf so hohe Redeanteile, niemand wird so selten unterbrochen. Würden alle wie Robert Habeck sprechen, dann brauchte es einen Moderator wie Markus Lanz gar nicht mehr, dann wäre der arbeitslos.

Der ehemalige *heute-journal*-Moderator Claus Kleber sagte im *Spiegel*, dass Robert Habeck eine „auffällige Ausnahme" sei: „Er gesteht in Interviews Schwächen ein, denkt über Fragen nach, sagt auch mal: ‚Wissen wir nicht, müssen wir noch rausfinden.' Selbst amerikanische Präsidenten wie Barack Obama und Bill Clinton gaben mir gegenüber, einem Fremden, mehr von sich preis als Angela Merkel oder Olaf Scholz."

Auch Markus Lanz durfte einen der beiden ehemaligen US-Präsidenten interviewen. Es war im Winter 2020, das Gespräch mit Obama war ein weiterer Meilenstein auf dem Weg vom unterhaltsamen zum ernsthaften Fernsehmacher. Vor allem war es eine halbe Stunde, die Lanz nie vergessen wird: „Obama ist wirklich besonders. Man weiß, okay, da kommt jetzt nicht Jesus zur Tür herein, aber vielleicht eine Stufe darunter …", sagte er in einem *GQ*-Interview. „Es ist tatsächlich ein besonderer Zauber, den dieser Mann verströmt. Man spürt ihn sofort. Und man kann sich ihm nicht entziehen."

Mit Obama könne man nicht auf Augenhöhe sprechen, das sei unmöglich, auch wenn die Vorbereitung so intensiv war wie bei keinem anderen Gespräch. Markus Heidemanns war mit in die USA geflogen, „so etwas lässt man sich nicht entgehen", er saß während des Interviews auch in dem Hotelraum, in dem man Obama mit dem durch Corona aufgezwungenen Abstand traf. Lanz und Heidemanns hatten in den Tagen vor der Aufzeichnung den Fragenkatalog immer wieder umgeworfen, hier eine Formulierung gestrichen, dort eine hinzugefügt, der Ablauf sollte perfekt sein. „Ich bin normalerweise nicht besonders aufgeregt, aber in diesem Fall wollte ich mir nicht den Vorwurf machen müssen, den Interviewpartner unterfordert zu haben", sagt Heidemanns. Heraus kam ein Gespräch, mehr als eine halbe Stunde lang, über das der *Spiegel* schrieb: „Und wie Obama so spricht, merkt man, wie sehr man in den vergangenen Jahren vermisst hat, dass einer so sprechen kann. In zusammenhängenden Sätzen, abwägend, zweifelnd auch, empathisch, so analytisch wie charmant. Wie wohltuend das ist. Und dass ein Markus Lanz das eben kann mit seiner wohlwollend lauernden Gesprächsführung, die weniger Interview und mehr ein Zum-Sprechen-Bringen ist. ‚Wie hat die Tatsache', will er am Ende noch wissen, ‚dass Sie Ihr ganzes Leben von Frauen umgeben waren, Ihren Charakter geformt?' ‚Zum Besseren', sagt Obama und lacht."

Man kann das auch anders sehen, so wie die *Süddeutsche Zeitung*. Die schrieb: „Es gibt wahrlich größere Verbrechen, als sich in Barack Obama zu verlieben: Der Mann sieht gut aus, kleidet sich beiläufig elegant, er ist eloquent, vermutlich riecht er auch gut, aber selbst das macht aus einem bewundernden Interview mit ihm noch keine größere journalistische Leistung."

Gut möglich, dass auch etwas Neid dabei war.

Leben mit Lanz – Woche 12

22. März, Gäste: Politikerin Katja Kipping (Linke), Politiker Martin Schulz (SPD), Sicherheitsexpertin Florence Gaub, Journalist Robin Alexander

„Sie haben Wahlkampf gegen die NATO-Ziele gemacht und das ist ein Teil der Erklärung, warum die Bundeswehr in der Situation ist, die Olaf Scholz jetzt versucht zu beheben."

„Also, passen Sie mal auf. Das ist wirklich eine Unverfrorenheit. Ich habe erstens nicht Wahlkampf gegen die NATO gemacht …"

„… gegen die NATO-Ziele."

„Ich würde meinen Satz gern zu Ende bringen."

„Wenn Sie Unverfrorenheit sagen, müssen Sie schon richtig zitieren."

„Aber ich unterbreche Sie auch nicht nach jedem Halbsatz. Ich empfinde das wirklich als eine Frechheit, das muss ich Ihnen sagen. Wenn Sie mich so hart angreifen, müssen Sie die Höflichkeit besitzen, mich wenigstens meine Antwort aussprechen zu lassen."

Was sich wie ein typischer Dialog zwischen Markus Lanz und einem Politiker liest, hat diesmal mit dem Moderator nichts zu tun. Der sitzt relativ still daneben, als Robin Alexander, stellvertretender Chefredakteur der *Welt*, und Martin Schulz, ehemaliger Kanzlerkandidat der SPD, aneinandergeraten. Dass ein Gast für wenige Minuten die Rolle des Gastgebers übernimmt, ist ungewöhnlich und Alexander gehört, wahrscheinlich, weil er schon so oft in der Sendung war, zu den wenigen, bei denen Lanz das durchgehen lässt. Ungefährlich ist eine solche Situation nicht, dass sie aus dem Ruder laufen kann, hat Lanz bei der Auseinandersetzung zwischen Christian Lindner und David Hasselhoff (!) vor knapp drei Jahren erlebt, die der Grund dafür ist, dass der liberale Politiker bis heute jede weitere Einladung von Markus Lanz ablehnt. Aber das ist eine andere Geschichte.

Martin Schulz, der nach dem Disput mit Alexander sehr angefressen wirkt, macht einen Punkt, als er Lanz davor warnt, sich bei Versäumnissen der deutschen Verteidigungs- und Außenpolitik auf die SPD einzuschießen. „Abgespeckt hat die Bundeswehr Herr von und zu Guttenberg, der aus dieser Armee ein Sparschwein gemacht hat", sagt er, „und dessen Nachfolger Herr de Maizière und dessen Nachfolgerin Frau von der Leyen und deren Nachfolgerin Frau Kramp-Karrenbauer."

Es ist Tag 27 des Ukraine-Krieges und niemand weiß, was daraus wird. Lanz findet, dass „wir alle fahrlässig mit dem Begriff des dritten Weltkrieges umgehen", und hat mit Florence Gaub eine Sicherheitsexpertin eingeladen, deren Einschätzungen er „tröstlich findet", auch und gerade, was die Drohung Wladimir Putins mit Atomwaffen betrifft. Die Analystin vom Institut der Europäischen Union für Sicherheitsstudien sagt: „Putin will den Menschen im Westen Angst machen, die Androhung von nuklearen Waffen ist ein Teil der Strategie. Nicht die Bombe ist die Waffe, die Angst davor ist die Waffe." Sie wolle den Menschen genau diese Angst nehmen, „dass wir alle in einem Atomkrieg untergehen, wird nicht passieren". Aber: „Wir müssen uns mental und emotional darauf einstellen, dass der Krieg länger dauern wird, als wir wollen, wir werden noch mehr Leid sehen." Und: „Russland geht es um eine Vision für die Welt, die anders ist als das, was wir heute haben."

23. März, Gäste: Politiker Sebastian Fiedler (SPD), Natalia Klitschko (Ehefrau des Kiewer Bürgermeisters Vitali Klitschko), Ökonom Janis Kluge, Unternehmer Michail Chodorkowski, Journalistin Solomiya Vitvitska

Normalerweise sitzt auf dem Stuhl direkt neben Markus Lanz immer eine Politikerin oder ein Politiker, in der Regel jemand, der mit den härtesten Fragen des Moderators rechnen muss. Marie-Agnes Strack-Zimmermann von der FDP nennt ihn den „Grillstuhl" und sie muss es wissen, weil sie schon öfter dort Platz genommen hat. Diesmal bleibt der Stuhl im übertragenen Sinne leer, Lanz hat weder eine bekannte politische noch journalistische Persönlichkeit zu Gast, was der Sendung eine andere Dynamik gibt. Die Gäste kommen mehr oder weniger nacheinander dran, es ist eine Reihe von Einzelgesprächen, die mit der Frau beginnt, die jetzt auf dem Stuhl Nummer eins sitzt. Natalia Klitschko ist wieder da, wie bei der Live-Sondersendung vor zwei Wochen. Sie berichtet, dass inzwischen ihre Mutter, ihre Schwester und ihr Neffe in Hamburg angekommen seien. Die Sorgen um Wladimir und Vitali Klitschko und all die anderen Familienangehörigen, die in der Ukraine sind, bleiben. Er kenne Wladimir ein wenig, erzählt Markus Lanz und „ich erkenne ihn kaum wieder. Da haben sich die Spuren des Krieges in sein Gesicht eingegraben." Natalia Klitschko sagt: „Man sieht das Leid, die Trauer und die Wut. Wenn ich die Bilder sehe, denke ich: Die beiden sind echte Krieger und Kämpfer geworden."

Lanz lässt ein Video von Wladimir Klitschko aus Kiew einspielen, der ehemalige Boxer steht vor einem zerstörten Wohnhaus. „Das tun die russische Armee und die russischen Raketen uns an", sagt er, um dann direkt in die Kamera zu den Zuschauerinnen und Zuschauern in Deutschland und Europa zu sprechen: „Und das tun Sie uns an, Sie alle, wenn Sie Geschäfte mit Russland machen – das Blut klebt auch an Ihren Händen."

Es wäre ein guter Moment, um über die Frage zu sprechen, ob es nicht Zeit wäre für das Ende der Öl-, Gas- und Kohlelieferungen aus Russland nach Europa und „ob wir bereit sind, den Preis dafür zu bezahlen", wie Janis Kluge von der Stiftung Wissenschaft und Politik sagt. Es sei nicht unmöglich, ohne die russischen Rohstoffe, selbst ohne das Gas auszukommen, fügt er hinzu, aber Lanz möchte das Thema lieber „bei anderer Gelegenheit beleuchten". Was schade ist, weil die folgenden Gespräche mit und über die Rolle der Oligarchen für Putin und seinen Krieg wenig neue Erkenntnisse bringen. Der zugeschaltete Michail Chodorkowski, ehemaliger Oligarch, sagt über die Sanktionen des Westens: „Mich wundert, dass sie nicht zu einem logischen Ende geführt werden. Wenn Putin die Ukraine einnimmt, dann ist sein nächster Schritt Polen oder das Baltikum."

24. März, Gäste: Politiker Klaus von Dohnanyi (SPD), Sicherheitsexpertin Claudia Major, Strategieberater Julius van de Laar, Ökonomin Karen Pittel

Klaus von Dohnanyi geht nur noch selten in TV-Studios, dass er für Markus Lanz eine Ausnahme macht, liegt auch daran, dass die Sendung in Hamburg aufgezeichnet wird. Für den ehemaligen Hamburger Bürgermeister und letzten lebenden Minister aus der Regierung von Willy Brandt sind es nur wenige Kilometer von seiner Wohnung zu Lanz. Von Dohnanyi ist eine der interessanten Stimmen, wenn es um die Beurteilung des Krieges in der Ukraine geht, nicht nur, weil er kurz vor dem russischen Angriff ein Buch mit dem Titel „Nationale Interessen" geschrieben hat (das am Tag nach der Sendung an der Spitze der bestverkauften Bücher bei Amazon stehen wird). Der 93-Jährige muss in diesen Tagen immer wieder mit dem Vorwurf leben, (zu viel) Verständnis für Russland und Putin zu haben und die Ursachen für den Krieg auch im Westen zu suchen. Er sagt: „Die NATO-Osterweiterung war von Anfang an ein großes Problem. Sie ist ein Stachel im russischen Selbstbewusstsein. Wenn man das alles weiß, sieht man, dass dort große Fehler gemacht worden sind." Oder: „Wir brauchen Verteidigung, wir dürfen aber auf Waffen allein nicht vertrauen. Wir müssen auch verstehen, warum die Krisen entstanden sind." Und: „Die NATO hatte in der Vergangenheit eine zu geringe diplomatische Komponente, auf der Seite zu verstehen, weshalb Krisen entstanden sind. Wenn wir nach vorne schauen: Russland wird auch durch Sanktionen nicht verschwinden. Wir brauchen den Versuch eines künftigen Ausgleichs, der uns nicht in die Gefahr eines großen Krieges bringt." An dieser Stelle springt die Politikwissenschaftlerin Claudia Major dazwischen und warnt, dass man auf Putins Narrativ nicht hereinfallen dürfe, der Westen hätte sich zu wenig um Russlands Belange gekümmert: „Wenn Westeuropa etwas mit enormer Begeisterung gemacht hat, dann war es, den Ausgleich mit Russland zu suchen." Der Vorwurf, es habe in dieser Richtung nicht genügend Bemühungen gegeben, sei schlicht falsch und das Kernproblem ein anderes: „Uns in Westeuropa geht es um freie, souveräne Staaten mit freier Bündniswahl, die selbst entscheiden können, was sie wollen, und wo der große Nachbar nicht mitzureden hat. Die Frage ist: Wollen wir das immer noch oder wollen wir uns auf ein Großmächtekonzert einlassen, wo die Großen das Sagen haben und die Kleinen haben Pech gehabt?"

Markus Lanz konfrontiert von Dohnanyi mit Zitaten aus dessen Buch und aktuellen Interviews und stellt die Frage, die seit Beginn der Sendung über dem Gespräch wabert. Ist er, wie die *Frankfurter Rundschau* am nächsten Tag schreiben wird, ein „Putin-Versteher"?

Von Dohnanyi sagt: „Ich bin doch kein Freund von Putin, ich bin nur der Meinung, dass man mit Krieg und Gewalt gewisse

Dinge nicht lösen kann, sondern dass es der Diplomatie und des Verständnisses der anderen Seite bedarf."

Lanz: „Aber was da immer so mitklingt, ist: Eigentlich sind wir selbst schuld. Und ich habe damit ein Problem. Es gibt genau einen Mann, der an dem Krieg in der Ukraine schuld ist. (…) Sie übernehmen zum Teil das Narrativ von Putin, wenn Sie schreiben: ‚Warum sollte Putin ein Interesse daran haben, sich die hochnationalistische Ukraine einzuverleiben?‘"

Von Dohnanyi: „Das ist meine heutige Einschätzung immer noch."

Lanz: „Hochnationalistisch. So redet Putin auch."

„Auf jede Antwort eine Frage"

Geheimnisse einer Interviewtechnik und das große Vorbild, das nicht aus dem Fernsehen kommt

Wenn man Markus Lanz fragt, wie er seine Rolle als Journalist und Talkshow-Gastgeber definiert, dann sagt er gern: „Mein Job ist im Grunde, auf jede Antwort die richtige Frage zu finden." Er hat den Satz bei der Verleihung des Deutschen Fernsehpreises gebracht und es ist ein guter Satz, einer, den man sich merkt, weil er einen Widerhaken hat. Normalerweise heißt es, dass man auf jede Frage eine Antwort hat, Lanz dreht den Allgemeinplatz um und markiert damit einen hohen Anspruch an sich und seine Redaktion. Denn wer in der Lage sein will, auf jede Antwort eine Frage zu haben, muss, gerade wenn er mit Politikerinnen und Politikern über komplizierte Themen wie eine Virus-Pandemie oder Krieg und Frieden spricht, sehr tief in den Themen stecken. Das versucht Lanz, er lässt sich vorbereiten wie wenige andere Journalistinnen und Journalisten im deutschen Fernsehen, er will ein Gastgeber sein, der sowohl höflich als auch hart ist, alles zu seiner Zeit.

„Ein guter Talk ist wie ein Boxkampf von Ali früher, es wechseln sich leichte, tänzelnde Phasen mit harten Treffern ab. Wobei bei uns niemand k. o. gehen soll." Sagt der andere Markus, also der Heidemanns, der Muhammad Ali seit dessen Kampf gegen Joe Frazier bewundert, der als „Thrilla in Manila" in die Boxgeschichte eingehen sollte und den er mit elf Jahren vor dem Fernseher verfolgen durfte.

Markus Lanz beschreibt die Situation im Studio ähnlich. Man müsse wie beim Schach die möglichen nächsten Spielzüge des Gegenübers im Kopf haben, man dürfe sich selbst zu keinem Zeitpunkt eine Schwäche anmerken lassen, das würden erfahrene Politikerinnen und Politiker sofort ausnutzen. Und ja, die Gespräche in der Sendung hätten „etwas Tänzelndes", so Lanz. Sein Vorbild für das, was er da im Studio tut, ist aber nicht der großmäulige, laute Muhammad Ali. Es sind eher stille Zeitungs- und Magazinjournalistinnen und -journalisten, deren Interviews er immer schon bewundert hat. Vielleicht ohne zu wissen, wie die Interviews mit Politikerinnen und Politikern in Zeitungen zum Teil inszeniert und im Nachhinein redigiert werden. Print-Journalistinnen und -Journalisten haben im Gegensatz zu ihren Kolleginnen und Kollegen aus dem Fernsehen den Vorteil, dass sie ihre Interviews in aller Ruhe führen und aufzeichnen und jede schlecht gestellte Frage, jede missglückte Pointe bei der Niederschrift verändern oder ausbessern können. Der Nachteil ist, dass das für die Befragten auch gilt. In Deutschland ist es üblich, anders als etwa in Großbritannien oder den USA, dass Politikerinnen und Politikern die Interviews, nachdem sie geführt und abgeschrieben worden sind, noch einmal vorgelegt werden. Sie, beziehungsweise ihre Sprecherinnen und Sprecher oder Kommunikationsberaterinnen und -berater, machen dann das, was die Journalistinnen und Journalisten zuvor getan haben. Sie glätten Formulierungen, sie fügen hier eine kluge Bemerkung ein, die der Politikerin oder dem Politiker im Gespräch gar nicht eingefallen ist, vielleicht nie eingefallen wäre, und streichen dort nicht so kluge Sätze. Am Ende werden manchmal Interviews veröffentlicht, die mit dem tatsächlichen Verlauf gar nicht mehr viel zu tun haben. Dafür wirken Fragen und Antworten perfekt aufeinander abgestimmt. Das muss einen Fernsehmann beeindrucken, dem so etwas in der Hitze der Eins-zu-eins-Situation vor laufenden Kameras niemals gelingen kann.

Markus Lanz nahm sich trotzdem vor, die Print-Interviews ins TV zu übersetzen, und er orientierte sich dabei an einem Mann, von dem an anderer Stelle schon die Rede war. Arno Luik war Autor des *Stern* und als solcher bekannt für seine leidenschaftliche und anstrengende Art, Interviews zu führen. Der ehemaligen Bundeskanzlerin Angela Merkel entlockte er auf eine entsprechende Frage die legendäre Antwort: „Als die Mauer fiel, war ich in der Sauna." Er trank mit dem Schriftsteller Martin Walser angeblich neun Stunden lang Wein und musste sich vom damaligen Bahnchef Hartmut Mehdorn offenbar anhören, dass der ihn gern hauen würde.

„Luiks Botschaft war klar: Wir können uns hinterher immer noch sympathisch finden. Aber vorher habe ich einen Job zu tun! Seine Vorbereitung war stets grandios, seine Technik virtuos. Man konnte viel davon lernen. Luik konfrontierte einen mit Gedanken, die man sich gelegentlich auch schon mal selbst gemacht haben sollte. Ja, ich glaube sogar, der tiefere Sinn seiner Attacken war eigentlich nur die Suche nach ein bisschen Wahrhaftigkeit. Wer so hart angegangen wird, lässt irgendwann die Maske fallen. Dann wird aus Entertainment ein echtes Gespräch. Keine Floskeln mehr, kein Showgrinsen mehr. Der eine früher, der andere später: Irgendwann in einem Luik-Interview war jeder weich und bettelte um Gnade", schreibt Markus Lanz in einem Vorwort für ein Buch von Arno Luik. Die Sätze lesen sich wie eine Blaupause, wie eine Gebrauchsanweisung für seine Sendung, die sich für den Medienwissenschaftler Bernd Gäbler „zum Öffentlichkeits-TÜV für Politikkarrieren gemausert hat. Es ist zu einer Prüfung geworden, bei Markus Lanz zu bestehen oder gar einen guten Eindruck zu hinterlassen."

Luiks provozierende Art des Fragens ins Fernsehen zu bringen, war gefährlich, Lanz hat es gerade in der Anfangszeit gemerkt. Aggressiv geführte Interviews können einen Teil des Publikums verschrecken, gerade ältere TV-Zuschauerinnen und -Zuschauer sind da empfindlich. Sie bewerten es schon als aggressiv, wenn ein Interviewer seinen Gast nicht ausreden lässt, und finden „ihn dann so unsympathisch, dass sie gar nicht mehr darauf achten, was er eigentlich sagt", erklärt Armin Wolf, Moderator der ORF-Nachrichtensendung *ZIB 2*, die so etwas wie die *Tagesthemen* von Österreich sind. „Als Moderator musst du ein guter, höflicher Gastgeber sein, der die Gegenposition zu seinem Gast einnimmt." Das mache es so schwiegig, das ist eine Gratwanderung, auf die sich Markus Lanz dreimal in der Woche begibt.

Dabei ist er wie im echten Leben, Lanz bleibt Lanz. Er lässt sich schwer ausrechnen und einschätzen, er ist nicht zu greifen. Ein Wegbegleiter erzählt, dass es sein kann, dass er monatelang von Markus Lanz nichts gehört hat und „er dann eines Morgens mit einer Tüte Brötchen vor der Tür steht, um mit mir zu frühstücken". Es kann sein, dass er Menschen, auch welche, die er nicht so gut kennt, dreimal in einer Woche anruft, um dann wochenlang auf SMS oder Rückrufbitten nicht mehr zu reagieren. Eben ist er noch charmant und zugewandt, plötzlich unnahbar. Wer glaubt, ihn zu kennen, täuscht sich.

„Markus Lanz kann freundlich sein und zupackend", sagt Medienwissenschaftler Gäbler. Das mache seine Sendung für die Zuschauerinnen und Zuschauer so interessant und für die Gäste aus der Politik so gefährlich. Die behandelt er in der Regel erst einmal nett und zuvorkommend, gerade am Anfang, „wenn jeder einen Kranz geflochten bekommt", wie es Journalist Hans-Ulrich Jörges nennt. Die Texte für die Vorstellungen seiner Gäste sind das Einzige, was Markus Lanz selbst schreibt, sie quellen über von Superlativen und kleineren oder größeren Spitzen. Die anwesenden Journalistinnen und Journalisten sind die „profiliertesten Kenner der Berliner Politik", Politiker und Politikerinnen gern die „kommenden Männer und Frauen ihrer Partei". Über jede Einzelne und jeden Einzelnen seiner Gäste „freut sich" Markus Lanz jedes Mal „sehr" und über die ganze Runde auch. Es hat zuweilen etwas Slapstikhaftes, wie sich seine Ankündigungen Abend für Abend gleichen, aber sie sind Kalkül. Es geht darum, das Eis zu brechen, „schnell einen Draht zu den Leuten zu haben", sie in Sicherheit zu wiegen. Und klar, es schmeichelt, wenn Lanz Sätze sagt wie diesen aus der Sendung, in der ich bei ihm zu Gast war: „Er ist der sehr erfolgreiche Chefredakteur des *Hamburger Abendblatts*, der Journalist, der Olaf Scholz vermutlich so gut kennt wie wenige andere. An die 300-mal oder so ähnlich soll er Scholz in seinem Leben getroffen haben und er schreibt dazu in einem sehr lesenswerten Buch: Erst nach dem 50. oder 60. Mal hatte ich das Gefühl, wir fangen nicht jedes Mal wieder von vorn an." Sehr erfolgreich, sehr lesenswert: Als Journalist kann man die Lanz'schen Schmeicheleien genießen und sich in seinem Stuhl zurücklehnen, als Politikerin oder Politiker muss man auf der Hut sein. Denn spätestens nach der Vorstellung ist es mit den Freundlichkeiten vorbei.

„Markus Lanz greift nicht frontal an, wie es Anne Will macht, und er hat nicht die Strenge einer Maybrit Illner", sagte der *Spiegel*-Journalist Arno Frank in einem Radiointerview. „Sondern er hat eine weiche Flanke und kann damit einlullen. Und sobald sein Gegenüber sich sicher fühlt und gluckert vor Vergnügen, dann ist Lanz vorne an der Kante seines Sitzes und sagt: Und nun mal politisch."

Der schnelle Wechsel von einer vermeintlichen Plauderei in eine Verhörsituation ist typisch für Lanz, das alte Guter-Bulle-Böser-Bulle-Spiel beherrscht er perfekt. Lanz ist beides in einer Person. Dass er in manchen Situationen auf seinem Stuhl näher an den Gast heranrückt, dass er die Finger seiner Hände vor dem Oberkörper zusammendrückt, ist dabei Ausdruck der Spannung, unter der der Moderator steht und die irgendwo hinmuss. Wenn Lanz etwas wirklich wissen will, wenn er mit einer Antwort nicht zufrieden ist, dann kann man ihm das schon ansehen, bevor er etwas sagt. Diese Spannung und diese Konzentration sind die

Basis für die Präsenz, „die sich auf den Zuschauer überträgt", sagt Arno Frank.

Während die meisten anderen Talkshows vor allem auf einen Schlagabtausch zwischen den Gästen aus sind und die Sendung entsprechend planen und orchestrieren, versucht Markus Lanz das gar nicht erst. Es würde ihm auch nicht gelingen, weil er in der Regel nur eine Politikerin oder einen Politiker im Studio hat. Duelle entstehen hier nicht aus ideologischen oder programmatischen Gegensätzen, sondern aus dem Frage- und Antwortspiel zwischen dem Moderator und seinem wichtigsten Gast. Manchmal, wenn sich sein Gegenüber besonders sperrig oder bockig gibt, weist Lanz auf die entsprechenden Spielregeln hin, auf die Rollen, die jeder einzunehmen hat, „ich frage, Sie antworten, Sie wissen doch, wie das hier läuft".

Aus solchen Sätzen spricht ein Selbstbewusstsein, dass sich Markus Lanz hart, sehr hart in den vergangenen Jahren erarbeiten musste. Die Souveränität und Gelassenheit, die er heute ausstrahlt, ist mit der Zeit gekommen, er ist vielen seiner Gäste auch deshalb rhetorisch überlegen, weil er heikle und herausfordernde Gesprächssituationen dreimal in der Woche trainieren kann. Und weil er sich „mehr traut als andere: Deshalb hat die kritische Herangehensweise in Gesprächen bei uns schon länger besser funktioniert als in anderen Sendungen", sagt Markus Heidemanns. „Markus Lanz geht seinen eigenen Fragen konsequent nach und ist empört, wenn die Antworten nicht dem entsprechen, was er erwartet", sagt Hamburgs Erster Bürgermeister Peter Tschentscher.

Lanz beherrscht sämtliche Tricks, wenn es darum geht, eine Politikerin oder einen Politiker nicht entkommen zu lassen. Er wiederholt eine Frage zwei- oder dreimal, er formuliert sie anders, er thematisiert, dass sein Gast die Frage nicht beantwortet, er fragt, warum es ihm unangenehm ist, über diesen oder jenen Punkt zu sprechen. „Im Normalfall wird man einen Kommunikationsprofi nicht dazu bringen, etwas zu sagen, was er nicht sagen will", sagt Armin Wolf. Doch genau das ist das Ziel von Markus Lanz und er ist jedes Mal glücklich, wenn es ihm gelingt.

Wenn gar nichts mehr geht, macht er etwas, was vor zwei Millionen Zuschauerinnen und Zuschauern gewagt ist. Er sagt: „Das glaube ich Ihnen nicht." Als er den Satz das erste Mal ausgesprochen habe, sei das ein besonderer Moment gewesen, erzählt Markus Heidemanns: „Man bezichtigt einen Menschen der Lüge, wenn man diesen Satz sagt. Das erfordert schon Mut. Uns ist es wichtig, Tacheles zu reden, wenn wir das Gefühl haben, dass jemand, insbesondere Politiker, nicht die Wahrheit sagen."

Hat er „uns" gesagt? Was meint er damit? Dass bestimmte Fragen gar nicht im Kopf des Moderators entstehen, sondern aus dem Knopf kommen, den Markus Lanz im Ohr hat?

Leben mit Lanz – Woche 13

29. März, Gäste: Politiker Peter Tschentscher (SPD), Virologe Hendrik Streeck, Politologin Margarete Klein, Journalistin Anna Lehmann

Peter Tschentscher gehört zu den Politikern, die regelmäßig bei *Markus Lanz* zu Gast sind. Diesmal macht ihn seine enge Verbindung zu Olaf Scholz interessant, dessen Nachfolger er als Hamburger Bürgermeister bekanntlich ist. Der Bundeskanzler hat zwei Tage zuvor Anne Will ein Interview gegeben, 60 Minuten, die in Teilen etwas von einer Audienz hatten und die einmal mehr der Beweis dafür waren, dass Scholz der härteste Gesprächspartner für eine Talkshow-Gastgeberin ist. Markus Lanz hat die Sendung natürlich gesehen und man ahnt, dass er vieles anders gemacht und dass es Scholz bei ihm nicht so leicht gehabt hätte wie bei Will.

Ein Beispiel ist die Debatte über die Rede von Joe Biden in Polen, in der der US-Präsident über Putin gesagt hatte: „Um Gottes Willen, dieser Mann kann nicht an der Macht bleiben." Ein Satz, der Olaf Scholz niemals herausgerutscht wäre, ein Satz, der gefährlich hätte werden können, weil er in Russland so verstanden werden muss, dass die USA Putin auswechseln wollen, und den die US-Regierung deshalb schnell relativiert hat. Zu Recht? Lanz sagt: „Ich habe das Gefühl, wir diskutieren jetzt wieder über einen Satz, den doch eigentlich jeder unterschreiben muss, der nur einigermaßen klar bei Verstand ist. Natürlich sollte dieser Mann dort nicht weiter an der Macht bleiben. Das ist doch eine Selbstverständlichkeit, die Joe Biden da in Wahrheit ausspricht." Müsste das der Kanzler nicht ähnlich deutlich tun? Tschentscher findet, dass sich „Herr Scholz klar geäußert hat, wenn auch in einer anderen Rhetorik. Das war eine typisch amerikanische Art, die Dinge so prägnant und mit harten Worten auszusprechen. Das ist der Stil eines amerikanischen Präsidenten. Ein deutscher Bundeskanzler ist, wenn er so wie Herr Scholz agiert, ein überlegter, ein analytischer, aber auch ein harter und klarer Kanzler. Dieser Stil passt zu Herrn Scholz und er ist genauso wirksam wie das, was andere Regierungschefs sagen." Sagt Hamburgs Erster Bürgermeister, der eine erstaunliche Serie bei *Markus Lanz* fortsetzt. Er ist der fünfte SPD-Politiker in Folge, der in der Sendung zu Gast ist, und er wurde auch eingeladen, weil nach vielen Wochen plötzlich die Corona-Pandemie wieder ein Thema ist.

Deutschland steht trotz Rekordzahlen bei den Neuinfektionen kurz vor der Aufhebung nahezu aller Schutzmaßnahmen gegen das Virus, „weil sich die FDP in den Kopf gesetzt hat, eine Art Freedom Day zu machen", so Tschentscher. Hamburg will nicht dabei sein, „es wäre unvernünftig, bei diesen Zahlen die Maskenpflicht abzuschaffen", sagt der Bürgermeister, und dass das neue Infektionsschutzgesetz besser hätte ausfallen können: „Es ist nicht besonders elegant, das gebe ich gern zu."

„Es ist ehrlich gesagt grotesk", sagt Lanz.

30. März, Gäste: Politiker Michael Roth (SPD), Journalistinnen Marina Owsjannikowa, Katrin Eigendorf, Cordula Tutt, Ökonom Rüdiger Bachmann

Politische Talkshows im öffentlich-rechtlichen Fernsehen leiden darunter, dass sie bei der Suche nach Gästen auf Ausgewogenheit achten müssen, darauf schauen die Parteien und im Zweifel die Gremien von ARD und ZDF genau. Sandra Maischberger hat im Ersten an diesem 30. März, einem Mittwoch, Annalena Baerbock und Norbert Röttgen zu Gast. Eine Grüne aus der Regierung, ein CDU-Mitglied aus der Opposition, das passt. Markus Lanz hat dagegen mit Michael Roth, dem Vorsitzenden des Auswärtigen Ausschusses im Deutschen Bundestag, den sechsten SPD-Politiker in Folge eingeladen. Das ist aus zwei Gründen ungewöhnlich. Erstens weil die Redaktion von *Markus Lanz* auch darauf achtet, dass sich im Verlauf der Sendewochen so etwas wie ein Parteienproporz ergibt. Zweitens weil eine einzelne Partei eigentlich kein Interesse daran haben kann, ständig bei *Markus Lanz* vertreten zu sein – oder, um es mit den Worten eines hochrangigen ARD-Mannes zu sagen: „Ich frage mich sowieso, warum es immer noch so viele Politiker gibt, die Lust darauf haben, sich bei Lanz quälen zu lassen."

Wie gesagt: Michael Roth ist nach Svenja Schulze, Martin Schulz, Sebastian Fiedler, Klaus von Dohnanyi und Peter Tschentscher der sechste Sozialdemokrat in der Sendung seit dem 17. März und er hat einen besonderen Auftritt, weil er das zeigt, was man bei Olaf Scholz' Talkshow-Solo wenige Tage zuvor bei *Anne Will* vermisst hat: Emotionen. Als Markus Lanz zu Beginn der Sendung verschiedene Filme aus dem Kriegsgebiet in der Ukraine einspielen lässt, zerstörte Wohnsiedlungen und Straßen genauso wie kaum zu ertragende Bilder von verwundeten Kindern, die in ein Krankenhaus eingeliefert werden, hat Roth Tränen in den Augen: „Ich sehe die Bilder zum ersten Mal und bin ... ehrlich gesagt ... schockiert."

Es ist der Tag, an dem Bundeswirtschaftsminister Robert Habeck in den Morgenstunden die Frühwarnstufe des Notfallplans Gas ausgerufen hat, und seitdem diskutiert Deutschland, was das bedeuten könnte, für die Industrie, für Arbeitsplätze, für die Wärme in den eigenen Wohnzimmern. Auch Markus Lanz will darüber reden, aber erst einmal zeigt er, worum es wirklich geht. Um das Leid der Menschen in der Ukraine und um den Mut der Menschen in Russland, die gegen Wladimir Putins Krieg aufstehen. Marina Owsjannikowa ist aus Moskau zugeschaltet, die Journalistin, die im russischen Fernsehen während einer Nachrichtensendung mit einem Plakat („No war") gegen den Krieg protestiert hat. „Alle, die sich mit russischer Politik auskennen, haben damit gerechnet, dass Sie irgendwo in einem Lager enden würden", sagt Lanz. Die Gefahr bestehe nach wie vor, sagt Owsjannikowa, und dass Freunde ihr raten würden, ihren Pass zu nehmen und in die französische Botschaft zu flüchten. Doch das wolle sie nicht: „Mein Ziel war, der ganzen Welt zu vermitteln, dass die Mehrheit der Russen gegen diesen Krieg ist." Sie schäme sich, dass das russische Volk auch durch ihren Sender über die wahre Politik Putins getäuscht und desinformiert worden sei, es liege nun an den Russen, diesen Wahnsinn zu stoppen, der Staat könne schließlich nicht alle ins Gefängnis sperren.

Und es liegt an den Deutschen, Putin so stark es geht unter Druck zu setzen. Nach Owsjannikowa ist Rüdiger Bachmann zugeschaltet. Der Ökonom sagt, dass ein Embargo von Kohle, Öl und Gas aus Russland für die deutsche Wirtschaft verkraftbar wäre, obwohl Kanzler Scholz das als „falsch und unverantwortlich" bezeichnet habe. Bachmann gehört zu einem Team von Wissenschaftlerinnen und Wissenschaftlern, die untersucht haben, ob ein Energiestopp zu „Massenarbeitslosigkeit und Massenarmut führen würde", vor denen die Bundesregierung gewarnt hat. „Da kommt dann heraus, dass es sich im schlimmsten Fall um eine schwere Rezession von etwa minus drei Prozent handeln würde", sagt der Wissenschaftler. Das wäre weniger schlimm als der Wirtschaftsabschwung durch die Corona-Pandemie im Jahr 2020, also verkraftbar. Oder doch nicht? „Wir befinden uns in einem furchtbaren Dilemma", sagt Michael Roth. „Wenn wir es rein moralisch zu beurteilen hätten, wäre ich sofort dafür, dieses Embargo auszusprechen." Er fände es schrecklich zu wissen, dass „wir jeden Tag viel Geld an Putin und seine Helfershelfer überweisen, um unsere Energieversorgung zu sichern". Aber durch ein sofortiges Embargo mache man sich als Politik eventuell an „vielen Arbeitnehmerinnen und Arbeitnehmern schuldig, die ihren Arbeitsplatz verlieren", die Inflation werde weiter steigen, die Energiekosten sowieso: „Es gibt schon jetzt in meinem Wahlkreis durchschnittsverdienende Familien, die müssen 2.000 Euro im Jahr mehr fürs Heizen zahlen und damit müssen wir als Politik umgehen", sagt Roth. Jetzt hat er keine Tränen mehr in den Augen.

31. März, Gäste: Politiker Robert Habeck (Grüne), Ökonomin Karen Pittel, Politikwissenschaftlerin Gwendolyn Sasse, Journalist Michael Bröcker

Wer einen Beleg dafür sucht, warum Markus Lanz und Robert Habeck so gut zusammenpassen, findet ihn in dieser Sendung. Für den Bundeswirtschaftsminister und Vizekanzler ist die Talkshow das ideale Format, weil er genügend Zeit bekommt, seine Politik zu erklären und weil es den anderswo typischen Schlagabtausch zwischen Vertreterinnen und Vertretern verschiedener Parteien nicht gibt. Für Lanz ist Habeck der ideale Gast, weil er so spricht, wie er spricht. Der Politiker antwortet nahezu immer direkt auf die Fragen, die ihm gestellt werden. Was wiederum dazu führt, dass Habeck, anders als die meisten politischen Gäste in der Sendung, von Lanz so gut wie nie unterbrochen wird, dass er zum Teil minutenlang reden kann, zwischenzeitlich sogar gelobt wird: „Es ist erstaunlich", sagt Lanz, „wie schnell wir von Kohle, Öl und Gas wegkommen. Kompliment auch an diesem Punkt." Das gibt der Vizekanzler, der aus Berlin zugeschaltet ist, auf seine Art zurück, indem er bis zum Ende in der Leitung bleibt. „Eigentlich sind Sie schon länger in der Schalte, als vereinbart war", sagt Markus Lanz irgendwann. „Alles gut", sagt Habeck.

In der entscheidenden Frage des Tages sind der Politiker und der Moderator aber unterschiedlicher Meinung. Es geht um das Dilemma, in das der Ukraine-Krieg Deutschland gebracht hat. Einerseits müsste man sofort die Lieferungen von Energie aus Russland abstellen, weil Wladimir Putin dafür jeden Tag genau das Geld erhalte, „das den Staat am Leben hält", so Habeck (der damit übrigens Kanzler Olaf Scholz widerspricht). Andererseits könne man vor allem auf russisches Gas nicht verzichten, weil das mit großen Risiken für die deutsche Wirtschaft verbunden wäre. „Da bin ich per Amtseid dran gebunden, nicht mit dem Wohlstand des Landes zu zocken", wird Habeck später sagen. Aber erst einmal will er mit einem falschen Begriff in der Diskussion aufräumen – dem des Dilemmas: „Es sind schwierige Zeiten und jede Leichtigkeit ist aus der Politik verschwunden, wenn es sie denn jemals gegeben hat. Aber ein Dilemma ist es nicht. Ein Dilemma wäre es nur, wenn man nicht wüsste, was man tun kann oder tun soll. Und so ist es nicht. Dieses Land hat einen völlig klaren Kurs. Wir müssen solidarisch mit der Ukraine sein, wir müssen alles tun, was in unserer Kraft steht, um diesen Krieg zu beenden. Wir müssen es so tun, dass wir die Maßnahmen lange durchhalten können, dass wir uns nicht selbst stärker schwächen, als die Maßnahmen Putin schwächen. (…) Es ist kein Dilemma, es geht um abgewogene Politik, der Kompass ist geeicht. Das wollte ich einmal loswerden. (…) Wollen Sie nachhaken, Herr Lanz?"

Lanz will: „Die Definition eines Dilemmas ist für mich etwas anderes. Es geht natürlich schon um eine hoch moralische Frage. Wir treffen eine Entscheidung im Zweifel für den industriellen Kern des Landes. (…) Zur selben Zeit aber regnen Ukrainerinnen und Ukrainern Bomben, Raketen und Granaten auf die Köpfe und wir machen uns Sorgen um die Wirtschaft. (…) Dieses moralische Dilemma sehe ich ganz klar vor Augen."

Michael Bröcker, Chefredakteur von *The Pioneer* aus Berlin, ergänzt: „Wenn das kein Dilemma ist, Herr Habeck. Sie haben eben gesagt, dass Sie die Ukraine unterstützen, wie es nur geht. Das tun Sie eben nicht, wenn der Westen jeden Tag eine Milliarde Euro für Energie nach Russland überweist. (…) Wenn die Freiheit uns etwas kosten darf, wenn es im Zweifel immer um die Freiheit geht, dann müssten wir das Gas-Embargo machen."

Habeck bleibt dabei: „Es ist kein Dilemma. Es ist eine harte, kluge strategische Entscheidung."

„Das ist doch alles Voodoo"

Die Sache mit dem Knopf im Ohr und Moderationskarten, auf die man nicht gucken darf

Markus Lanz hat sich einmal öffentlich zu dem Knopf geäußert, der in jeder Sendung in seinem linken Ohr steckt und über den er direkt mit Markus Heidemanns in der Regie verbunden ist. Das war 2013, als ihm zur 500. Ausgabe seiner Sendung andere Prominente Fragen stellen konnten und sollten. Der Filmemacher Wolfgang Rademann wollte damals wissen, ob „die Regie mal den Knopf im Ohr hängen gelassen oder etwas Falsches signalisiert" habe. Die Antwort von Lanz: „Das ist nicht nur ‚Knopf im Ohr', sondern manchmal sogar ‚Kopf im Ohr'. Vor allem dann, wenn wir lange arbeiten und die Konzentration irgendwann einfach nachlässt." Dann gibt es noch ein Zitat des damaligen ZDF-Programmdirektors und heutigen ZDF-Intendanten Norbert Himmler aus einem Interview mit dem *Spiegel*, in dem es um das umstrittene Gespräch von Lanz mit Sahra Wagenknecht ging. Reporter Alexander Kühn stellte darin fest: „Lanz trägt in seinen Sendungen einen Knopf im Ohr, über dem ihm Stichworte oder Fragen eingesagt werden." Und er fragt: „Wurde er damit während des Wagenknecht-Talks noch gepuscht?" Himmlers Antwort: „Nein."

Mehr findet man nicht über den „Knopf im Ohr", über den seine Gäste gern tuscheln. Kommen die Fragen, für die die Sendung und ihr Moderator gefürchtet und inzwischen berühmt sind, am Ende von dem Markus aus der Regie? Hat der Formulierungen wie „Das glaube ich nicht" oder „Sie kennen das Spiel" erfunden? Ist Lanz deshalb so stark und seinen Gästen im Gespräch überlegen, weil er den Faktencheck nicht wie ARD-Konkurrent Frank Plasberg von *Hart, aber fair* nachliefern muss, sondern weil er ihn direkt im Ohr hat? Wird Lanz also heimlich, still und leise mit neuen Informationen und Fragen von den Redakteurinnen und Redakteuren versorgt, die bei jeder Sendung hinter den Kulissen sitzen und alles über die jeweiligen Gäste recherchiert haben, entsprechend auch alles über sie wissen sollten?

Wolfgang Kubicki vermutet so etwas wie einen „Wettbewerbsvorteil", den Lanz gegenüber den Politikerinnen und Politikern in seiner Sendung habe, und er ist nicht der Einzige. Andere wiederum halten es für wenig wahrscheinlich, dass über den Knopf wesentliche Dinge für den Gesprächsverlauf kommen, weil sie Lanz in seiner Konzentration stören und von den Antworten seiner Gäste ablenken würden. Wenn das stimmt, stellt sich allerdings die Frage, warum er überhaupt einen Knopf im Ohr hat. Denn Hinweise auf die Zeit braucht Lanz nicht, die Talkshow wird nahezu immer aufgezeichnet, alles, was zu lang ist, kann hinterher rausgeschnitten werden. Sollte sich während der Aufzeichnungen einmal etwas Wichtiges bei den Themen ändern, über die gesprochen wird, was während des Krieges in der Ukraine durchaus geschehen ist, kann die Redaktion Lanz die entsprechende Information auf einer Moderationskarte hereinreichen, auch das hat es gegeben.

Bei dem Knopf im Ohr scheint es also um mehr zu gehen und er ist auch ein Symbol dafür, dass die Sendung zwar *Markus Lanz* heißt, aber zu einem guten Teil Markus Heidemanns ist. Man kann das sogar zeitlich festmachen. Bis zum Start der Aufzeichnung ist die Talkshow vor allem das Werk von Chefredakteur Heidemanns und seiner Redaktion, für die rund 20 Mitarbeiterinnen und Mitarbeiter tätig sind. Wenn die Kameras angehen und die Gäste im Studio sitzen, ist es die Sendung von Markus Lanz, der dann im Zweifel machen kann, was und wie er es will, und zu dessen Stärken es gehört, sämtliche Planungen über den Haufen zu werfen, wenn es der Gesprächsverlauf erfordert. Genau das muss das Ziel sein: dass die Gäste in den Sendungen Dinge sagen, mit denen weder die Redaktion noch der Moderator gerechnet haben, dass die Wirklichkeit besser ist als das Skript. Markus Lanz ist wahrscheinlich der Talkshow-Gastgeber in Deutschland, der sich am wenigsten an vorbereitete Raster hält, auch das ist ein Grund, warum seine Sendung oft überraschend und nicht so berechenbar ist wie die von Anne Will oder Maybrit Illner, die anderen Zwängen ausgeliefert sind (zum Beispiel, dass alle eingeladenen Politikerinnen und Politiker halbwegs gleichlang zu Wort kommen müssen).

Lanz lässt sich in diese Zwänge schon lange nicht mehr bringen, er hat sich in gewisser Weise frei gemacht von Erwartungen und ist mit „dem, was er macht, jetzt ganz und nur bei sich", wie es ein Weggefährte formuliert. Das spiegelt sich auch in seiner Rolle bei den Vorbereitungen der Sendungen wider. Markus Lanz ist in normalen Wochen, wenn also Dienstag eine Folge und Mittwoch zwei Folgen aufgezeichnet werden, nur an diesen beiden Tagen im Studio in Hamburg-Bahrenfeld. Er kommt gegen 14.30 Uhr, dann gibt es ein erstes Zweiergespräch mit Markus Heidemanns, es folgt eine Konferenz mit den Redakteurinnen und Redakteuren, die für die jeweilige Sendung und die eingeladenen Gäste zuständig sind, danach steht der Katalog mit möglichen Fragen. Ob Lanz sich an die hält oder nicht, ist seine Sache, aber er hat sie vorliegen, genau wie die Exposés über die Gäste. Die sind zwischen zehn und 15 Seiten lang und sollten keine Lücken haben, weil sonst mit Sicherheit eine Nachfrage vom Moderator kommt. Er erhält die Zusammenfassungen mit all den Fakten, die er aus der Biografie eines Gastes wissen muss, mit dessen wichtigsten Aussagen und Überlegungen zu den geplanten Themen rechtzeitig vor den jeweiligen Sendungen, um sie durcharbeiten zu können. Dafür muss er nicht in der Redaktion sein, das kann er genauso gut zu Hause, wahrscheinlich geht das sogar besser. Dort liest er auch all die anderen Sachen, aus denen er zitiert, Bücher gern quer, sonst wäre das alles, was ihn interessiert und was er braucht, kaum zu schaffen.

Das führt dazu, dass Markus Lanz mit der Redaktion seiner eigenen Sendung gar nicht besonders viel zu tun hat, sein Verhältnis zu den Redakteurinnen und Redakteuren ist ein völlig anderes, als es Chefredakteur Markus Heidemanns hat. Lanz ist bei den normalen Redaktionskonferenzen gar nicht dabei und hat in den Redaktionsräumen kein eigenes Büro. Lanz bleibt auch im beruflichen Umfeld Lanz, höflich, freundlich, aber distanziert, es ist gar nicht böse gemeint, so ist er einfach.

Trotzdem können sich beide Seiten, hier der Moderator, dort der Chefredakteur und seine Redaktion, aufeinander verlassen. Bevor die Sendung beginnt, geht Markus Heidemanns mit Lanz den möglichen Ablauf durch. Welche Einspielfilme gibt es, welche Grafiken und Fotos liegen vor, was sind Zitate, mit denen man die Gäste konfrontieren kann? Heidemanns ist wie ein Bobfahrer, der die Augen schließt und sich vorstellt, wie er am besten durch den Eiskanal kommt, mit dem Unterschied, dass er am Ende nicht im Bob Platz nehmen muss.

Dort sitzt Markus Lanz, der sich vor der Sendung nur eine Sache nicht aus der Hand nehmen lässt. Die Anmoderation der Gäste, all das, was er in den ersten drei, vier Minuten sagt, formuliert er selbst, die Texte werden noch einmal sauber abgeschrieben und auf Moderationskarten gedruckt. Die braucht Lanz tatsächlich meist nur am Anfang jeder Talkshow, danach kommt er normalerweise ohne die Karten aus, auf denen mögliche Fragen, Abläufe etc. stehen. Sie liegen sicherheitshalber auf einem Tisch neben ihm.

Markus Lanz hält nicht viel von Moderationskarten, er mag es nicht, wenn Gastgeberinnen oder Gastgeber in TV-Sendungen ständig darauf blicken. In einem Gespräch mit Giovanni di Lorenzo und Jan Böhmermann, beide TV-Moderatoren wie er, hat er einmal gesagt, dass es ihn störe, „wenn mein Gesprächspartner auf Karten guckt. Dann habe ich das Gefühl, er hört mir nicht zu, und dann sage ich ihm auch nichts." Zudem ist es schwieriger, sich auf das zu konzentrieren, was ein Gast sagt, wenn man gleichzeitig mit einem Auge auf die Karte und die nächste Frage schielt, deshalb machen gute Fernsehleute das schon lange nicht mehr. Die Karten sind mehr eine Versicherung für den Fall, dass etwas Unerwartetes passiert, sie nehmen die Angst, plötzlich vor laufenden Kameras nicht mehr weiterzuwissen. Oder, um es mit der oben genannten Dreierrunde zu sagen: „Das ist doch alles Voodoo."

Die Karten wären auch ein Hindernis zwischen Markus Lanz und der Person, die auf dem Stuhl direkt neben ihm sitzt. Manche Politikerin, mancher Politiker würde sich so ein Schutzschild wünschen, insbesondere dann, wenn der Moderator anfängt, auf seinem Stuhl nach vorn und näher an den Gast heranzurutschen. Früher standen die Stühle so dicht beieinander, dass Lanz seine Nachbarin, seinen Nachbarn anfassen konnte, das war seit Beginn der Corona-Pandemie nicht mehr möglich. Der Abstand wurde deutlich vergrößert, man war sehr vorsichtig bei *Markus Lanz* in den Jahren 2020 und 2021, im kleinen Regieraum hingen zeitweise improvisierte Trennwände aus Duschvorhängen.

An der Bedeutung der Sitzordnung im Studio hat sich nichts geändert, sie wird von Markus Heidemanns festgelegt und folgt festen Kriterien. Auf dem Stuhl Nummer eins, neben Markus Lanz, sitzt die wichtigste Politikerin oder der wichtigste Politiker, das sei der „Grillstuhl", sagt Marie-Agnes Strack-Zimmermann von der FDP. Je weiter sich die Gäste von Lanz entfernen, desto weniger haben sie in der Regel während der Gespräche zu befürchten. Stuhl Nummer zwei ist gegebenenfalls für einen weiteren politischen Gast vorgesehen, für den es, um es mit den

Worten von Strack-Zimmermann zu sagen, „nicht ganz so hart wird", auf den Stühlen drei und vier folgen dann normalerweise die „Erklärer", also Menschen aus der Wissenschaft oder dem Journalismus, für die Markus Lanz diese neue Rolle definiert hat, die nach und nach auch von anderen Talkshows übernommen worden ist.

Man sieht: In der Sendung wird nichts dem Zufall überlassen, und wenn irgendetwas nicht passt, schmeißt Markus Heidemanns im Zweifel alles wieder über den Haufen, lädt Gäste aus und neue wieder ein, auch wenn das für seine Redakteurinnen und Redakteure bedeutet, dass viel Arbeit vergeblich gemacht wurde und neue Exposés in wenigen Stunden angelegt werden müssen.

Dieser Wille, die perfekte Sendung zu machen, die ganzen Tricks und Kniffe, haben zum Erfolg von Markus Lanz beigetragen. Im Kern hat er seinen Erfolg aber etwas anderem zu verdanken.

Leben mit Lanz – Woche 14

5. April, Gäste: Politiker Karl Lauterbach (SPD), Journalistin Katrin Eigendorf, Journalist Robin Alexander, Politologin Daniela Schwarzer

Es sind nur noch wenige Augenblicke bis zum Start der Aufzeichnung. Markus Lanz steht an der Position, von der aus er vor jeder Sendung verkündet, wer zu Gast ist, und ruft, mehr im Scherz, zu Karl Lauterbach hinüber: „Stimmt es, dass ich demnächst hier auch moderieren könnte, wenn ich mich mit Corona infiziert habe?" Der Bundesgesundheitsminister antwortet: „Sprechen Sie das doch gleich mal an." Das hatte Lanz sowieso vorgehabt, denn Lauterbachs Entscheidung, dass ab dem 1. Mai alle Menschen, die positiv auf das Virus getestet wurden, nur noch freiwillig (!) für fünf Tage in Isolation gehen müssen, hatte allgemein für Verwunderung gesorgt. Dass sich die noch steigern lässt, beweist der Gesundheitsminister, indem er seine Anordnung bei *Markus Lanz* zurücknimmt. Das hört sich dann so an:

Lauterbach sagt: „Das Signal, das davon ausgeht, dass jemand, der infiziert ist, selbst entscheidet, ob er zu Hause bleibt oder nicht, ist so verheerend, dass man an diesem Punkt eine Veränderung machen muss. Diesen Punkt werde ich deshalb wieder einkassieren."

Lanz fragt: „Ist das jetzt die Ankündigung hier dafür?"

Lauterbach: „Ja, das wird morgen noch offiziell werden und so weiter und sofort. Aber man muss als Minister auch in der Lage sein, Dinge, die nicht so gut gelaufen sind, zu korrigieren."

Es sind diese Worte, die die Nachrichtenlage der nächsten Tage bestimmen werden, und das nicht nur, weil ein Minister eine

Entscheidung zurückgenommen hat. Bestsellerautor Robin Alexander sagt noch direkt bei Lanz, dass es ihm Respekt abnötige, wenn Lauterbach „sich in die Sendung setzt und sagt: Das war falsch, ich korrigiere das morgen". Andere Journalistinnen und Journalisten können sich dagegen darüber aufregen, dass ein Mitglied der Bundesregierung einen Fehler in einer Talkshow eingesteht. Lauterbach sei ein „Meister der Kommunikationsdesaster", meint etwa der ARD-Hauptstadtreporter Oliver Roth und fordert, dass ihm endlich klar werden müsse, dass man ein Ministerium „weder über Twitter noch über Talkshows" führen könne. Auch Politikerinnen und Politiker sind verstimmt. Bremens Bürgermeister Andreas Bovenschulte, selbst gern bei *Markus Lanz* zu Gast und wie Lauterbach in der SPD, spricht von einer „kommunikativen Fehlleistung erster Güteklasse", Bayerns Gesundheitsminister Klaus Holetschek von der CSU findet, dass man „so keine Politik machen kann". Markus Lanz ist wieder einmal ein Coup gelungen, um den ihn viele beneiden. Wie groß dieser Neid sein kann, wird sich in der übernächsten Sendung zeigen …

6. April, Gäste: Politiker Lars Klingbeil (SPD), Ökonom Alexander Rodnyansky

Markus Lanz beginnt die Sendung mit dem Thema, das er selbst gesetzt hat, auch wenn es später fast ausschließlich um den Krieg in der Ukraine gehen soll.

Er sagt: „Herr Klingbeil, eine Frage vorweg, weil es mich aus persönlichen Gründen interessiert. Karl Lauterbach hat gestern hier öffentlich gemacht, dass er das Auslaufen der Corona-Isolation wieder einkassiert. Wann haben Sie davon erfahren?"

Klingbeil grinst: „Heute Morgen, als ich über Ihre Sendung gelesen habe."

Lanz: „Wirklich?"

Klingbeil: „Nein, wir hatten gestern Fraktionssitzung, da habe ich am Rande mit Lauterbach geredet und habe gemerkt, dass er sehr stark ins Nachdenken kommt. (…) Da habe ich gemerkt, es rattert bei ihm im Kopf und dann habe ich heute Morgen davon gelesen. Herr Merz hat sich ja auch geäußert, dass in einer Talkshow Herr Lauterbach die Kehrtwende vollzogen hat, insofern war die Sendung …

Lanz: „Er sagte: Politik findet nicht in Talkshows statt. In dem Zusammenhang ganz interessant, denn Herr Merz war ja auch schon das eine oder andere Mal hier und ich meine, wir haben auch über Politik gesprochen."

Klingbeil: „Herr Merz hat auch schon häufig Politik in Talkshows gemacht."

Man fragt sich, ob die Aufregung über Lauterbachs „Kehrtwende" auch so groß gewesen wäre, wenn er sie bei *Anne Will* oder in einem Interview mit der *Frankfurter Allgemeinen Zeitung* vollzogen hätte. Dass das ausgerechnet bei *Markus Lanz* passierte, sitzt bei einigen tief und führt zu weitgreifenden Analysen. Der *Deutschlandfunk* registriert, dass „Markus Lanz gerade wieder die Nachrichten bestimmt hat" und spricht mit dem *Spiegel*-Journalisten Arno Frank über die „erstaunliche Entwicklung" des Moderators vom „Leichtgewicht zum überaus geschickten Politik-Talker", wobei Lanz im aktuellen Gespräch mit Lauterbach so geschickt gar nicht sein musste. Frank sagt: „Je politischer Lanz wurde, desto erfolgreicher wurde er. Und er weiß, wo er gerade steht." Oder, um es mit *Deutschlandfunk*-Moderator Dieter Kassel zu sagen: „Er hat eine Art deutsche Late-Night etabliert, viele Leute gehen mit ihm ins Bett, andere stehen am nächsten Morgen auf und lesen die Schlagzeilen, für die er gesorgt hat. Ein bisschen ist das auch ein Ritual."

7. April, Gäste: Politiker Anton Hofreiter (Grüne), Journalistin Hannah Bethke, Bürgerrechtlerin Irina Scherbakowa, Soziologe Gerald Knaus

Wie stark die Verstimmung über die journalistischen Leistungen von Markus Lanz sein kann, zeigt sich in der letzten Sendung der Woche, in der es auch um die Corona-Impfpflicht geht, die der Deutsche Bundestag gerade abgelehnt hat. Hannah Bethke von der *Neuen Zürcher Zeitung* ist zu Gast, sie hat sich offenbar darüber geärgert, dass Karl Lauterbach das, was er gesagt hat, bei *Markus Lanz* gesagt hat.

Sie sagt: „Was Bundesgesundheitsminister Karl Lauterbach sich hier geleistet hat, dass er dann in Ihrer Talkshow einen Rückzieher macht (…) Also, nichts gegen Ihre Sendung …"

Anton Hofreiter von den Grünen fällt ein: „Es ist schon 'ne schräge Nummer, so eine Verordnung in einer Talkshow zurückzuziehen."

Lanz: „Na ja, das fand ich jetzt ehrlich gesagt nicht."

Bethke: „Das kann ich aus Ihrer Sicht auch verstehen."

Lanz: „Was hätte er denn sagen sollen? Ich frage ihn konkret nach dieser Geschichte und er weiß, dass er das ohnehin bekannt geben wird. Wenn ich konkret danach frage, ist es dann nicht sogar ein Zeichen von Souveränität, wenn ein Politiker aus der ersten Reihe sagt: Pass auf, da habe ich einen Fehler gemacht, nehme ich zurück. Ich nenne das Fehlerkultur."

Bethke: „Die Kommunikation zu diesem Thema ist einfach nicht besonders gut gelaufen."

Lanz: „Genau. Aber wir sind uns einig: Wenn er das in der *NZZ* gesagt hätte, hätten Sie es auch gedruckt, nehme ich an."

Bethke: „Ja, aber ich finde, das ist dann doch noch mal etwas anderes als eine Talkshow. Aber ich wollte gar nicht Ihre Talkshow kritisieren …"

Lanz: „Warum? Erklären Sie bitte, warum."

Bethke: „Da vermischen sich die verschiedenen Formen auf möglicherweise nicht so gute Weise. Ist ja auch nicht so gut angekommen, dass es in einer Talkshow verkündet …"

Lanz: „Was ist der Unterschied, wenn er das in der *NZZ* erklärt, die ich übrigens sehr schätze?"

Bethke: „Das freut mich zu hören. Weil das eine andere Reichweite hat, weil das ein geschriebenes Wort ist, das ist von der Wirkung ganz anders. (…) Das ist nach meiner Interpretation der klassischere Weg der Veröffentlichung als im Fernsehen. Es ist ein anderes Medium, es ist ein anderes Format."

Die *NZZ* ist als politische Medium besser geeignet als das ZDF und hat dazu noch eine andere, damit ist wohl gemeint größere, Reichweite als *Markus Lanz*? Wenn Politikerinnen und Politiker etwas von Bedeutung sagen, müssen sie es in überregionalen Zeitungen tun? „Für diese Blasiertheit und Arroganz fehlen mir die Worte", schreibt mir jemand aus der Redaktion von *Markus Lanz* am nächsten Tag.

„Gleich dürfen wir den Ring küssen"

Über Audienzen in der Garderobe und Gespräche, die leider nicht zu sehen sind

Sahra Wagenknecht von den Linken gehört genauso zu den Gästen wie die Grüne Marieluise Beck und die Journalistinnen Melanie Amann vom *Spiegel* und Mariam Lau von der *Zeit*. Es ist Dienstag, der 3. Mai 2022, die Talkshow beginnt um 22.50 Uhr und wird 75 Minuten dauern. Das ist die übliche Länge und das hört sich alles nach *Markus Lanz* an, dabei hat die Sendung, um die es geht, nichts mit Lanz zu tun und doch wieder sehr viel.

Es ist das erste Mal, dass Sandra Maischberger in der ARD an einem Dienstag und nicht nur an einem Mittwoch talken darf, so soll es jetzt künftig immer sein, bis mindestens Ende 2023. Für das gesamte Jahr sind 68 Sendungen geplant, doppelt so viele wie bisher in zwölf Monaten. Zu verdanken hat Maischberger das zu einem nicht geringen Teil Markus Lanz.

Bei der ARD hatte man Lanz lange nicht ernst genommen, schon gar nicht als Konkurrenten für die arrivierten Politik-Talkshows von Anne Will, Frank Plasberg oder eben Maischberger. Lanz, das war für die ARD die Fortsetzung von *Johannes B. Kerner*, eine dahinplätschernde Unterhaltungssendung, nichts, worüber man sich Gedanken machen musste, wer einschaltete, tat das, wenn überhaupt, wegen der Gäste, nicht wegen des Moderators. Als das begann, sich zu ändern, registrierte man es bei der ARD zunächst nicht, und als man es tat, war es zu spät. Markus Lanz erzielte nicht nur regelmäßig zu später Stunde Marktanteile und Quoten, über die man sich selbst beim ZDF wunderte, er wurde auch in der Wahrnehmung vieler, die sich für Politik interessierten, immer wichtiger. Plötzlich sorgte Lanz für Nachrichten und Gesprächsstoff, und als die Corona-Pandemie anfing, gab es mit ihm und seiner Sendung wieder jemanden, der gefühlt täglich für die Menschen da war. „Er versammelte die Gemeinde, das gab den Zuschauern das Gefühl von Sicherheit und Geborgenheit", sagt ein bekanntes ARD-Gesicht, das seinen Namen an dieser Stelle nicht lesen möchte.

Die ARD hat sich die Entwicklung lange angesehen, bis sie im Mai 2022 reagierte. Natürlich ist die Entscheidung, die Talkshow von Sandra Maischberger nicht nur einmal, sondern zweimal in der Woche zu senden, ein Angriff auf *Markus Lanz* und der Versuch, im Ersten etwas Ähnliches aufzubauen. Mit Einzelgesprächen auf der einen, Journalistinnen und Journalisten sowie (Politik-)Erklärerinnen und Erklärern auf der anderen Seite, der Unterschied zu Lanz ist, dass sie nicht nebeneinander in einer Stuhlreihe, sondern sich getrennt voneinander gegenübersitzen.

Ansonsten ist das Prinzip das gleiche, was daran liegt, dass man bei der ARD erkannt hat, was der Kern des Erfolgs von *Markus Lanz* ist. Eine Sendung, die den Namen ihres Gastgebers trägt, funktioniert umso besser, je häufiger es sie gibt, dem Moderator oder der Moderatorin nutzt das auch. Wenn Markus Lanz heute als härtester Interviewer des Landes gefeiert wird, dann liegt das vor allem daran, dass er in den vergangenen Jahren so viele Gespräche geführt und Gesprächsrunden geleitet hat wie kein anderer deutscher TV-Journalist. Drei Sendungen à 75 Minuten die Woche, kaum Pausen oder lange Urlaube: Ein herausragender Fußballspieler wird man nur durch sehr viele Einsätze, für einen Talker gilt das auch. Es macht einen großen Unterschied, ob man einmal in der Woche mit vier Gästen im TV-Studio steht oder dreimal.

Dass Markus Lanz tief in den Themen steckt, dass ihm viele Gäste bestätigen, sich so gut in politischen Fragen auszukennen wie niemand anders in der deutschen Talkshow-Szene, hat mit der hohen Frequenz seiner Sendungen zu tun, im Jahr kommt er allein auf mehr Folgen als Will, Illner und Plasberg zusammen. „Ich finde erstaunlich, wie er sich in den wichtigen Themen auskennt und die richtigen Fragen stellt", sagt der Virologe Hendrik Streeck, der während der Corona-Pandemie häufig bei Lanz zu Gast war. „Und am krassesten finde ich, dass er das dreimal in der Woche macht." Kommt hinzu, dass die Sendungen, die mittwochs und donnerstags ausgestrahlt werden, in der Vergangenheit meist an einem Tag aufgezeichnet wurden. Das heißt: Lanz befragt innerhalb weniger Stunden jeweils drei bis vier Leute jeweils 75 Minuten lang, „das ist ein Handwerker, kein Künstler", sagt einer der Journalisten, der sehr häufig bei ihm, aber auch anderswo zu Gast ist. Und fügt an: „Keine Talkshow im deutschen Fernsehen erreicht so eine Vorbereitungstiefe."

Wobei das eine mit dem anderen zusammenhängt. Die große Zahl von Gesprächen, die Lanz führt, ermöglicht es ihm, sehr viele Informationen aus erster Hand zu erhalten. Das, was man im Fernsehen sieht, ist dabei nur ein Bruchteil dessen, was der Moderator von seinen Gästen tatsächlich erfährt. Noch interessanter, zumindest für ihn, wird es, wenn die Kameras aus sind, er sich in seine Garderobe zurückzieht und dort die Unterhaltung fortsetzt, teilweise bis tief in die Nacht. Der CDU-Politiker Christoph Ploß war einmal bis 2.30 Uhr bei Markus Lanz, erzählt er: „Die Gespräche hinterher sind seine Vorbereitung auf die nächste Sendung, er erhält dort Informationen, die er abspeichert und bei nächster Gelegenheit abruft."

Jeder Gast hat seine eigene Garderoben-Geschichte mit Markus Lanz, mal versammelte er eine kleine Gruppe um sich, der Raum ist groß genug, in der Corona-Pandemie gab es meistens Einzelgespräche. „Ich war immer der Letzte in der Garderobe und das kann ja dauern mit ihm", sagt Hendrik Streeck. Lanz habe sich sehr für Wissenschaft interessiert, „ich habe ihm auch immer wieder Texte geschickt, damit er die Pandemie besser verstehen kann". Eine andere Wissenschaftlerin berichtet, dass sie den Moderator als jemanden kennengelernt habe, „der richtig gebrannt und der vor allem die Gelegenheit erkannt und genutzt hat, die ihm die Pandemie geboten hat". In der Garderobe sei sehr offen gesprochen worden, „Markus Lanz wollte lernen, vor solchen Leuten habe ich immer Respekt". Die Strategie war zweifelsohne clever. Statt stundenlang Texte aus Zeitungen und Fachliteratur lesen zu müssen, sprach Lanz einfach dieselbe Zeit direkt mit den Expertinnen und Experten, das macht er sowieso am liebsten. Die Art und Weise, wie er in seiner Garderobe Hof hielt, nahm dabei leicht skurrile Züge an, es hätte etwas von einer Audienz gehabt, sagt die Wissenschaftlerin: „Wir Gäste haben immer Witze gemacht und davon gesprochen, dass wir gleich den Ring küssen dürfen."

„Markus Lanz erwartet Sie", heißt es, wenn es so weit ist und man von einer Mitarbeiterin in die Garderobe geführt wird. Die meisten der prominenten Gäste freuen sich über die Zwiegespräche, sie reden ausführlich und teilweise begeistert darüber und man darf das auch schreiben, wenn man ihren Namen rauslässt. Sie habe sich bei Markus Lanz immer sehr wohlgefühlt, sagt eine andere Wissenschaftlerin und er sei schon herausragend, was seine Leidenschaft für und seine Kenntnis der Themen angeht: „Bei Anne Will hatte ich manchmal das Gefühl, dass sie sich für all das, was wir besprachen, gar nicht interessiert." Bei Lanz sei das anders gewesen, was auch daran liegt, dass er es wie wenige andere versteht, seinen Gästen das Gefühl zu geben, das sie das Wichtigste für ihn sind.

Der Markus Lanz nach der Talkshow ist ein anderer als der in der Talkshow. Er weiß die Momente der Zweisamkeit zu nutzen, er sammelt in ihnen wichtige Handynummern und Kontakte ein, er holt seine Fotokamera heraus und fragt, ob er von der Politikerin oder dem Politiker Bilder machen könne. Lanz ist ein hervorragender Fotograf, über die Jahre sind rund 60.000 Porträts entstanden, sie verfehlen ihre Wirkung nicht. Politiker fühlen sich geschmeichelt, wenn Lanz sie mit der Begründung vor die Kamera bittet, „dass du der nächste Bundeskanzler der Bundesrepublik Deutschland wirst", auch wenn sie ahnen könnten, dass er das zu anderen genauso sagt. Der Übergang vom „Sie" aus der Talkshow zum „Du" in der Garderobe ist fließend, die Spannung der Sendung ist raus, es kann freundschaftlich und vertraut werden, so vertraut, dass Politikerinnen und Politiker zuweilen den Eindruck gewinnen müssen, sie wüssten, wie das mit und bei Markus Lanz läuft. Die Nähe, die der Moderator in der Garderobe zulässt, ist dabei nicht gespielt. Erstens ist er ein höflicher und einnehmender Mensch, zweitens hat er in der Regel selbst gegen jene Gäste nichts, die er in der Sendung zusammenfaltet. „Das hat nie etwas mit der Person zu tun, sondern immer mit der Sache, um die es geht", sagt er. Drittens bekommt er auf diesem Weg einen anderen Zugang zu seinem Gegenüber, er erfährt Dinge, die für die nächste Sendung wichtig sein können. Es gibt nicht wenige Zuschauerinnen und Zuschauer, die es nervt, wenn Lanz sagt, dass er „neulich mit X über das und mit Y über jenes gesprochen hat", wobei X und Y jeweils für unterschiedliche, aber immer sehr wichtige und prominente Persönlichkeiten stehen. Das klingt nach Angeberei und Namedropping, ist jedoch Markus Lanz' Art zu zitieren, so wie andere Menschen Stellen aus Büchern zitieren, die sie lesen. Lanz' Bücher sind die Menschen in seiner Garderobe.

Von ihnen profitiert er genauso wie von einer Vorbereitung, die im deutschen Fernsehen ihresgleichen sucht und nicht nur mit den Garderoben-Runden, sondern auch, ich wiederhole mich, mit der Redaktion zu tun hat. Lanz hat auf die, zugegebenermaßen sehr wohlmeinende Frage, wie er es schaffe, sich immer so gut auf seine Gäste vorzubereiten, einmal gesagt: „Die schleimige Antwort lautet: indem ich die hervorragenden Dossiers lese, die meine fantastische Redaktion vorbereitet. Die ehrliche Antwort lautet: indem ich die hervorragenden Dossiers lese, die meine fantastische Redaktion vorbereitet."

Wobei, und auch das gehört zur Wahrheit dazu, Markus Lanz ein Meister darin ist, so zu tun, als ob er vieles, um nicht zu sagen: alles, wüsste. Mein Lieblingsbeispiel: In einem Gespräch mit dem CDU-Politiker Norbert Röttgen während des Krieges in der Ukraine behauptete Lanz, dass Bundeskanzler Olaf Scholz täglich mit dem ukrainischen Präsidenten Wolodymyr Selenskyj telefonieren würde, offenbar, ohne es wirklich zu wissen. Das hörte sich dann so an:

Lanz: „Der Kanzler sagt: Ich telefoniere mit Selenskyj, jeden Tag."

Röttgen: „Finde ich auch gut. Weiß zwar nicht, ob es jeden Tag ist …"

Lanz: „Habe ich jetzt gesagt. Aber häufig auf jeden Fall, die beiden sind mit Sicherheit im Gespräch."

Es gab Zeiten, da wäre Markus Lanz für solche Sätze auseinandergenommen worden …

Leben mit Lanz – Woche 15

12. April, Gäste: Politikerin Klara Geywitz (SPD), Sicherheitsexpertin Florence Gaub, Journalistin Helene Bubrowski, Bauingenieurin Lamia Messari-Becker

Anne Will ist schon in der Osterpause, Maybrit Illner wird diese Woche auch nicht senden. Markus Lanz macht weiter, wer die Zahl der Wochen im Jahr zählen will, in denen er mit seiner Talkshow aussetzt, braucht dafür nicht viel mehr als eine Hand. Und es ist auch nicht so, dass politisch Feiertagsruhe eingekehrt ist, im Gegenteil. Zu den Debatten über den Krieg in der Ukraine und die Corona-Pandemie kommt der erste Rücktritt eines Mitglieds der neuen Ampelregierung. Bundesfamilienministerin Anne Spiegel von den Grünen hat in einem sehr emotionalen Auftritt vor der Presse noch versucht, ihr Amt zu retten, nachdem ihr unter anderem vorgeworfen worden war, als Umweltministerin in Nordrhein-Westfalen ausgerechnet direkt nach der Flutkatastrophe im Ahrtal im Sommer 2021 vier Wochen Urlaub gemacht zu haben. Ihr Mann sei krank gewesen, sie haben vier Kinder, die stark unter den Corona-Maßnahmen gelitten hätten, dazu sei ihre persönliche Arbeitsbelastung gekommen. „Das war wirklich an einem Punkt, zum ersten Mal für uns als Familie, wo wir Urlaub gebraucht haben, weil mein Mann nicht mehr konnte", hatte Spiegel gesagt.

„Als ich das gesehen habe, tat mir das wahnsinnig leid. Das ist ein Drama, das sich da abspielt", sagt Helene Bubrowski von der *Frankfurter Allgemeinen Zeitung*. Aber Anne Spiegel sei nicht daran gescheitert, dass sie vier Kinder und einen kranken Mann habe, sie habe den Fehler gemacht, „an diversen Punkten nicht die Wahrheit gesagt zu haben. Mich ärgert, dass jetzt so getan wird, als ginge es um die Vereinbarkeit von Familie und Beruf, das ist es nicht." Außerdem stelle sich die Frage, warum eine Frau, die privat derart angespannt sei, den Posten der Bundesfamilienministerin annehme: „Der Hauptvorwurf gegen Anne Spiegel ist, dass sie ihre Karriere verfolgt hat und immer darauf geschaut hat, wie sie dabei aussieht." Das Politikgeschäft sei ein hartes, das nicht immer auf persönliche Lebenslagen Rücksicht nehmen könne, „leider", sagt die einzige Politikerin in der reinen Frauenrunde, Bundesbauministerin Klara Geywitz: „Ich würde mir wünschen, wenn ich mal in so einer Situation wäre, dass ich jemanden an meiner Seite hätte, der sagt: Schlaf noch einmal eine Nacht drüber." Geywitz hätte mit Sicherheit jemanden an ihrer Seite, sie gilt als Vertraute von Olaf Scholz, mit dem sie 2019 versucht hatte, Parteivorsitzende der SPD zu werden. Natürlich hat Markus Lanz sie auch wegen des Kontakts zum Bundeskanzler eingeladen, um Geywitz stellvertretend die Frage zu stellen, die viele Journalistinnen und Journalisten in diesen Tagen bewegt: Warum macht es Scholz nicht wie der britische Premierminister Boris Johnson und die Präsidentin der Europäischen Union Ursula von der Leyen und fährt nach Kiew, um dort Solidarität mit der Ukraine zu demonstrieren? Die Bundestagsabgeordneten Marie-Agnes Strack-Zimmermann (FDP), Michael Roth (SPD) und Anton Hofreiter (Grüne), alle gern gesehene Gäste bei Lanz, haben genau das gerade getan.

„Ich finde es sehr gut, dass die drei nach Kiew fahren", sagt Geywitz.

Lanz unterbricht sie: „Heißt das übersetzt, dass Sie es nicht gut finden, dass Olaf Scholz nicht fährt?"

Geywitz: „Das habe ich nicht gesagt."

Lanz: „So klang das gerade."

Geywitz: „Ein deutscher Kanzler kann sicherlich nicht nach Kiew fahren, ohne dass es dann eine Erwartungshaltung gibt, was anschließend anders ist als vorher."

Übersetzt heißt das: Der Kanzler hält auch in Kriegszeiten wenig von Symbolpolitik, wie sie sein Kollege Johnson offenbar brillant beherrscht. Dabei „ist Krieg 50 Prozent Symbolik", sagt die Sicherheitsexpertin Florence Gaub.

13. April, Gäste: Musiker Campino, Marteria

Als Zuschauerin und Zuschauer gewöhnt man sich daran, dass an Champions-League-Mittwochen *Markus Lanz* erst um Mitternacht beginnt und dann nur eine Dreiviertelstunde dauert. Die Sendung ändert dadurch ihren Charakter, diesmal besonders, weil keine Gäste aus Politik, Wissenschaft oder Journalismus eingeladen sind, sondern zwei Musiker, mit denen Lanz über Ost-West-Befindlichkeiten sprechen will. Campino von „Die Toten Hosen" kommt aus Düsseldorf, Rapper Marteria aus Rostock. Letzterer gibt zu, „ein Putin-Verteidiger" gewesen zu sein, „auch weil man instinktiv immer die Ost-Seite verteidigt, weil viele Ungerechtigkeiten von der West-Seite auf der Welt passiert sind". Die spannendste Frage der Sendung stellt Markus Lanz bereits nach gut zehn Minuten. Es geht darum, was die zwei Männer denn tun würden, wenn dieses Land, wenn Deutschland angegriffen würde. Marteria sagt: „Ich glaube, ich würde nicht abhauen, ich würde mich dann stellen, einfach für die Freiheit." Campino sagt: „Natürlich habe ich [früher] den Wehrdienst verweigert und würde vielleicht heute, in dieser Situation, anders entscheiden."

14. April, Gäste: Philosoph Richard David Precht, Ingenieurin Kenza Ait Si Abbou, Ökonomin Monika Schnitzer

Die Sendung für den Gründonnerstag ist vor Längerem aufgezeichnet worden, als sie ausgestrahlt wird, dürften die Gäste alle längst im Osterurlaub sein. Richard David Precht, Podcast-Kumpel von Markus Lanz, ist es auf jeden Fall. Der Philosoph hat ein neues Buch geschrieben: „Freiheit für alle. Das Ende der Arbeit, wie wir sie kannten", und bei Lanz spricht man deshalb über große Themen unserer Zeit, die wichtig sind, für die angesichts des Krieges gerade nur kaum Platz ist. Wie lange müssen wir arbeiten? Ist die Rente noch zu retten? Wer schließt die Lücke auf dem Arbeitsmarkt, wenn jetzt nach und nach die geburtenstarken Jahrgänge in den Ruhestand gehen, und welche Rolle könnten dabei Roboter spielen, zum Beispiel in der Altenpflege, wo es besonders viele offene Stellen gibt? Bei der Suche nach Antworten auf die letzte Frage erfährt man viel über Markus Lanz, der zuvor schon nicht verstehen konnte, dass es Restaurants gibt, in denen die Gäste mangels menschlicher Kellnerinnen und Kellner von Maschinen bedient werden.

Er fragt Kenza Ait Si Abbou, eine Expertin für Künstliche Intelligenz, als es um die Betreuung von Menschen in Altenheimen geht: „Sie sagen, Roboter werden das machen?" Die Expertin antwortet: „Wenn ein Roboter hilft, die Senioren zu bewegen, Medikamente zu sortieren …"

Lanz: „Oh, mein Gott. Solange ich noch kann, gehe ich ins Restaurant und dann bringt mir ein Roboter das Gläschen Stilles Wasser, das ich bestellt habe. Und danach unterhält mich der Roboter auf diese Art und Weise im Altenheim. Ganz ehrlich, ich glaube nicht, dass das die Welt ist, die ich mir so für mich vorstelle."

Precht geht dazwischen: „Als Assistent ist der Roboter in der Altenpflege sinnvoll, als Ersetzer menschlicher Zuwendung ist er eine humane Katastrophe."

Ait Si Abbou: „Es gibt heute schon Roboter, die Empathie simulieren …"

Lanz: „Oh, mein Gott."

„Nie wieder Publikum"

Warum ausgerechnet die Corona-Pandemie für Markus Lanz zu einem Glücksfall wurde

„Die Studiouhr rückt auf 15.40 Uhr, als Markus Lanz seinen Gast unter tosendem Applaus begrüßt. ‚Herzlich willkommen, Irmgard Bohse, sie war öfter in meiner Sendung als ich', ruft Lanz und drückt der 84-jährigen Dame in der zweiten Reihe die Hand. Niemand wird diese Szene im Fernsehen sehen können. Und doch genießt die Rentnerin aus Ottensen ihre 30 Sekunden Ruhm, fast immer begrüßt sie der Talkmaster persönlich. Seit Januar sind sie per Du, der Markus und die Irmgard: ‚Dieser bekannte Schauspieler, der mit der hohen Stirn, hat uns nach einer Sendung gefragt: Warum duzt ihr euch eigentlich nicht?'

Der Schauspieler war Heiner Lauterbach, aber wer wie Irmgard Bohse bei fast allen Lanz-Sendungen im Studio saß, kann schon mal durcheinanderkommen. An diesem Nachmittag im Frühsommer wird die 1133. Sendung aufgezeichnet, seit Juni 2008 talkt Lanz nun durch die deutschen Wohnzimmer. Irmgard Bohse ist von Anfang dabei."

Als die Reportage, die mit diesen beiden Absätzen beginnt, im Sommer 2018 im *Hamburger Abendblatt* veröffentlicht wird, ist Karl Lauterbach für viele Deutsche ein skurriler Gesundheitspolitiker mit Fliege. Christian Drosten kennt außerhalb von medizinischen Kreisen so gut wie keiner und wer das Wort Corona hört, denkt, wenn überhaupt, an eine Biermarke. Eineinhalb Jahre später wird sich das ändern, das Corona-Virus wird die Welt erschüttern und vieles nicht mehr so sein, wie es einmal war. Das gilt auch für *Markus Lanz*, das durch die und mit der Pandemie endgültig von einer Talkshow zu einer politischen Gesprächsreihe wurde. Ohne Corona wäre das wahrscheinlich in dieser Konsequenz nicht geglückt.

Lanz und Markus Heidemanns erkannten früh, welche Bedeutung die Pandemie haben würde und welche Chance für ihre Sendung darin stecken könnte. Auch als nach mehreren monothematischen Wochen kritische Stimmen aufkamen, die fragten, ob es *Markus Lanz* mit der Fokussierung auf Corona nicht übertreibe, ob es nicht auch andere wichtige Themen gäbe, hielten die beiden an ihrem Kurs fest. Die Politisierung der Sendung ging dabei einher mit einer Politisierung der Zuschauerinnen und Zuschauer, die auf einmal erfahren mussten, dass die Entscheidungen, die in den Staatskanzleien in den Ländern und im Bundeskanzleramt in Berlin getroffen wurden, ihr Leben ganz direkt betrafen. Und deren Interesse an Informationen und Diskussionen darüber deshalb deutlich stieg.

Das war der eine Grund, warum ausgerechnet ein Virus, das so viel Leid und Elend über die Menschen auf der ganzen Welt brachte, für Markus Lanz zu einem Glücksfall wurde. Der andere hat mit den Maßnahmen zu tun, die die Bundesregierung und die Ministerpräsidenten gegen die Ausweitung der Pandemie beschlossen. Der erste Lockdown traf auch Markus Lanz mit voller Wucht, von einem Tag auf den anderen durfte er nur noch drei Gäste einladen, Zuschauerinnen und Zuschauer waren plötzlich ganz verboten. Das war ein, manche sagen *der* entscheidende Einschnitt. Eine Talkshow, wie sie erst Johannes B. Kerner und dann Markus Lanz gemacht hatte, schien ohne Zuschauerinnen und Zuschauer nicht vorstellbar. Als die erste Sendung am 17. März 2020 ohne Publikum aufgezeichnet wurde, wirkte das große Studio dann auch unnatürlich leer. 75 Minuten später kam Markus Heidemanns aus der Regie zur Nachbesprechung, setzte sich auf einen Stuhl neben Markus Lanz und sagte sechs Worte, die die Sendung für immer verändern sollten: „Wir laden nie wieder Zuschauer ein."

Die Begründung lieferte er später nach: „Eine Talksendung ohne Publikum ist die reinste und beste Form, unter anderem, weil Politiker nicht die Chance haben, mit einem schnellen populistischen Spruch oder einer witzigen Bemerkung die Zuschauer auf ihre Seite zu bringen und einer kritischen Nachfrage auszuweichen." Das gilt übrigens auch für den Moderator, der sich in den Jahren zuvor nicht von dem Wunsch hatte freimachen können, den Menschen auf den Rängen zu gefallen, und sich gern für das, was er sagte oder fragte, die einzige Bestätigung abholte, die sofort spürbar ist: Applaus. Jenen Applaus, den Markus Heidemanns in der ersten Ausgabe nach dem Lockdown überhaupt nicht vermisste, im Gegenteil. „Applaus verlangsamt eine Sendung", sagt er. Heidemanns hat wie wenige andere Fernsehmacherinnen und -macher in Deutschland ein gutes Gespür für solche Dinge und er entscheidet schnell. Das unterscheidet ihn von Markus Lanz, der länger braucht und der sowieso Schwierigkeiten hat, Nein zu sagen. Wenn man Lanz etwas fragt und er Zustimmung signalisiert, heißt das zunächst einmal gar nichts, er bleibt in vielen Fragen hin- und hergerissen. Auch deshalb funktioniert die Zusammenarbeit der Markusse so gut, „der eine ist immer etwas drüber, der andere immer etwas drunter", sagt einer, der beide seit Längerem kennt. Heidemanns traut sich öfter etwas und verlässt sich dabei auf sein Bauchgefühl, das auch die Summe aller Erfahrungen ist, die er bei seiner jahrzehntelangen Arbeit im Fernsehen gemacht hat. Markus Lanz ist deutlich zögerlicher und vorsichtiger, er bezeichnet sich selbst als „ängstlichen Menschen" und das meint auch die Angst, all das zu verlieren, was er sich mühsam aufgebaut hat.

Bei der Publikumsfrage war es genauso, Lanz brauchte länger als Heidemanns, um sich an den Gedanken zu gewöhnen, dass er im Studio mit seinen Gästen künftig allein sitzen sollte, dass aus der Talkshow ein Kammerspiel geworden war. Der Medienwissenschaftler Bernd Gäbler kann das verstehen: „Es benötigt Mut, so ein Format zu purifizieren, den ganzen Firlefanz wegzulassen und sich auf das Gespräch zu konzentrieren." Die Geschichte der Talkshows zeige aber, dass diese Purifizierung das Erfolgsrezept ist, besonders, wenn man politischer werden will. Das sehen auch die Gäste von Markus Lanz so, etwa die FDP-Politikerin Marie-Agnes Strack-Zimmermann: „Ich finde eine Talkshow ohne Gäste supergut. Wenn niemand da ist, der klatscht, ist man frei in der Argumentation." Lanz sei tausendmal besser ohne Publikum, meint der Autor Christoph Schwennicke, „weil Zuschauerinnen und Zuschauer extrem manipulativ sein können". Das hätten in der Vergangenheit nicht nur rhetorisch begabte Politikerinnen und Politiker ausgenutzt, sondern auch solche, die Mitarbeitende oder Parteifreundinnen und -freunde in die Sendung geschmuggelt hätten. Im Zweifelsfall reichten zwei, drei laute Klatscher, um für Stimmung zu sorgen.

„Es ist nicht zu leugnen", schreibt der Linken-Politiker Gregor Gysi, „dass die Verflachung der Politik in den Massenmedien das Publikum ein bisschen amüsiert, schließlich langweilt und dann abstumpft." Auch dieser Entwicklung arbeitet Markus Lanz mit dem Verzicht auf Zuschauerinnen und Zuschauer entgegen, der inzwischen endgültig ist. Im ersten Sommer nach dem Lockdown kam die Diskussion über das Publikum noch einmal hoch, das ZDF hätte es gern gesehen, wenn man es zugelassen hätte, auch weil man Lanz irgendwie immer noch als Unterhaltungssendung verortete. Der Moderator und sein Chefredakteur Heidemanns sahen das schon 2020 nicht mehr so. Sie wollten sich nicht von dem Weg abbringen lassen, den sie eingeschlagen hatten, ohne jemanden beim ZDF nach einer Meinung zu fragen. Die Entscheidung, ein politisches Format zu werden, war gefallen und dabei störte das Studiopublikum nur, „es tat der Sendung inhaltlich einfach nicht gut", sagt Heidemanns. Markus

Lanz sah das inzwischen genauso, weil alle Beteiligten konzentrierter seien, weniger aufgeregt und ruhiger, „man vermisst nichts". Das Publikum und seine Reaktionen haben auch ihn abgelenkt, manchmal hat er sich von ihnen mitreißen lassen, manchmal hat der Applaus ihn aus dem Frage-Antwort-Rhythmus gebracht. Dass diese Versuchungen und Unterbrechungen wegfallen, kommt der Konzentration zupass, die einer wie er für seine Art der Gesprächsführung braucht. Ohne Zuschauerinnen und Zuschauer ist Markus Lanz deshalb noch gefährlicher für die Politikerinnen und Politiker, die er einlädt.

Der Verzicht auf Publikum hat neben den vielen inhaltlichen noch einen handfesten wirtschaftlichen Vorteil. Die Betreuung der Zuschauerinnen und Zuschauer, der Einlade- und Registrierungsprozess waren aufwendig, zumal sich Heidemanns und Lanz nie nachsagen lassen wollten, ihre Gäste, ganz gleich, ob sie prominent sind oder nicht, schlecht zu behandeln. All das hat viel Zeit und Geld gekostet, beides sparen die beiden und die Redaktion inzwischen, nichts lenkt mehr von dem Kern des Geschäftsmodells ab. Die Purifizierung, wie Medienwissenschaftler Gäbler es nennt, zahlt sich deshalb nicht nur in steigenden Quoten und einer deutlich verbesserten Akzeptanz in anderen Medien aus, sondern auch in der Kasse. Dabei gilt *Markus Lanz* sowieso als die Talkshow in Deutschland, die am effizientesten arbeitet. Die Finanzkommission KEF ermittelte, dass bei Lanz eine Sendeminute rund 1.200 Euro kostet, eine komplette Folge mit in der Regel 75 Minuten käme also auf 90.000 Euro. *Anne Will* war doppelt so teuer. Die Zahlen stammen aus dem Jahr 2011 und damit aus einer Zeit, in der Lanz und Will inhaltlich nicht annähernd zu vergleichen waren. Das hat sich radikal geändert, die Kosten für *Markus Lanz* dagegen kaum. Inzwischen zahlt das ZDF für die Minute rund 1.330 Euro, pro Folge also 99.750 Euro. Das ist im Vergleich mit den anderen Talkshows weiter sehr günstig, wobei Lanz vor gut zehn Jahren noch zwei Sendungen pro Woche produziert hat, und jetzt drei. Soll heißen: Im Jahr überweist das ZDF etwa 13 Millionen Euro an Lanz und Heidemanns nach Hamburg.

In einem anderen Punkt hat sich *Markus Lanz* wesentlich verändert, nämlich bei der sogenannten Zuschaltung von Gästen. Die war vor der Corona-Pandemie beim ZDF in einer Talkshow verpönt, nach Beginn des Lockdowns war sie die Rettung. Weil maximal drei Gäste persönlich anwesend sein durften, rang man sich dazu durch, weitere Gäste virtuell über einen großen Bildschirm dabeizuhaben, wobei man dabei auf ein wichtiges Detail achtete: „Ich wollte nicht, dass der Gast wie in einer Nachrichtensendung formatfüllend gezeigt wird, er sollte zu erleben sein wie die anderen", sagt Heidemanns. Die Zugeschalteten wurden deshalb immer so gezeigt, dass man alle anderen im Studio weiter sehen konnte, um möglichst viel von der bekannten Atmosphäre zu bewahren. Die neue Möglichkeit, wichtige Menschen in der Sendung dabeizuhaben, ohne dass sie im Studio sitzen, löste zudem ein Problem, dass man bei *Markus Lanz* bei dem Wandel von unterhaltender zur politischen Talkshow immer stärker gespürt hatte. „Wir haben einen Standortnachteil gegenüber Sendungen, die in Berlin aufgenommen werden", sagt Heidemanns. „Zu Anne Will etwa können Politiker zu Fuß gehen. Wenn sich ein Spitzenpolitiker entscheidet, zu uns zu kommen, dann kostet ihn das schon sechs, sieben Stunden." Das hat sich mit den Zuschaltungen erledigt, die allerdings auch einen Haken haben. Denn grundsätzlich hätte Markus Lanz seine Gäste am liebsten im Studio und sei es nur, um seine Präsenz im Gespräch maximal einsetzen und ausspielen zu können. Nur lassen sich Politiker wie beispielsweise Markus Söder darauf nicht mehr ein, seit man sich dazu schalten lassen kann. Wobei: Der bayerische Ministerpräsident ist immerhin noch ab und an bereit, bei Lanz zu Gast zu sein. Ein anderer Spitzenpolitiker hat für sich entschieden, erst einmal nicht mehr in die Sendung zu gehen, vielleicht nie wieder.

Leben mit Lanz – Woche 16

19. April, Gäste: Politikerin Marie-Agnes Strack-Zimmermann (FDP), Verteidigungsexperte Christian Mölling, Journalistin Kerstin Münstermann, Ex-Diplomat Rüdiger von Fritsch

Der Krieg in der Ukraine ist in eine neue Phase getreten, Russland hat eine Großoffensive im Osten des Landes begonnen und bei *Markus Lanz* spricht die FDP-Verteidigungsexpertin über den Bundeskanzler, als wäre ihre Partei gar nicht an der Regierung beteiligt. Marie-Agnes Strack-Zimmermann vergleicht Olaf Scholz mit einem Hütchenspieler, weil er auf die Frage, ob Deutschland auch schwere Waffen an die Ukraine liefern sollte, „antwortet, ohne zu antworten", sie versteht nicht, warum „er ein Problem damit hat, das Wort Panzer in den Mund zu nehmen", und sie unterstellt ihm und der SPD eine Nähe zu Russland, die trotz des Krieges nicht überwunden sei. Das sind klare und sehr harte Worte von einer Frau, die zusammen mit Michael Roth von der SPD und Anton Hofreiter von den Grünen in die Ukraine gereist ist, obwohl das Kanzleramt das nicht gern gesehen habe. Ein enger Vertrauter von Olaf Scholz habe ihr klargemacht, dass man „so einen Kriegstourismus nicht wolle", sagt Strack-Zimmermann. Gefahren ist sie trotzdem und musste sich hinterher vom Kanzler folgende Worte anhören: „Ganz klar ist, dass in so einer Situation sich immer wer zu Wort meldet und sagt: ‚Ich möchte, dass es in diese Richtung geht, und das ist Führung'", hat Scholz in einem Radiointerview gesagt. „Manchen von diesen Jungs und Mädels [gemeint sind unter anderen Roth, Strack-Zimmermann und Hofreiter] muss ich mal sagen: Weil ich nicht tue, was ihr wollt, deshalb führe ich."

Sätze wie diese, aber auch die von Strack-Zimmermann zeigten, wie groß der Druck auf die Ampelkoalition sei, sagt die Journalistin Kerstin Münstermann bei Lanz und findet es „interessant, dass die größte Kritik am Kanzler aus der eigenen Regierung kommt". Dabei habe Scholz in einer Ansprache im Kanzleramt kurz vor der Aufzeichnung der Sendung deutlich gemacht, warum er mit der Lieferung von schweren Waffen an die Ukraine zurückhaltend sei: „Er hat seinen Amtseid erwähnt. Und der Amtseid lautet, Schaden vom deutschen Volk abzuwenden. Scholz' innerstes Geleit ist, auf keinen Fall Kriegspartei zu werden. Er will nicht derjenige sein, der einen Vorwand dafür geliefert hat, dass es einen wie auch immer gearteten dritten Weltkrieg gibt. Das ist sein Kompass."

Hat er damit nicht auch recht? „Wenn Olaf Scholz sagt, ich möchte nicht als Kriegskanzler in den Geschichtsbüchern stehen, das kann doch eine Haltung sein, die kann man doch haben", findet Lanz.

„Nein, das kann keine Haltung sein, mit Verlaub", sagt Strack-Zimmermann.

Aber sie selbst habe sich doch vor wenigen Wochen in der Sendung noch gegen Waffenlieferungen ausgesprochen, so der Moderator.

Das stimme, gibt die FDP-Frau zu, die Lage habe sich jedoch geändert und deshalb müsse sich auch die Politik ändern, schnell und massiv. Dann sagt Strack-Zimmermann den entscheidenden Satz: „Ob das richtig ist, Herr Lanz, ob in ein paar Jahren über uns gesagt wird, wir hätten überzogen, das weiß ich nicht."

Es ist genau diese Frage, die sich Scholz bereits heute, wahrscheinlich täglich stellt.

20. April, Gäste: Politiker Ralf Stegner (SPD), Politologin Sabine Fischer, Journalist Tichon Dsjadko, Ökonom Clemens Fuest

Es bleibt ein Phänomen, dass Markus Lanz seit nunmehr zwei Monaten in seinen Sendungen fast ununterbrochen über den Krieg in der Ukraine und die Fehler, die die deutsche Politik im Umgang mit Russland und Wladimir Putin gemacht hat, spricht, ohne dass ein einziger Vertreter der CDU zu Gast war. Aus der Redaktion heißt es, man habe auf Einladungen von CDU-Politikern nur Absagen erhalten, der *Spiegel* berichtet, dass der CDU-Vorsitzende Friedrich Merz eine Zusage wieder zurückgezogen habe. So oder so muss es für die vielen SPD-Politikerinnen und -Politiker, die in den vergangenen Wochen bei Lanz waren, wirken, als säßen sie allein auf der Anklagebank. Der Bundestagsabgeordnete Ralf Stegner macht das in dieser Phase zum zweiten Mal und die Worte, mit denen Lanz ihn begrüßt, klingen wie eine versteckte Botschaft an andere, die sich offensichtlich im Moment nicht in seine Sendung trauen. „Wie gut, dass einer da ist, der keinen Fragen ausweicht, auch keinen unangenehmen", sagt Lanz über Stegner. Nicht nur das: Stegner hat keine Angst vor dem Konflikt mit dem Moderator, er kann Lanz Paroli bieten wie wenige andere, auch wenn es richtig hart wird. Ein Beispiel von mehreren:

Lanz sagt: „Nach der Annexion der Krim haben Amerikaner und Kanadier angefangen, die damals völlig hilflose Ukraine auszubilden, das Militär auszubilden, auszurüsten und in die Lage versetzt, das zu tun, was die heute tun. Wir haben dabei nicht mitgemacht."

Stegner kontert: „Wir haben die Ukraine stärker unterstützt als jedes andere Land."

Lanz: „Der Name Matthias Platzeck sagt Ihnen was?"

Stegner: „Sie können doch nicht behaupten, wir hätten die Ukraine nicht unterstützt. Es gibt auch kein Land, das dort mehr humanitäre Hilfe leistet als Deutschland."

Lanz: „Es gab eine völkerrechtswidrige Annexion eines Teils eines anderen souveränen Staates, die Krim. Und wenig später stellt sich der ehemalige SPD-Chef Matthias Platzeck hin und sagt: Das mit der Krim müssen wir nachträglich anerkennen. Das war die Position Ihrer Partei."

Stegner: „Frank-Walter Steinmeier hat das Minsker Abkommen mit ausgehandelt. (…) Übrigens, die Regierung, in der das geschehen ist, hatte eine Bundeskanzlerin Angela Merkel."

Lanz: „Warum antworten Sie nicht einmal auf diese Frage? Wie kann man zu so einer Einschätzung kommen …"

Stegner: „Entschuldigung, ich sage Ihnen, was die Bundesregierung gemacht hat. Sie hat das Minsker Abkommen nicht allein ausgehandelt, es war eine Bundesregierung, die von Angela Merkel angeführt worden ist. (…) Ich habe manchmal den Eindruck, die SPD habe allein regiert in den vergangenen 16 Jahren."

Lanz: „Sie kommen aus einer Partei, die mit Moskau, mit Putin gekuschelt hat wie keine andere."

Stegner: „Entschuldigung, das ist doch albern."

Lanz: „Was ist daran albern?"

Stegner: „Schauen Sie sich doch mal die Bilder an, wer da alles in Umarmung mit Herrn Putin abgebildet worden ist, da sind Herr Seehofer und Tausend andere."

Nur sitzen die in diesen Tagen halt nicht bei Markus Lanz.

21. April, Gäste: Politikerin Marieluise Beck (Grüne), Journalistin Ulrike Herrmann, Militärexperte Carlo Masala, Politologin Ronja Kempin

Die wichtigste Mission von Markus Lanz ist, die Art und Weise, wie über Politik gesprochen und politische Entscheidungen erklärt werden, zu verändern, und dass das nötig ist, hat der Bundeskanzler in dieser Woche erneut bewiesen. Scholz' Erklärungen zu den Waffenlieferungen Deutschlands an die Ukraine bei einer Pressekonferenz am Dienstag werden seit zwei Tagen auch deshalb intensiv diskutiert, weil sie keiner verstanden hat, selbst ein Militärexperte wie Carlo Masala nicht: „Die Kommunikation macht es. Man muss einfach damit leben, wir alle, wenn diese Regierung sich entscheidet, bestimmte Grenzen zu haben. Die müssen dann aber auch klar kommuniziert werden und nicht in einer so wolkigen Sprache, dass wieder sehr viel Interpretation möglich ist und gleichzeitig, und das haben wir in der Dienstagskonferenz gesehen, sehr viel Missverständnis produziert wird."

„Das ist der Punkt", sagt Markus Lanz und das sieht auch Ulrike Herrmann so. „Die letzte Pressekonferenz am Dienstag war eine Katastrophe", sagt die *taz*-Journalistin, die sich vom Kanzler wünscht, endlich „kommunikativ aus der Deckung zu kommen". Aber das Gefühl, „Deutschland mache irgendwie gar nichts", würde ebenso wenig stimmen wie der Vorwurf an Scholz, dass man als einziges Land keine Panzer an die Ukraine liefere. „Auch die USA, auch Großbritannien und Frankreich liefern keine Panzer, da ist Deutschland nicht allein", sagt Herrmann und verteidigt den Bundeskanzler mindestens so vehement wie Ralf Stegner am Tag zuvor. Deutschland sei, was Waffen angehe, nicht die „Bestellabteilung der Ukraine, nach dem Motto: Die Ukraine sagt, wir haben diese Liste und das muss jetzt geliefert werden. So geht das nicht. Ich bin froh, dass Scholz sich überlegt, was davon sinnvoll ist. Und noch besser ist, dass Scholz sich das nicht allein überlegt, sondern die gesamte NATO koordiniert vorgeht." Alles andere wäre das Gegenteil von guter Politik.

„Ein Name ist noch kein Gast"

Wer in die Sendung eingeladen wird, wer nicht – und wer von sich aus nicht kommt

Wenn Markus Lanz Geburtstag hat, gehört Christian Lindner gern zu den Ersten, die gratulieren. Die beiden kennen sich seit Langem, der eine hat die Handynummer des anderen, man duzt sich. Persönlich ist also alles in Ordnung. Trotzdem bekommen Markus Lanz und seine Redaktion vom Vorsitzenden der FDP seit Jahren immer dieselbe Antwort, wenn sie fragen, ob er sich vorstellen könne, in einer der nächsten Sendungen zu Gast zu sein. Die Antwortet lautet „Nein" und das liegt daran, dass Lindner schlechte Erfahrungen mit seinen Auftritten gemacht hat (und dass er sich als Bundesfinanzminister inzwischen eine Absage leisten kann). Zuletzt war er im Frühjahr 2018 bei Lanz zu Gast, in einer Sendung, die denk- und merkwürdig zugleich war und die den Politiker darin bestätigte, nicht noch einmal einen Auftritt in einer Talkshow zu haben, die ihn zwei Wochen lang mit Aufräumarbeiten beschäftigen sollte.

Alle vier Gäste, die am 4. April 2018 dabei waren, werden diese Folge nicht vergessen. Die Klimaaktivistin Luisa Neubauer nicht, weil es ihr erster Besuch war und weil sie und die jungen Frauen und Männer bei Fridays for Future nicht einschätzen konnten, was ein Auftritt bei *Markus Lanz* für sie bedeuten würde (nämlich ziemlich viel). Die Moderatorin Bettina Tietjen nicht, die eigentlich nur in die Sendung gegangen war, um Werbung für ihr neues Buch über Camping zu machen, und zwischendurch befürchten musste, gar nicht mehr zu Wort zu kommen. Der

Schauspieler David Hasselhoff nicht, der plötzlich in einer Art und Weise über Politik sprach, die die Sendung an den Rand eines Eklats brachte. Und Christian Lindner hat all das nicht vergessen, weil er das Gefühl haben musste, nicht nur, wie offensichtlich geplant, von Lanz und Luisa, sondern auch von diesem Baywatch-Typen in die Zange genommen zu werden, unter lautem Johlen des Publikums und ganz gegen die Absprachen, die man vorher mit der Redaktion getroffen hatte.

In dieser denkwürdigen halben Stunde, in der Hasselhoff Lindner stellvertretend für alle anderen Politiker bepöbelte, Lanz sich ziemlich beömmelte und Tietjen überlegte, wann man denn endlich über Camping sprechen könnte, vollzog sich der Bruch. Lindner fühlte sich von Lanz, dem Moderator, nicht ausreichend vor den Attacken Hasselhoffs geschützt und nahm es ihm übel, dass er zum zweiten Mal in seiner Sendung ein wenig schmeichelhaftes Video aus seiner Jugendzeit zeigte. „Es ging ziemlich zur Sache, weil der Hasselhoff auf einmal wahnsinnig politisch wurde, damit hatte keiner gerechnet", sagt Bettina Tietjen. Luisa Neubauer habe wie eine Tennisspielerin zwischen Lindner und Hasselhoff hin und her geguckt, zwischendurch sei der FDP-Vorsitzende ziemlich sprachlos gewesen.

Es war der Anfang vom Ende der Geschichte von Christian Lindner bei *Markus Lanz*. Der FDP-Chef ist regelmäßig bei *Maybrit Illner* und *Anne Will* zu Gast, zu Lanz kommt er nicht mehr und es ist nicht zu erwarten, dass sich das ändert. Lindner gehört zu den Politikerinnen und Politikern, die aus den schlechten Erfahrungen, die sie in der Sendung gemacht haben, ihre Konsequenzen gezogen haben, so ähnlich wie der ehemalige CDU-Vorsitzende Armin Laschet oder die Co-Vorsitzende der SPD Saskia Esken. Sie reagieren auf Einladungen so wenig, wie es Bundeskanzlerin Angela Merkel getan hat. „Was ich sehr schade finde", sagt Markus Heidemanns. Aber er sagt auch, dass „ein Name noch kein Gast ist".

Heidemanns ist es, der in der Regel entscheidet, wer zu *Markus Lanz* eingeladen wird, und er trifft dabei auf drei Gruppen von Politikerinnen und Politikern. Zu der ersten gehören diejenigen, die bewusst auf einen Auftritt in der Sendung verzichten oder nur ungern hingehen. Gruppe zwei umfasst jene, die sehnsüchtig darauf warten, eingeladen zu werden, um etwa von einem einfachen (Bundestags-)Abgeordneten zu jemandem zu werden, der vor einem Millionenpublikum etwas zu sagen hat. Gruppe drei sind schließlich die Politikerinnen und Politiker, die so etwas wie das Gäste-Gerüst bei *Markus Lanz* bilden. Männer und Frauen, die sich in der Sendung bewährt haben, denen das Publikum zuhört und die Spaß an den Duellen mit dem Moderator haben. Sie kommen gern wieder, sie werden gern wieder eingeladen und so entsteht über Monate und Jahre etwas wie eine Stammbesetzung. Wer *Markus Lanz*, wie ich, ein halbes Jahr intensiv verfolgt, trifft immer wieder dieselben Personen: Robert Habeck und Omid Nouripour von den Grünen, Norbert Röttgen von der CDU, Lars Klingbeil, Kevin Kühnert und Ralf Stegner von der SPD, Sahra Wagenknecht und Gregor Gysi von den Linken, Marie-Agnes Strack-Zimmermann und Alexander Graf Lambsdorff von der FDP. Sie haben etwas, was sowohl Lanz als auch Heidemanns gefällt, nämlich die Fähigkeit, so zu sprechen, dass es alle verstehen. Vor allem sind sie Gegnerinnen und Gegner auf Augenhöhe für den Gastgeber, sie kennen das Spiel und sie gehen es an.

Es stellt sich die Frage, ob sich an der Auswahl dieser politischen Gäste etwas über die politische Haltung beziehungsweise Richtung von Markus Lanz ablesen lässt. Grundsätzlich gilt: Eine Sendung, die den Namen ihres Gastgebers trägt, stößt in Sachen Objektivität per se an ihre Grenzen. Lanz' Missionen sind schnell erkennbar, es geht ihm um Gerechtigkeit, um das Aufzeigen und Beheben der Schwächen und Fehler des deutschen Systems, das er aus der Sicht eines Italieners lange sehr bewundert hat. Aber weiß man deswegen, wie er politisch tickt? Wenn man diese Frage Politikerinnen und Politikern aus unterschiedlichen Lagern stellt, erhält man unterschiedliche Antworten, die oft eins gemeinsam haben: Die Betroffenen glauben, dass Lanz ihrer Partei zugeneigt ist, zumindest, wenn sie aus der FDP, der CDU oder von den Grünen kommen. Wer dem Moderator das erzählt, entlockt ihm ein Lächeln, es ist genau diese Unberechenbarkeit und Unabhängigkeit, die er ausstrahlen will. Dabei kann er bestimmte Abneigungen, etwa die gegen einige linke Positionen, genauso wenig verbergen wie bestimmte Vorlieben, etwa für Politiker wie Robert Habeck. Lanz hat es für einen Fehler gehalten, dass die Grünen nicht ihn, sondern Annalena Baerbock als Kanzlerkandidaten aufgestellt haben, ich erwähnte es bereits, er hätte Habeck zugetraut, dem Bundestagswahlkampf 2021 eine andere Richtung zu geben. Weil Habeck nicht zur Wahl stand, dürfte Markus Lanz, der neben der italienischen auch die deutsche Staatsangehörigkeit besitzt, Olaf Scholz und die SPD gewählt haben. Denn es ist kaum vorstellbar, dass er der CDU und ihrem Spitzenkandidaten Armin Laschet, den er selbst in seiner Sendung entzaubert hatte, seine Stimme gegeben hat.

Markus Lanz macht Wahlentscheidungen stark von den handelnden Personen abhängig (und hat den Vorteil, dass er viele von ihnen persönlich kennt), gehört grundsätzlich aber eher in das bürgerliche Lager, was auch deshalb passt, weil Markus Heidemanns, ein ehemaliger Punkrocker, eher ein Linker ist. Auch hier sorgt der doppelte Markus für die nötige Ausbalancierung.

Dabei spielt zunehmend auch das Geschlecht eine Rolle. Die Sendung von Markus Lanz hat den Nachteil, dass der Moderator, anders als bei Will und Illner, schon ein Mann ist. Nicht nur deshalb achtet man sehr darauf, möglichst viele Frauen einzuladen, sondern auch, weil das ZDF das Geschlechterverhältnis regelmäßig einer Überprüfung unterzieht. Im ersten Halbjahr

2022 waren 46 Prozent der Gäste bei Lanz weiblich, das ist eine Quote, die dem Sender wenig Anlass zu Kritik gibt und die auch deswegen erreicht wurde, weil Markus Lanz aus journalistischen und Expertenkreisen viele Frauen einlud. Interessanterweise war das, als es um den Krieg in der Ukraine ging, viel leichter als während der Corona-Pandemie, in der die für die Debatte entscheidenden Virologen gerade in der Anfangsphase fast alles Männer waren, von Christian Drosten über Hendrik Streeck bis zu Jonas Schmidt-Chanasit. Um den Krieg zu beurteilen, boten sich deutlich mehr Frauen an, der *Evangelische Pressedienst*, kurz *EPD*, schrieb: „Und da saßen, o Wunder, bei Markus Lanz und Maybrit Illner, bei Frank Plasberg, Sandra Maischberger und Anne Will plötzlich lauter Frauen, manchmal sogar in der Überzahl. Nein, diese Frauen waren nicht nur für die Diskussion von Problemen rund um die Unterbringung von Flüchtlingen oder andere eher humanitäre Fragen eingeladen worden, sondern für die ganz harten Debatten über militärische Einschätzungen, über Strategie und Taktik, über Waffenlieferungen und Waffensysteme, über ökonomische Abhängigkeiten und Verflechtungen, über Eskalation, Diplomatie, Welthandel, Lieferketten und Inflation. Es waren Expertinnen, die da saßen, keine weiblichen Menschen mit Meinung, die die Runde aufhübschen sollten." Markus Heidemanns hielt von den Expertinnen sowieso mehr als von den Experten, „sie können einfach besser erklären".

Aber auch in dieser Gästegruppe kristallisierten sich schnell jene raus, die wiederkommen durften, und so entstand hier ebenfalls eine Art Stammbesetzung von Markus Lanz. Der Moderator war und ist stolz, wenn Frauen (und Männer), die bei ihm zu Gast waren und sich gut geschlagen haben, Einladungen in andere Talkshows erhalten. Er weiß, dass er nicht nur Politikerinnen und Politiker groß machen kann, sondern auch Wissenschaftlerinnen und Wissenschaftler. Einer hat er einmal nach der Sendung, in den bereits erwähnten Besprechungen in der Garderobe, gesagt, dass er sie „berühmt gemacht" hätte. Das klang etwas gönnerhaft, aber es war die Wahrheit und die Talkshows sind dabei ein selbstreferenzielles System. Weil jeder auf der Suche nach Gästen ist, die gut erklären und formulieren können, werden die, die es in eine Sendung geschafft haben, gern auch von einer anderen eingeladen. „Wenn sie bei Lanz waren, müssen sie damit rechnen, noch in derselben Woche Anfragen von anderen Talkshows zu erhalten", sagt etwa Hamburgs Bürgermeister Peter Tschentscher.

Deshalb ist es nicht verwunderlich, dass die beliebtesten Gäste unabhängig vom Talkshow-Format immer dieselben sind. Die Redaktion des Internetportals *Meedia* erhebt jährlich, welche Personen aus Politik, Journalismus, Wissenschaft etc. am häufigsten in politischen Talkshows zu sehen waren. Seit 2020 fließen in diese Auswertungen die Gäste von *Markus Lanz* ein, auch das ein Zeichen dafür, wann die Sendung endgültig den Sprung unter die relevanten Talkshows geschafft hat. In dem Jahr führte der ZDF-Korrespondent Elmar Theveßen das Lanz-Ranking an, gefolgt von Karl Lauterbach und dem Journalisten Robin Alexander. 2021 war Alexander der Gast mit den meisten Auftritten, vor Lauterbach und Alena Buyx, der Vorsitzenden des Deutschen Ethikrates. Dass der stellvertretende Chefredakteur der *Welt*, also einer Zeitung, die in der nationalen Wahrnehmung im Vergleich mit der *FAZ*, der *Süddeutschen Zeitung*, der *Zeit* und dem *Spiegel* eher eine Nebenrolle spielt, im Fernsehen derart wichtig werden könnte, ist erstaunlich und zeigt einmal mehr, welche Macht die Talkshows haben können. *Markus Lanz* allen voran.

Leben mit Lanz – Woche 17

26. April, Gäste: Politiker Roderich Kiesewetter (CDU), Journalistinnen Kristina Dunz, Olivia Kortas, Journalist Ulf Röller

Zu den großen Vorteilen der Talkshow von Markus Lanz gehört das Verhältnis, in dem Sendezeit und die Zahl der Gäste stehen. Normalerweise sind 75 Minuten viel, insbesondere, wenn nur jeweils eine Politikerin oder ein Politiker im Studio sitzt, der Moderator also nicht darauf achten muss, dass der Redeanteil von Politiker A mindestens genauso hoch ist wie der von Politikerin B (oder C und D). Das führt heute dazu, dass Roderich Kiesewetter von der CDU, den man hin und wieder schon in anderen Talkshows gesehen hat, der einem dort aber nicht besonders aufgefallen ist, bei Lanz einen bemerkenswerten Auftritt hat. Denn der lässt ihm viel Zeit, über die Fehler seiner Partei und der von Angela Merkel geführten Regierungen zu sprechen. Man merkt Lanz an, dass er nach all den SPD-Politikerinnen und -Politikern, die er in den vergangenen Wochen wegen des „Kuschelkurses ihrer Partei" mit Wladimir Putin hart angegangen ist, auch Kiesewetter nicht schonen will, den ersten Gast aus der Union seit fast zwei Monaten. Der Moderator ist im journalistischen Angriffsmodus, allein, er muss ihn nicht aktivieren. Denn Kiesewetter versucht gar nicht erst, sich herauszureden und seine CDU in Schutz zu nehmen. Was auch daran liegt, dass der Oberst a. D. der Bundeswehr schon früh vor Russlands Plänen und dem Bau der Gaspipeline Nord Stream 2 gewarnt hat: „Ich war seit 2017 mit einigen Kollegen eindeutig dagegen, aber unsere Wirtschaftspolitiker haben sich da durchgesetzt. Auch im Kanzleramt hat sich die Abteilung

Wirtschaftspolitik durchgesetzt, nicht die Abteilung Sicherheitspolitik."

„War das falsch?", will Lanz wissen.

„Ja, sicher war das falsch", sagt Kiesewetter. Die Kritik in den eigenen Reihen, also in der CDU/CSU, habe es gegeben, sie sei aber nicht gehört worden. „Und es kommt eben auch dazu, dass wir durch den Ausstieg aus der Kernkraft und durch den schleppenden Ausbau der erneuerbaren Energien sehr stark abhängig waren vom Gas. Deshalb hat auch Friedrich Merz gesagt, dass wir das aufbereiten müssen."

Klarer kann man die eigene Kanzlerin, die Politik von Angela Merkel in einer Talkshow nicht kritisieren. Der Bundestagsabgeordnete gibt auch zu, dass die deutsche Regierung die Bedrohung durch Russland nicht ernst genommen habe, weil man glaubte, dass man das Land und seinen Herrscher durch enge wirtschaftliche Verbindungen verändern könne. Das Hauptargument für den Russlandkurs von Merkel sei „Wandel durch Handel" gewesen. „Aber eher wir haben uns gewandelt und nicht Russland. Sie haben uns ausgenutzt, auch unsere Gutmütigkeit."

Deshalb müsse man jetzt schwere Waffen an die Ukraine liefern. Wenige Stunden vor Beginn der Sendung ist bekannt geworden, dass Deutschland nach langem Hin und Her doch Panzer zur Verfügung stellen will, obwohl sich Olaf Scholz bis zuletzt dagegen ausgesprochen hatte. „Ich muss sagen, dass ich am Freitag einen Schockmoment hatte, als der Bundeskanzler im *Spiegel*-Interview gesagt hat, dass er alles dafür tut, dass ein dritter Weltkrieg und ein Atomkrieg verhindert würde", sagt die Journalistin Kristina Dunz. Was könnte es für eine solche Aussagen an Erklärungen geben? Entweder habe Scholz die Nerven verloren oder er „hat in Telefongesprächen mit Putin gehört, dass der einen Atomschlag androht". Sie neige zu Variante zwei, so Dunz, weil der Kanzler nicht dafür bekannt sei, die Nerven zu verlieren.

Dass Markus Lanz nach so einer Einschätzung sein TV-Publikum zum Lachen bringt, scheint unmöglich, aber es gelingt. Er lässt ein TV-Interview mit dem russischen Außenminister Lawrow einspielen, in dem der doch tatsächlich dreimal das Wort Krieg benutzt. Das ist in Russland unter Androhung von bis zu 15 Jahren Haft verboten, für Wladimir Putin ist das, was er in der Ukraine macht, offiziell eine militärische Spezialoperation. Als der Film vorbei ist, sagt Lanz: „Dreimal das Wort Krieg. Macht 45 Jahre."

27. April, Gäste: Politiker Omid Nouripour (Grüne), Journalistin Claudia Kade, Ökonom Rüdiger Bachmann

Wer als Politikerin oder Politiker zu Markus Lanz geht, überlegt sich, wenn sie oder er schlau ist, zwei, drei Botschaften, die sie oder er unbedingt unterbringen will, und mindestens einen Satz, der so prägnant ist, dass er am nächsten Morgen von den Zeitungen und Internetportalen zitiert werden kann. Einige Redaktionen setzen bei jeder Sendung eine Reporterin oder einen Reporter vor den Fernseher, die oder der mehr oder weniger dokumentiert, was bei Lanz von wem gesagt wurde. Das Interesse der Leserinnen und Leser muss groß sein, denn vor den Sendungen liefern sich verschiedene Internetseiten eine Art Wettrennen, wer zuerst die Namen der Gäste des Abends veröffentlicht. „Markus Lanz Gäste heute" ist bei Google eine Wortkombination, die viel gesucht wird.

Der Grünen-Vorsitzende Omid Nouripour weiß das alles, er ist so etwas wie der ständige Vertreter seiner Partei bei Markus Lanz, auch wenn der gern einmal wieder Annalena Baerbock in der Sendung hätte. Nouripour hat den Satz des Abends mitgebracht, der am nächsten Morgen unter anderem bei *Focus* und *n-tv* nachzulesen sein wird. Es geht, mal wieder, um die Rolle, die Putin-Freund Gerhard Schröder im Ukraine-Krieg spielt (beziehungsweise nicht spielt). Nouripour sagt: „Es gibt Leute, von denen man enttäuscht ist, und dann es gibt Leute, von denen man sich fragt, wie die in den Spiegel sehen. Und wir kommen jetzt mittlerweile in Sphären, wo ich mich frage, ob da überhaupt noch ein Spiegel hängt." Er rechne minütlich mit einem Rücktritt Schröders als Aufsichtsratschef des russischen Staatsunternehmens Rosneft, den der in einem Interview mit der *New York Times* für den Fall angekündigt hatte, dass Russland Deutschland und der Europäischen Union den Gashahn zudreht. Genau das ist nun, zumindest teilweise, passiert, Bulgarien und Polen erhalten plötzlich kein Gas aus Russland mehr. Der Wirtschaftswissenschaftler Rüdiger Bachmann sagt, Russland wolle mit dieser Entscheidung Unsicherheit säen, in der Hoffnung, dass der Gaspreis weiter steigt: „Das spült mehr Devisen in die Kassen von Putin."

Lanz fragt, an die *Welt*-Journalistin Claudia Kade gewandt: „Kann es sein, dass diese Ansagen an Polen und Bulgarien in Wahrheit auch uns meinen? So nach dem Motto: Seid vorsichtig, ihr seht schon mal, was passiert?"

Kade antwortet: „Das glaube ich auch. Das muss man als Wink von Putin verstehen, macht mal langsam. Überlegt euch sehr genau, ob ihr den nächsten Schritt gehen wollt."

28. April, Gäste: Politiker Thomas de Maizière (CDU), Sicherheitsexpertin Claudia Major, Publizist Wolfram Weimer, Journalistin Alice Bota

Vor zwei Wochen hat die FDP-Politikerin Marie-Agnes Strack-Zimmermann, Vorsitzende des Verteidigungsausschusses des Bundestages, Bundeskanzler Olaf Scholz bei *Markus Lanz* wegen dessen Ukraine-Politik mit einem Hütchenspieler verglichen.

Dem Moderator hat das gut gefallen, einem ehemaligen Bundesverteidigungsminister überhaupt nicht. Thomas de Maizière, der heute zu Gast ist, sagt: „Um schwere Waffen, um das Ernsteste, was es in der Politik gibt, die Entscheidung über Krieg und Frieden und Leben und Tod, wurde in einer Weise gestritten, als ginge es ums Tempolimit." Ihn ärgere zwar die Unfähigkeit des Kanzlers, seine Politik zu erklären, aber „drittklassiges Gerede drumherum" ärgere ihn auch.

Lanz fragt: „Wer macht das, drittklassiges Gerede?"

De Maizière: „Wenn Leute, die den Namen Bundeswehr nicht aussprechen können und bei Waffenlieferungen rot angelaufen sind, einmal nach Lemberg fahren, zurückkommen und so tun, als wären sie die großen Waffenexperten, das geht so nicht. (...) Ich kritisiere vor allem den Umgang in der Koalition. In so einer Frage macht man einen Koalitionsausschuss, setzt sich zusammen, es wird eine gemeinsame Kommunikation erarbeitet und dann halten sich alle an die Linie. (...) Allein dieses Vielstimmige schadet dem Ansehen Deutschlands."

Lanz sagt: „Sie haben völlig recht, wenn Sie sagen, man muss da sensibel kommunizieren." Um dann die Richtung des Themas abrupt zu wechseln: „Jetzt noch mal Kanzler. Wie fanden Sie sein *Spiegel*-Interview dieser Tage? Ich zitiere: ‚Ich tue alles, um einen dritten Weltkrieg zu verhindern. Es darf keinen Atomkrieg geben.' Atomkrieg, Weltkrieg, alles in zwei Sätzen abgearbeitet. Ohne zu sagen, was der Hintergrund ist, ohne es wirklich zu begründen. Ich nenne es Geraune. Macht den Leuten Angst."

De Maizière: „Ich verstehe die Sorge, aber man sollte nicht über einen dritten Weltkrieg reden." (...)

Lanz: „Ich musste ehrlich gesagt an Sie denken, an den Moment 2015, Sie erinnern sich: ‚Ein Teil dieser Antworten würde die Bevölkerung nur verunsichern.' Macht er es vielleicht auch deswegen?"

De Maizière: „Es war keine besonders glückliche Kommunikation. Tatsächlich wusste ich mehr, als ich sagen wollte …"

Lanz: „Das meine ich, vielleicht wusste er auch mehr."

De Maizière: „Das kann schon sein, aber dann sollte man keine Andeutungen machen, sondern entweder Klartext reden oder schweigen."

Die Sicherheitsexpertin Claudia Major ordnet die Gefahr, dass aus dem Ukraine- ein Atomkrieg werden könnte, ein: „Wir sollten uns vor einer Panikmache hüten. (…) Wenn man sich in die Schuhe Russlands stellt, ist eine Eskalation mit der NATO genauso gefährlich und unattraktiv wie für uns der Blick auf Russland. (…) Russland hätte aus einem Nukleareinsatz wenig Vorteile, es hätte sehr viele Nachteile." Trotzdem ist es bemerkenswert und beängstigend, dass bei *Markus Lanz* im Jahr 2022 genau darüber gesprochen wird. Oder, um es noch einmal mit Major zu sagen: „Ich finde es dramatisch, wie schnell die Sicherheitsordnung, die wir uns in Europa aufgebaut haben, zerlegt werden kann und wie schnell wir von einer relativ friedlichen Zeit in einen Kriegszustand übergangen sind und wie relativ machtlos wir sind."

„Er kann sich nicht doppeln …"

… und deshalb holt Lanz Journalistinnen und Journalisten ins Studio, die viel näher an der Politik dran sind als er

Als Markus Lanz im März 2017 das Buch „Die Getriebenen" zugeschickt bekam, musste er nur zwei Kapitel lesen, um zu wissen: Den Autor will ich in meiner Sendung haben. Er rief in der Redaktion an und bat die Kolleginnen und Kollegen dort, schnellstens eine Einladung auszusprechen, bevor eine andere Talkshow das tue. Die Eile war unnötig, der Autor hatte noch keine Anfrage vorliegen. Er kam einmal zu Lanz ins Studio, dann noch einmal und schließlich immer wieder. So begann eine Beziehung, die bis ins Jahr 2022 tragen sollte, die Beziehung zwischen zwei Journalisten, die eine ähnliche Idee von ihrer Arbeit haben. Es geht um Markus Lanz und Robin Alexander.

Letzterer ist inzwischen der bekannteste Berliner Politikjournalist, die Bücher, die er schreibt, sind Bestseller. Robin Alexander arbeitet für die *Welt*, er ist das Gesicht der Zeitung, obwohl er nur ihr stellvertretender Chefredakteur ist. Vor allem ist er aber einer der Journalisten aus der Hauptstadt, denen die Menschen im Fernsehen gern zuhören. Alexander hat bei all dem, was er sagt und sendet, ein Ziel, das sehr an die Mission von Markus Lanz erinnert: „Meine Idee ist, dass man in einer Demokratie wichtige politische Vorgänge auch Leuten erklären können muss, die nicht so viel Zeit hatten, darüber nachzulesen wie man selbst. Ich versuche, die Zusammenhänge so einfach wie möglich zu beschreiben, in kurzen Sätzen, die jeder versteht. Ich möchte Politik für die Menschen erreichbar machen, um ihnen damit bei der Meinungsbildung zu helfen." So lesen sich auch seine Bücher, die eher wie Romane geschrieben sind und die bei den Leserinnen und Lesern nichts voraussetzen, außer einem Interesse, Politik und politische Zusammenhänge verstehen zu wollen. Weil Robin Alexander genau dort ansetzt, passte er von Anfang an zu Markus Lanz und ist in der Sendung der Primus inter Pares unter den Journalistinnen und Journalisten.

Allein 2021 lud Lanz Alexander zwölfmal ein, so oft wie niemand anderes, selbst Karl Lauterbach war einmal weniger da. In den Top Ten der Gäste waren mit Helene Bubrowski, Elmar Theveßen, Eva Quadbeck, Anja Maier, Kristina Dunz, Cerstin Gammelin und eben Robin Alexander sieben Journalistinnen beziehungsweise Journalisten, die Zahl zeigt allein schon, welche Bedeutung sie für die Sendung haben. Wenn Vertreterinnen und Vertreter von Zeitungen oder Magazinen früher in Talkshows zu Gast waren, dann hatten sie eine ähnliche Stellung wie die anderen Anwesenden, wie also Politikerinnen/Politiker, Musikerinnen/Musiker oder Schauspielerinnen/Schauspieler. Das hat sich geändert, erst bei *Markus Lanz*, dann in anderen Formaten. Für Lanz sind die Journalistinnen und Journalisten so etwas wie Helfershelfer, lebendige Faktenchecker, seine direkte Verbindung in das politische Berlin. „Er kann sich nicht doppeln und deshalb holt er sich Kollegen und Kolleginnen ins Studio, die sehr nah dran sind an den Themen, über die er spricht und die anders als er tatsächlich ständig mit dem Kanzler oder den Ministerinnen und Ministern unterwegs sind", sagt eine Reporterin, auf die genau das zutrifft.

Lanz steht auf Leute, die diese Kontakte haben, die Politikerinnen und Politiker aus erster Nähe erleben, davon plastisch erzählen können und meinungsstark sind. Das sind die Kriterien, nach denen Journalistinnen und Journalisten ausgewählt und wieder eingeladen werden, und ein wenig geht es auch nach der Haltung der Medien, für die sie berichten. Es ist zumindest auffällig, dass bei *Markus Lanz* überproportional viele Vertreterinnen und Vertreter von liberal-konservativen Medien sitzen, für die eher überrepräsentierte *Welt* zum Beispiel auch die Chefin des Politikressorts Claudia Kade. Vielleicht wollen Markus Lanz und Markus Heidemanns, der auch bei der Auswahl der Journalistinnen und Journalisten meist das letzte Wort hat, damit einem grundsätzlichen Vorurteil entgegenwirken, dem sich öffentlich-rechtliche Medien schon stellen mussten, als es noch keine Shitstorms in sozialen Medien gab. Die Kritik, man sei bei ARD und ZDF eher links und grün, hat etwas Systemimmanentes. Ob sie bei einem Moderator wie Markus Lanz verfangen würde, ist eine andere Frage, aber anscheinend geht man auf Nummer sicher.

Deshalb ist auch Wolfram Weimer ein Stammgast und einer, der Lanz dafür dankbar ist. „Er hat uns politischen Reportern und Leitartiklern einen großen Gefallen getan. Durch ihn haben wir eine neue Bühne bekommen", sagt der Verleger des *The European* und ehemalige Chefredakteur der *Welt*. Nicht nur deswegen kommen nahezu alle Journalistinnen und Journalisten gern zu Lanz. Ein Auftritt dort ist gut für das eigene Renommée, wenn man gerade ein Buch geschrieben hat, können die Sendeminuten zu einem geldwerten Vorteil werden. Bei Random House, dem Verlag, in dem die Bücher von Robin Alexander erscheinen, ist man über die Dauerpräsenz des Autors in der Sendung auf jeden Fall „sehr, sehr froh".

Ähnliches gilt für die Zeitungen, die wie selbstverständlich und ohne jegliche Aufwandsentschädigung ihre Spitzenleute für Lanz abstellen, in der Hoffnung, dass die sich dort gut schlagen und damit Werbung für das eigene Medium machen. Was einerseits funktioniert, wie der Chefredakteur einer eher neuen Marke berichtet, die nach jedem seiner Auftritte bei Lanz spürbar an Abonnentinnen und Abonnenten, Followerinnen und Followern in den sozialen Medien zulegt: „Das ist sehr gutes Marketing in eigener Sache." Andererseits profitiert vor allem Lanz von der fremden und kostenlosen Expertise, auf die er sich berufen kann, wenn er einmal nicht mehr weiterweiß (selten) oder wenn er jemanden braucht, der eine seiner Thesen stützt (oft).

So ist ein überschaubarer Kreis von Journalistinnen und Journalisten entstanden, die wie in einer Art Rotation eingeladen werden, wobei meist ein kurzer An- beziehungsweise Zuruf reicht, selbst wenn es um eine Sendung am nächsten Tag gehen sollte. Leute wie Robin Alexander oder Helene Bubrowski von der *FAZ* sind inzwischen so mit dem Format vertraut, dass sie keine langen Vorgespräche oder Briefings mehr brauchen. Die kommen einfach und dann geht es los, Alexander im ersten Halbjahr 2022 sechsmal, Bubrowski fünfmal.

„Die klassischen Printmedien sind scharf darauf, ihre Leute ins Fernsehen zu bringen", sagt der Medienwissenschaftler Bernd Gäbler dazu, und dass Journalistinnen und Journalisten sowieso eine Vorliebe für andere aus ihrem Metier hätten. Für Gastgeberinnen und Gastgeber von Talkshows gelte das in einem besonderen Maße, weil sie wissen, dass andere Journalistinnen und Journalisten „die Dinge auf den Punkt bringen können und werden", etwas, was sie von vielen Politikerinnen und Politikern unterscheidet.

Trotzdem gibt es bei *Markus Lanz* Grenzen, in einem Fall sogar eine rote Linie, wobei die Farbe perfekt zu dem Medium passt, um das es geht. Die *Bild-Zeitung*, die wie die *Welt* bei Axel Springer erscheint, wird nur in seltenen Fällen eingeladen, etwa in Person des Kriegsreporters Paul Ronzheimer. Das dürfte eine Reihe von Gründen haben. Die grundsätzliche Abkehr der Sendung von allem, was mit Boulevardjournalismus zu tun hat, ist einer, die Vergangenheit von Markus Heidemanns ein anderer. Der hat früher für die *Bild am Sonntag* gearbeitet, sein Bruder Martin war noch viel länger bei *Bild*. Da lag es bei all denen, die Markus Lanz in seiner Anfangszeit beim ZDF sowieso auf dem Kieker hatten, nah, enge Kontakte zu Springer zu unterstellen, und Heidemanns war gut beraten, diesen Gerüchten keine Nahrung zu geben. Nach dem Scheitern von *Wetten, dass..?*, an dem sich die *Bild*, wie in einem früheren Kapitel beschrieben, ausführlich und in einer Lanz sehr bedrückenden Art abgearbeitet hatte, war die Zeitung für die Talkshow-Macher sowieso erledigt.

Interessanterweise hat Markus Lanz ein ähnlich gestörtes Verhältnis zum *Spiegel*. Das ließe sich leicht mit dem erklären, was der Autor Stefan Niggemeier dort über ihn veröffentlichte und das Lanz bis heute nicht vergessen hat. Aber dabei ist es nicht geblieben. Lanz hat auch eine Blattkritik beim *Spiegel* nachhaltig irritiert. Markus Heidemanns und er waren in die Redaktion eingeladen, um etwas über die Themen und Texte eines aktuellen Heftes zu sagen, das Nachrichtenmagazin macht so etwas regelmäßig mit Expertinnen und Experten von außen. Bei dieser Blattkritik, so erzählte es Lanz später, sei ihm vorgeworfen worden, in seine Sendung zu Gesprächen über Corona die „falschen Expertinnen und Experten" eingeladen zu haben. Schließlich habe man ihn Folgendes gefragt: „Wie fühlen Sie sich eigentlich, wenn Sie verantwortlich sind für den Tod von Tausenden von Menschen?"

Was eine Frage ist, an die sich *Spiegel*-Chefredakteur Steffen Klusmann „in dieser Wortwahl nicht erinnern kann, sonst wäre ich dazwischengegangen" und die direkt in das nächste Kapitel und zu den Wissenschaftlerinnen und Wissenschaftlern führt, die Markus Lanz während der Corona-Pandemie in seine Sendung geholt hat, auch wenn manche gar nicht wussten, wie ihnen geschah. Und ob sie wirklich hingehen sollten.

Leben mit Lanz – Woche 18

3. Mai, Gäste: Politiker Kevin Kühnert (SPD), Journalist Robin Alexander, Rechtsphilosoph Reinhard Merkel, Politologin Jana Puglierin

Zu den unangenehmeren Dingen im Leben eines Talkshow-Moderators gehört es, wenn er teilweise oder ganz die Kontrolle über seine Sendung verliert. Markus Lanz ist an diesem 3. Mai kurz davor, sein Redeanteil ist in den 75 Minuten so gering wie selten und zwischenzeitlich beginnen seine Gäste, sich gegenseitig das Wort zu erteilen, SPD-Generalsekretär Kevin Kühnert ruft der Redaktion sogar zu, dass sie einen bestimmten Text noch einmal einblenden solle – was dann auch prompt geschieht. Lanz ist gekapert.

Dass das so weit kommen konnte, liegt vor allem an einem Juraprofessor aus Hamburg. Reinhard Merkel hat zusammen mit anderen klugen und/oder prominenten Persönlichkeiten einen Offenen Brief an Bundeskanzler Olaf Scholz verfasst, in dem sie vor einem dritten Weltkrieg infolge der Waffenlieferungen an die Ukraine warnen. Wörtlich heißt es darin: „Wir teilen auch die Überzeugung, dass es eine prinzipielle politisch-moralische Pflicht gibt, vor aggressiver Gewalt nicht ohne Gegenwehr zurückzuweichen. Doch alles, was sich daraus ableiten lässt, hat Grenzen in anderen Geboten der politischen Ethik. Zwei solche Grenzlinien sind nach unserer Überzeugung jetzt erreicht: Erstens das kategorische Verbot, ein manifestes Risiko der Eskalation dieses Krieges zu einem atomaren Konflikt in Kauf zu nehmen. (…) Die zweite Grenzlinie ist das Maß an Zerstörung und menschlichem Leid unter der ukrainischen Zivilbevölkerung. Selbst der berechtigte Widerstand gegen einen Aggressor steht dazu irgendwann in einem unerträglichen Missverhältnis."

Es sind solche Sätze, die Lanz normalerweise auseinandernimmt, aber diesmal gelingt es ihm nicht. Merkel dominiert das Gespräch, das mal sehr theoretisch und dann sehr emotional geführt wird, etwa als der emeritierte Professor behauptet, dass die ukrainische Regierung eine Mitschuld an den vielen Opfern des Krieges habe: „Die Kinder würden lieber überleben, als den Preis für die Tapferkeit ihrer Regierung zu bezahlen", sagt er, und dass die Hoffnung auf einen Sieg der Ukraine eine Illusion sei, die den Krieg nur unverhältnismäßig verlängere. Markus Lanz wirkt in solchen Momenten, als müsse er nach Luft schnappen, und auch die anderen Gäste werden von Minute zu Minute unruhiger. Am Ende der Sendung entlädt sich die ganze Spannung, als es um die Frage geht, wie realistisch die Gefahr eines Atomkriegs ist, über den auch Olaf Scholz gesprochen hat.

Kühnert sagt: „An jedem Abendessentisch wird in Deutschland über diese Fragen, und zwar nicht erst seit einer Woche, sondern seit Beginn dieses Krieges diskutiert."

Lanz versucht, dazwischenzukommen: „Aber Herr Kühnert, Herr Kühnert, Tschuldigung …"

Kühnert: „Darf ich bitte ausreden. Nein. In vielen Familien wird genau darüber diskutiert …"

Lanz: „Aber Sie werden doch nicht bestreiten, Sie werden nicht bestreiten …"

Kühnert: „Ich werde mir nicht einreden lassen …"

Lanz: „Das müssen Sie leider."

Kühnert: „… dass den Leuten Angst gemacht wurde durch politische Verantwortungsträger, die signalisieren, dass einem bewusst ist, dass wir hier mit ganz exklusivem Material zu arbeiten haben …"

Lanz: „Tschuldigung …"

Kühnert: „... dass eine der beteiligten Kriegsparteien eine Atommacht vertritt. (...) Es ist doch eine ganz normale intrinsische Entwicklung einer Gesellschaft, sich über Eskalationsspiralen Gedanken zu machen."

Lanz sagt: „Herr Kühnert, Herr Kühnert ...", aber er kommt nicht dazwischen, Robin Alexander widerspricht, Merkel hätte auch noch etwas zu sagen und Politikwissenschaftlerin Jana Puglierin „will schon so lange".

„Wir sind leider am Ende der Zeit, tatsächlich, das ist die schlechte Nachricht", sagt Lanz, als die anderen ihm endlich zuhören, und dass er finde, man solle die Debatte weiterführen: „Wenn Sie einverstanden sind."

4. Mai, Gäste: Politiker Norbert Röttgen (CDU), Netzagenturchef Klaus Müller

Wer auf der Suche danach ist, was Markus Lanz als Moderator antreibt und warum er so fragt, wie er fragt, erhält beim ZDF einen wichtigen Hinweis. Er sei auf einer „Gerechtigkeitsmission" heißt es dort. Das stimmt und das hat, wie wir inzwischen wissen, viel mit Lanz' eigener Sozialisation und der Erfahrung zu tun, wie es ist, zu den Schwachen und Benachteiligten zu gehören, die er in seiner Kindheit und Jugend gemacht hat. Deshalb arbeitet er auf „Momente der Ehrlichkeit" hin, die es in dieser Sendung gleich mehrfach geben wird. Es geht um die Frage, was eigentlich wäre, wenn Deutschland von heute auf morgen auf russisches Gas verzichten müsste, etwas, was der eine Gast, CDU-Politiker Norbert Röttgen, seit Langem fordert, weil man damit Russland im Krieg gegen die Ukraine entscheidend schwächen könnte. Der andere Gast, Klaus Müller, ist Leiter der Bundesnetzagentur, muss Deutschland genau auf diesen Fall vorbereiten und gibt zu, dass das noch nicht ausreichend geschehen sei. Überhaupt liefert der ehemalige Minister Lanz die Momente, von denen oben die Rede war. Müller erzählt, dass Rehden (Lanz: „der größte deutsche Gasspeicher", Müller: „da hat jemand seine Recherchen gemacht") über Monate systematisch entleert worden sei, und zwar von seinem Betreiber, Gazprom Germania. Kriegsvorbereitungen, die in Deutschland offenbar niemand sehen wollte, obwohl sie so offensichtlich waren. Und der Netzagenturchef gibt zu, dass man angesichts der drohenden Gasnotlage Energiepolitik nach dem Prinzip des Stärkeren mache.

Müller sagt: „Wenn es Deutschland gelingt, noch in diesem Winter zwei schwimmende Flüssiggasterminals, wahrscheinlich in Wilhelmshaven und Brunsbüttel, anzuschließen, dann hilft das richtig. Die nehmen wir natürlich auf dem Weltmarkt jemand anders weg, auch das ist ein Teil der Wahrheit."

Lanz: „Wem nehmen Sie die weg?"

Müller: „Anderen Ländern, die eigentlich diese Tanker gebucht hatten in Asien, nicht nur den reichen Ländern dort, sondern wahrscheinlich auch denen, die weniger zahlen als wir."

Lanz: „Was heißt, die nehmen Sie denen weg? Sie zahlen einfach mehr."

Müller: „Wir zahlen mehr. Deutschland zahlt mehr als andere Länder."

Lanz: „Germany first, würde ich mal sagen. Das ist ja ein richtig harter darwinistischer Vorgang, würde ich mal sagen." (…)

Müller: „Es ist in mehrfacher Hinsicht ein furchtbares Dilemma."

Lanz: „Wow, ist ja Wahnsinn. (…) Wir leiten Schiffe um und ziehen Leute über den Tisch."

5. Mai, Gäste: Politiker Hubertus Heil (SPD), Journalistin Golineh Atai, Politologe Wolfgang Merkel, Zukunftsforscher Matthias Horx

Während in der Ukraine seit mehr als zwei Monaten der Krieg tobt, schreiben in Deutschland Intellektuelle Offene Briefe an Bundeskanzler Olaf Scholz. Eine Gruppe warnt vor deutschen Waffenlieferungen an die Ukraine, weil der Krieg dadurch eskalieren könne, die andere fordert sie. Bei Markus Lanz geht es deshalb um „Deutschland und die Angst, immer tiefer in den Krieg hineingezogen zu werden", und der Moderator traut sich was. Nachdem der Jurist Reinhard Merkel die Sendung am Dienstag gesprengt hat, ist diesmal dessen Bruder eingeladen. Der Politologe Wolfgang Merkel hat den Brief der Mahnerinnen und Mahner mitunterschrieben, aber er bemüht sich, den von seinem Bruder erzeugten Eindruck zu relativieren, man wünsche sich eine Kapitulation der Ukraine. Das Land müsse und dürfe natürlich selbst entscheiden, wie es sich verteidigen wolle, sagt er. Und: „Die Ukraine darf diesen Krieg nicht verlieren." Das hört sich schon mehr nach der Linie der Bundesregierung an, für die Arbeitsminister Hubertus Heil im Studio ist, ein enger Wegbegleiter von Olaf Scholz und einer, der als Gesprächsgast selbst für Markus Lanz eine Herausforderung ist. Heil lässt sich durch nichts aus der Ruhe bringen, weder durch Fragen zu SPD-Altkanzler Gerhard Schröder und dessen Verbindungen zu Wladimir Putin noch durch Lanz' Vorwurf, Deutschland würde anderen Ländern Flüssiggas und die dafür benötigten LNG-(Flüssiggas-)Terminals wegnehmen. Er spielt auf das an, was Klaus Müller, Leiter der Bundesnetzagentur, am Vortag bei ihm gesagt hat, und Heil stellt erst mal fest, „dass ich die Sendung nicht gesehen habe", was kein Moderator gern hört.

„Das ist ein harter darwinistischer Vorgang, wenn man so will, da gilt Germany first", sagt Lanz und fragt Heil, ob das moralisch richtig sei.

Der kontert: „Man versucht in dieser Welt moralisch Richtiges zu tun, aber man muss sich auch Realitäten stellen. Das ist die Aufgabe verantwortlicher Politik."

Lanz: „Aber noch mal, das sind Staaten, die haben Verträge, die haben das bestellt, die brauchen das für ihre Wirtschaft. Dieses Gas ist auf dem Weg zu denen …"

Heil: „Das ist ja nicht ganz richtig."

Lanz: „Doch."

Heil: „Nein. Entschuldigung, dann müssen wir mal einen Faktencheck machen, den hat Ihr Kollege in einer anderen Sendung." (…)

Wolfgang Merkel mischt sich ein: „Das Thema ist meiner Meinung nach: Moral trifft auf Interessen."

Lanz, triumphierend: „So."

Heil, sehr nüchtern: „So ist die Welt." (…)

Lanz: „Was offensichtlich auch auf uns zukommt, ist: Wir, die reichen Länder des Westens, kaufen jetzt, weil wir es uns leisten können, Getreide auf und nehmen es sozusagen armen Afrikanern weg."

Heil weiß, dass Deutschland seinen Getreidebedarf ganz allein decken kann, und sagt deshalb: „Nein, das ist nicht ganz richtig … In der Plakativität ist leider die Welt noch ein bisschen differenzierter."

Es hört sich an, als ob er das nicht nur zu einem TV-Moderator sagt, sondern auch zu klugen Menschen, die in Kriegen Briefe schreiben.

„Aber Drosten hat gesagt ..."

... und sonst müssen alle den Mund halten? Wie Markus Lanz in einen Wissenschaftsstreit geriet

Am 4. September 2021 ging es Markus Lanz nicht besonders gut. Er hatte sich einen grippalen Effekt eingefangen, war stark verschnupft, die Stimme rau. Normalerweise wäre er an diesem Samstagabend zu Hause bei der Familie geblieben. Doch Lanz hatte für ein Gespräch mit Giovanni di Lorenzo, dem Chefredakteur der *Zeit*, und Jan Böhmermann, wie er Moderator beim ZDF, in der Hamburger St. Michaeliskirche zugesagt. Der Michel, wie das Wahrzeichen von den Bürgerinnen und Bürgern der Stadt genannt wird, war sehr gut besucht, es sollte um „Macht und Ohnmacht des politischen Journalismus" gehen und Lanz hatte sich gefreut, dass er, der frühere Unterhaltungsmann, von Gastgeber di Lorenzo genau dazu eingeladen worden war. Dass die Diskussion für ihn trotzdem anstrengend werden und für Schlagzeilen sorgen sollte, lag an Böhmermann.

Der Satiriker begann den Teil des Gesprächs, den der *Stern* später den „Streit zwischen Lanz und Böhmermann" nennen sollte, mit einer harmlosen Formulierung: „Ich würde gern einmal versuchen, eine Sache hier zu besprechen ...", dann ging es um die Frage, welche Wissenschaftlerinnen und Wissenschaftler Markus Lanz in seine Sendungen einlädt.

Böhmermann sagte: „Das Einladen von so Leuten wie Hendrik Streeck und Alexander Kekulé, wo man fachlich wirklich sagt: Das ist keine gute Idee."

Lanz ging vorsichtig dazwischen: „Wer sagt das?"

Böhmermann: „Die Leute, die Ahnung haben davon. Also, wenn du mit Wissenschaftlern sprichst, die seit Jahren an diesem Thema [gemeint ist das Corona-Virus] forschen, und auf einmal taucht da so'n Hallenser Mikrobiologe auf, der nichts publiziert hat, und sitzt in der Sendung …"

Lanz: „Die berühmte false balance."

Böhmermann: „Ja, die berühmte false balance. Du sagst das schon in so einem Ton, als sei das irgendetwas Quatschiges. (…) Ich finde es schwierig, wenn man Leuten eine Bühne gibt, die eine Meinung vertreten, die man nur deswegen veröffentlicht, weil man sagt, dass man auch die andere Seite sehen muss. (…)"

Lanz: „Wer sind wir, dass wir uns anmaßen zu beurteilen, ob jemand wie Hendrik Streeck etwas draufhat oder nicht? Und wer ist die Wissenschaft, Jan, wer ist die Wissenschaft? (…) Der Vorwurf, der am meisten gemacht und mit dem er auch diskreditiert wurde und lächerlich gemacht wurde, bei Hendrik Streeck war, ich kenne den ganz genau, war der Satz: Wir müssen lernen, mit diesem Virus zu leben. Entschuldigung, heute ist dieser Satz absoluter common sense, heute ist dieser Satz Basiswissen. (…) Diese false balance meint, einer schlechten Sache im Sinne der Dialektik quasi auch ein Forum zu geben. Wie eine falsche Balance, weil es im Zweifel katastrophale Konsequenzen hat. Ich kann diese Konsequenzen nicht sehen und ich will noch eine Sache ganz kurz sagen: Es ist ja nicht so, dass all das, was an Corona-Politik passiert ist, unbestritten gewesen wäre." (…)

Giovanni di Lorenzo mischte sich ein und stellte die entscheidende Frage: „Jan, wer darf alles nicht eingeladen werden, wer darf kein Forum haben?"

Was nach einer eher theoretischen Diskussion unter Medienschaffenden klang, berührte Markus Lanz und seine Sendung im Kern. Seit Beginn der Corona-Pandemie bemühte sich die Redaktion, Wissenschaftlerinnen und Wissenschaftler ins Studio nach Hamburg zu bekommen, was viel schwieriger war, als Journalistinnen und Journalisten als Gäste zu gewinnen. Während bei den einen meist ein Anruf reichte und sie sich danach im Kopf schon auf den Weg nach Hamburg machten, gab es einige Wissenschaftlerinnen und Wissenschaftler, denen man erst einmal erklären musste, wer oder was genau Markus Lanz ist. „Ich habe vorher nie eine Talkshow gesehen, ich habe nicht mal einen Fernseher, mich hat das nie interessiert", sagt eine der Expertinnen, die während der Pandemie sehr oft bei Lanz war. In der Welt von Virologen, Modellierern oder Epidemiologen kommt ein TV-Auftritt vor zwei Millionen Menschen normalerweise nicht vor, Markus Lanz wies selbst darauf hin, dass das für die Betreffenden „ziemlich stressig" sein muss.

Der Mann, der wie kein anderer das Gesicht der Pandemie in Deutschland werden sollte und der zwischenzeitlich so gefeiert und beschimpft wurde wie sonst nur der Bundestrainer der deutschen Fußball-Nationalmannschaft, ging deshalb einen anderen Weg. Christian Drosten, Virologe an der Berliner Charité und weltweit einer der größten Corona-Experten, war nur vereinzelt in Talkshows zu sehen, eine Einladung zu *Markus Lanz* hat er nie angenommen. Drosten sagte das, was er sagen wollte, in einem eigenen Podcast, erst täglich, später wöchentlich und schließlich alle zwei Wochen, die Fragen stellten Wissenschaftsjournalistinnen des *Norddeutschen Rundfunks*. In der Spitze hörte eine Million Menschen pro Folge zu, Drosten wurde zu einer beeindruckenden Instanz, auch wenn er längst nicht mit allem, was er sagte, recht behalten sollte. Es gab Zeiten, in denen Äußerungen von ihm wie selbstverständlich Eilmeldungen waren, nahezu alle Medien machten aus dem, was er in seinem Podcast sagte, eigene Schlagzeilen und Texte. Für andere Wissenschaftlerinnen und Wissenschaftler war es schwierig, mit ihren Meinungen und Einschätzungen der Lage durchzudringen, insbesondere dann, wenn diese abweichend waren. „Aber Drosten hat gesagt …" wurde zu einem geflügelten Wort.

Das war die Gemengelage, in der die Diskussion um die false balance entstand und in der sich plötzlich Markus Lanz wiederfand, der, wie gesagt, Christian Drosten auch gern eingeladen hätte, aber eben nicht nur. Lanz hatte Hendrik Streeck zu Gast, den Direktor des Institutes für Virologie an der Universität Bonn und dort direkter Nachfolger von Drosten, Melanie Brinkmann, Virologin vom Helmholtz-Zentrum für Infektionsforschung in Braunschweig, Jonas Schmidt-Chanasit, Virologe am Bernhard-Nocht-Institut in Hamburg (wo Drosten auch gearbeitet hat) und den von Jan Böhmermann erwähnten Alexander Kekulé, Professor für Medizinische Mikrobiologie und Virologie an der Martin-Luther-Universität Halle-Wittenberg, um nur ein paar Namen zu nennen. Es sei ihm darum gegangen, wie bei all den Themen, die er in seinen Sendungen bespricht, unterschiedliche Menschen zu Wort kommen zu lassen, auch solche, die sich widersprechen, so Lanz. Das ist das grundsätzliche Prinzip der Wissenschaft, die davon lebt, dass Bekanntes infrage gestellt wird. „Den einen Wissenschaftler, der alles weiß und für alle sprechen kann, gibt es nicht, nicht mal in der Pandemie mit Christian Drosten", sagt Dieter Lenzen, ehemaliger Präsident der Freien Universität Berlin und der Universität Hamburg.

Trotzdem dauerte es nicht lange, bis die Frage im Raum stand, welche Wissenschaftlerin oder welcher Wissenschaftler eigentlich was sagen darf, und wenn ja, wie lange. Christian Drosten hat die False-balance-Debatte selbst befeuert, als er im Berliner *Tagesspiegel* erklärte, dass es in der Wissenschaft immer eine Vielfalt der Stimmen gebe und dass diese Vielfalt gut sei, aber: „Was eben nicht gut ist, ist, wenn einzelnen Personen eine Bühne geboten wird, bei denen mit auch nur ein bisschen Qualitätskontrolle identifizierbar wäre, dass sie nicht aus relevanten Bereichen kommen, mitunter auch ganz außerhalb der Medizin, und beim eigentlichen Thema keine Expertise besitzen." Namen täten nichts zur Sache, so Drosten weiter: „Es ist Aufgabe der

Medien, vorher zu prüfen, wem man eine Bühne bietet. Aber es ist auch ein Problem innerhalb der Wissenschaft: Wenn jemand gegen wissenschaftliche Standards verstößt, etwa Daten fälscht, dann bekommt diese Person ernsthafte Probleme. Dafür gibt es Regeln und Sanktionsmöglichkeiten, gemäß Richtlinien, die wissenschaftliches Fehlverhalten definieren. In denen steht aber, soweit mir bekannt, kaum etwas zur Kommunikation von Wissenschaftlern mit der Öffentlichkeit." Er wünsche sich deshalb, dass „innerhalb der Wissenschaft eine Diskussion angestoßen wird, wie solche Standards für die Wissenschaftskommunikation definiert werden können und für die Wissenschaftler verbindlich werden", und „dabei geht es mir ausdrücklich nicht darum, jemanden zu zensieren".

So klang das aber für die, die sich wie Markus Lanz dem Vorwurf der false balance gegenübersahen und die sich die Frage stellten, wer denn nun entscheiden sollte, welche Wissenschaftlerin oder welcher Wissenschaftler sich äußern darf und welcher nicht. „Die Diskussion um false balance ist brandgefährlich, weil sie an den Kern der Wissenschafts- und Meinungsfreiheit geht", sagt Hendrik Streeck. Claus Kleber, während der Pandemie Moderator des *heute journals* im ZDF, sah zwar wie Drosten mögliche Gefahren, erklärte aber im *Spiegel*: „Es ist genauso gefährlich, wenn man, um der Balance aus dem Weg zu gehen, gewisse Interpretationen von Fakten nicht mehr zulässt. Hendrik Streeck ist kein Verschwörungstheoretiker, er hält die Erde nicht für flach und Elvis nicht für lebendig. Natürlich kann und soll man ihn nach seiner Meinung zu Corona-Maßnahmen fragen. Unabhängig davon, dass ihm Christian Drosten beim Verstehen der Viren vermutlich turmhoch überlegen ist. Aber ich bin weder Schiedsrichter in diesem Wissenschaftsstreit noch der Obervirologe." Giovanni di Lorenzo meint: „Wenn man anfängt, nicht mehr mit Menschen zu sprechen, die eine abweichende Meinung haben, ist man ganz schnell in einem Diskussionsraum mit Leuten, die sich nur noch gegenseitig bestätigen. Das ist eine riesige Falle! Zum Beispiel kann man doch Journalisten nicht vorwerfen, dass sie mit Hendrik Streeck oder Alexander Kekulé – der übrigens in seinen Einschätzungen oft richtig lag – über Corona sprechen. Ich fände es gefährlich, wenn einer wie Streeck keine Bühne mehr bekommt, nur weil er sehr früh gesagt hat, dass wir lernen müssen, mit dem Virus zu leben. Dieses Phänomen fällt zusammen mit der Entwicklung, dass wir viel zu schnell Leute brandmarken. Dadurch entledigt man sich der Aufgabe, sich mit dem Argument des anderen auseinanderzusetzen. Ich würde, gut vorbereitet, auch ein Interview mit dem Teufel führen, wenn es ihn denn gäbe!"

Das ist die Einstellung, die auch Markus Lanz hat, und der sagen würde, dass es nicht auf den Gast ankommt, sondern auf die Fragen, die man ihm stellt. Wissenschaftlerinnen und Wissenschaftler in seine Sendungen zu bekommen, wurde durch die Diskussion, die unter anderem Drosten losgetreten hatte, nicht einfacher. „Drosten hasst Talkshows, er hatte sein Medium gefunden mit dem Podcast, da konnte ihm keiner ins Wort fallen", sagt eine Medizinerkollegin. Streeck ist genau deshalb häufiger bei Lanz gewesen, „weil ich jemand bin, der gerne in den Dialog geht", und er gibt zu, dass am Anfang auch eine gewisse „Neugier und Eitelkeit" standen. Damit dürfte er nicht allein gewesen sein. „Natürlich spielt Eitelkeit bei Wissenschaftlerinnen und Wissenschaftlern eine Rolle, die sich durch Bekanntheit und die Zahl der Einladungen in Talkshows ausdrückt", sagt Dieter Lenzen. „Davon kann sich keiner freimachen und dabei haben Wissenschaftler etwas mit Schauspielern gemeinsam. Schauspieler haben nur eine Möglichkeit, ihren Erfolg zu messen, nämlich den Applaus. Das ist bei Wissenschaftlern nicht anders. Die haben normalerweise nicht einmal eine Bühne, das heißt, sie sind sehr auf Gelegenheiten angewiesen, bei denen sie als Wissenschaftler gesehen und geschätzt werden. Diesen menschlichen

Faktor sollte man nicht unterschätzen, selbst bei Christian Drosten nicht."

Grundsätzlich sei es eine gute Entwicklung, dass Wissenschaftlerinnen und Wissenschaftler in Talkshows wie der von Markus Lanz sitzen. Deren Hauptaufgabe bleibe die Wissenschaft an sich und nicht die Kommunikation darüber, „aber wenn das alle sagen, haben wir ein Problem", so Lenzen. Und: „Für die Redaktion einer Talkshow ist es immer schwer herauszukriegen, ob der Wissenschaftler, wenn er vor einer Kamera sitzt, auch so erklären kann, dass ihn alle verstehen." Deshalb komme es sehr auf die Vorbereitung eines Gesprächs an, etwas, das die Wissenschaftlerinnen und Wissenschaftler, die bei Lanz waren, loben. „Ich habe mich dort als Gast immer sehr wertgeschätzt gefühlt, die Vorgespräche dauerten locker eine Stunde, die Redakteurinnen und Redakteure wollten immer alles genau wissen", sagt Melanie Brinkmann, und dass Lanz „tief in den Themen gesteckt" hätte. Ähnlich äußert sich Streeck: „Ich habe mich bei ihm mit am besten aufgehoben gefühlt."

Trotzdem hat sich Streeck zwischenzeitlich immer wieder überlegt, ob er noch in Talkshows gehen sollte, und damit ist er nicht allein. „Viele Wissenschaftler halten sich mit TV-Auftritten zurück, um ihre Reputation nicht zu gefährden", sagt Medienwissenschaftler Bernd Gäbler. Die Angst kommt nicht von ungefähr, es gibt mehrere Berichte von Warnungen an die sogenannten Talkshow-Wissenschaftlerinnen und -Wissenschaftler, dass sie durch ihre Auftritte Probleme mit Forschungsaufträgen bekämen. Aber die Zeiten, in denen Wissenschaftlerinnen und Wissenschaftler, die im Fernsehen auftreten, danach nicht mehr ernst genommen werden, sind auch vorbei. Daran hat Markus Lanz einen Anteil, weil sie bei ihm selbst kurz vor Mitternacht noch die Zeit bekommen, Grafiken zu zeigen und komplexeste Sachverhalte zu erklären. Ganz egal, ob es gerade um eine Pandemie oder um einen Krieg geht.

Leben mit Lanz – Woche 19

10. Mai, Gäste: Politiker Anton Hofreiter (Grüne), Journalist Michael Bröcker, Politikwissenschaftlerin Liana Fix, Arzt Lars Pohlmeier

„Spätestens seit seinem letzten Besuch bei uns gilt der grüne Anton Hofreiter als der heimliche Waffenexperte in seiner Partei. Der Mann, der früher als Biologe wochenlang allein im südamerikanischen Dschungel unterwegs war, denkt heute bei den Stichworten Gepard oder Marder nicht mehr an Artenschutz, sondern an Panzer. Früher hat er Lilien getrocknet, jetzt rasselt er Panzernamen runter wie Lateinvokabeln."

Sagt Markus Lanz, als er Hofreiter vorstellt, und man wundert sich, dass der Gast keine Miene verzieht. Lanz' Anmoderationen können Elogen oder Überzeichnungen sein, oft sind sie beides, er macht mit den Worten über den Politiker, der sich vom Pazifisten zum bedingungslosen Befürworter von Waffenlieferungen an die Ukraine gewandelt hat, dort weiter, wo er in der vergangenen Woche aufgehört hat. Das gilt auch sonst für diese Folge, die beinahe wirkt wie eine Wiederholung der Sendung vom 3. Mai. Wie damals hat Lanz einen Unterzeichner des Offenen Briefes an Olaf Scholz eingeladen, in dem der Bundeskanzler aufgefordert wird, vorsichtig mit der Unterstützung der Ukraine zu sein, damit der Krieg nicht weiter eskaliere, schließlich sei Russland eine Nuklearmacht. Lars Pohlmeier, der deutsche Vorsitzende der Organisation *Internationale Ärztinnen und Ärzte zur Verhütung des Atomkriegs*, ist, wie vor einer Woche der Jurist Reinhard Merkel, der Einzige in der Runde, der gegen die Lieferung von sogenannten schweren Waffen an die Ukraine argumentiert.

„Die Gefahr, die ich sehe, ist, dass durch Waffenlieferungen der Konflikt verlängert und das Leid der Bevölkerung vergrößert wird. Es bestürzt mich als Arzt", sagt Pohlmeier und das Spiel alle gegen einen beginnt von Neuem, wobei Pohlmeier viel emotionaler auftritt als Merkel. Zum Schluss der Sendung, nach zum Teil heftigen Auseinandersetzungen, hat er Tränen in den Augen, als Lanz sagt: „Ich frage mich manchmal in diesen Tagen, wenn wir diese Debatten führen: Wie würden wir wohl darüber reden, wenn die angegriffene Stadt nicht Kiew, sondern Berlin wäre? Und wenn die Briten möglicherweise Offene Briefe an die Amerikaner schreiben würden und sagen würden: Passt mal auf, wir haben Angst hier vor einer nuklearen Eskalation, bitte keine schweren Waffen mehr, die Deutschen sollen das mal selbst machen. (…) Was würden Sie tun?"

Pohlmeier sagt: „Für mich ist das so schlimm, was Wladimir Putin gestern [bei seiner Rede am 9. Mai zum Ende des Zweiten Weltkriegs] gesagt hat, das können Sie sich nicht vorstellen. (…) Ich komme zu einem anderen Ergebnis, mit derselben Sorge, die Sie haben, die ich auch respektiere. (…) Ich bin immer noch hoffnungsvoll, dass es eine Möglichkeit gibt, diese Dynamik der Gewalt bei Putin zu verändern. (…) Und die Frage ist, wie geht das und wer macht das: Darüber müssen wir reden."

11. Mai, Gäste: Politiker Marco Buschmann (FDP), Journalistin Helene Bubrowski, Politologin Gwendolyn Sasse, Psychiater Manfred Lütz

Wenn man fünf Monate hintereinander jede Woche alle Lanz-Sendungen sieht, stellt man ein Muster bei den Gästen fest. In der Regel sind zwei der vier, mit denen dienstags, mittwochs und donnerstags diskutiert wird, alte Bekannte, vor allem Journalistinnen und Journalisten, Expertinnen und Experten, aber auch

Politikerinnen und Politiker, die immer wieder eingeladen werden und die zum Teil seit Jahren Stammgäste sind. Heute sind das die *FAZ*-Journalistin Helene Bubrowski und der Psychiater Manfred Lütz. Dazu kommen Gäste, die eher punktuell eingeladen werden, diesmal etwa Bundesjustizminister Marco Buschmann. Er ist, wenn man so will, der Neue in der Gruppe und es gibt auch, nach Wochen, in denen es nur um den Ukraine-Krieg ging, ein neues Thema. Lanz beginnt die Sendung mit der Landtagswahl in Schleswig-Holstein, die am vergangenen Sonntag in einem Triumph des CDU-Ministerpräsidenten Daniel Günther endete, aber er erwischt den falschen Aspekt. Statt über den ungewöhnlichen Vorschlag Günthers zu diskutieren, die Jamaika-Koalition mit FDP und Grünen fortzusetzen, obwohl er eigentlich nur eine der beiden Parteien zum Regieren brauchen würde, will Lanz von Buschmann wissen, warum die Liberalen bei der Wahl anders als Grüne und CDU Stimmen verloren haben. Falsches Thema zur falschen Zeit, schade, aber nach ein paar Minuten geht es sowieso wieder um die Ukraine, Schleswig-Holstein spielt nur noch eine Nebenrolle. Lanz fragt Buschmann jetzt, wie er es fand, dass Verteidigungsministerin Christine Lambrecht ihren Sohn im Helikopter mit nach Sylt genommen hat. Das sei rein rechtlich alles in Ordnung, fügt er hinzu, aber: „Wie schauen Sie auf die, jetzt hätte ich fast gesagt, Helikoptermutter Frau Lambrecht?"

Buschmann antwortet: „Herr Lanz, wenn Sie versuchen wollen, dass ich jetzt über eine Kollegin, mit der ich zusammenarbeite, hier was Abschätziges sage …"

Lanz unterbricht: „Nee, nicht abschätzig, nein, das meine ich nicht. Aber es ist ja ein interessanter Vorgang und er findet große Beachtung. (…)"

Buschmann: „Frau Lambrecht ist, wenn ich das mal so sagen darf, alleinerziehende Mutter, die lebt mit ihrem Sohn zusammen, die versucht, mit ihm viel Zeit zu verbringen. Ich will das gar nicht rechtfertigen, aber ich will mich nicht darüber erheben."

Das ist ein Punkt, den der Moderator versteht, er hat wie die Verteidigungsministerin einen erwachsenen Sohn und sagt, dass man natürlich Zeit mit seinen Kindern verbringen wolle, „egal, wie alt sie sind".

Das Problem sei auch nicht die Helikopterreise, meint Helene Bubrowski, „sondern dass das nicht die erste Instinktlosigkeit war, die Frau Lamprecht sich geleistet hat". Man frage sich, wie ernst sie eigentlich ihren Job nehme, der im Moment zu den wichtigsten in der Bundesregierung gehöre. Manfred Lütz geht noch weiter: „Was mich viel mehr aufregt bei Frau Lamprecht ist, dass ich den Eindruck habe, dass sie nicht kompetent ist. (…) Ich habe den Eindruck, ich sag das hier mal ganz offen, Frau Strack-Zimmermann, wenn die interviewt wird, dann hat man den Eindruck, man hat mit Kompetenz zu tun."

„Sie meinen, Sie haben das Gefühl, dass die heimliche Verteidigungsministerin in der FDP sitzt? Ja, das stimmt", sagt Lanz, das gefällt ihm. Denn Marie-Agnes Strack-Zimmermann gehört in seiner Sendung bekanntlich zu den Stammgästen.

12. Mai, Gäste: Politiker Jürgen Trittin (Grüne), Politikerin Diana Kinnert (CDU), Neurowissenschaftlerin Maren Urner, Philosoph Julian Nida-Rümelin

Markus Lanz sagt, dass es ihm in seiner Sendung nicht um Krach gehe, sondern um Substanz, dass er die Zeit sinnvoll nutzen wolle. Das ist ein Anspruch, der an diesem Tag eingelöst wird, in einer Folge, in der die junge CDU-Politikerin Diana Kinnert sagt, dass ihr „auffällt, vor allem in den sozialen Medien, dass es eine Sehnsucht nach Eindeutigkeit gibt", was all die Themen betrifft, die rund um den Ukraine-Krieg diskutiert werden: die

Waffenlieferungen, die Angst vor einem dritten Weltkrieg, die Sorge vor einem Atomschlag. „Und ich glaube, dass das vielleicht auch Rationalität in politischer Weise gefährden kann."

Warum das so ist, erklärt die Neurowissenschaftlerin Maren Urner: „Gerade in Krisensituationen sehnt sich unser Körper nach dieser Eindeutigkeit. Wir müssen sehr kurzfristig sehr schnell Entscheidungen treffen, um im Extremfall überleben zu können." Dafür verlange der Mensch nach einfachen, nicht komplexen Antworten und deshalb sei es wichtig, „medial, gesellschaftlich, politisch abzufangen und zu sagen: Moment mal, die Welt ist nach wie vor sehr komplex und wir sollten nicht in die Falle laufen, diese einfachen Schubladen, die es häufig sind, zu bedienen." Wir befänden uns auf einer Gratwanderung, sagt der Autor Julian Nida-Rümelin, „man kann rechts abstürzen, man kann links abstürzen". Auf der einen Seite sei der Abgrund, „dass dieser Angriffskrieg in einem Diktatfrieden mündet, bei dem Putin frei schalten und walten kann über die Ukraine und möglicherweise ermutigt wird, weitere Schritte zu gehen, Transnistrien, baltische Staaten und so weiter". Der Abgrund auf der anderen Seite sei, „dass der Konflikt dort eskaliert, NATO-Staaten mit einbezogen werden, wir Kriegspartei werden". Er habe genau hingehört, was der Bundeskanzler gesagt habe, dass er bei allem, was er mache und sage, genau abwäge: „Ich bin heilfroh, wenn da jemand ist, der vorsichtig ist, denn wir sind in einer existenziellen, ganz schwierigen Situation." Und darüber kann man sich, Markus Lanz hat es an diesem Abend bewiesen, nicht streiten.

„Fuck Chirac!"

Ein Hit, der alles veränderte, und ein Vergleich von und mit Jan Böhmermann, der nicht stimmt

Im Frühjahr 2022 klingelte bei Markus Lanz das Telefon. Ein bekannter Medienmacher war dran, der den Moderator fragte, ob er noch irgendeine schriftliche Bestätigung über sein Volontariat habe, so heißt die Ausbildung zum Redakteur, und ob er ihm die einmal zuschicken lassen könnte. Es käme nämlich bei der Vergabe von Journalistenpreisen, wenn der Name Markus Lanz falle, immer wieder die Frage auf, ob der denn überhaupt eine journalistische Ausbildung habe.

Das klingt skurril und wäre in etwa so, als würde man dem Vorstandsvorsitzenden des Springer-Verlags Mathias Döpfner unterstellen, dass er gar kein richtiger Vorstandsvorsitzender ist, weil er schließlich „nur" Musik studiert hat. Aber es ist, was Lanz betrifft, die Wahrheit. Regelmäßig wird er von Menschen, die seine Entwicklung aufmerksam verfolgt haben, für einen Journalistenpreis vorgeschlagen und genauso regelmäßig lehnen andere Menschen, die in den entsprechenden Jurys sitzen, mit den Hinweisen ab, dass es sich erstens „hier um eine seriöse Veranstaltung" handele und dass Lanz zweitens doch gar kein Journalist sei.

Wer das behauptet, dürfte seine Sendungen lange nicht gesehen oder ein interessantes Verständnis von Unterhaltungsfernsehen haben. Natürlich ist *Markus Lanz* nach wie vor nicht langweilig, aber das sind das *heute journal* und die *Tagesthemen* schließlich auch nicht und trotzdem käme niemand auf die Idee, sie dem

Showbereich zuzuordnen. Dort gehört die Gesprächsreihe nicht mehr hin, auch wenn das längst nicht jede oder jeder gemerkt hat oder merken will.

Jan Böhmermann, der Satiriker, der in seinem *ZDF Magazin Royale* in den vergangenen Jahren zunehmend journalistischer, manchmal sogar aufklärerisch geworden ist, gehört eher in die zweite Kategorie. Zumindest sprach er Markus Lanz bei der Diskussion in der Hamburger St. Michaeliskirche, von der bereits die Rede war, auf eine vermeintliche Gemeinsamkeit an.

„Wir sind beide aus Unterhaltung, machen wir uns mal nichts vor, wir sind keine Leute, die klassisch im Handwerksraster von Journalismus groß geworden sind, wir sind quasi über den Schleichweg Unterhaltung an diese Themen herangeraten", sagte Böhmermann. Lanz erwiderte, dass seine Arbeit schon eine andere als die des Kollegen sei. Doch der blieb im weiteren Verlauf des Gesprächs dabei: „Wir kommen beide aus der Unterhaltung und wir sind beide keine klassischen Journalisten." „Das sagst du so", sagte Lanz dann und man merkte, wie ihn dieser Satz traf, weil er ihn so oft gehört hat, weil er jedes Mal wie ein Vorwurf klingt und weil er nicht stimmt. Lanz fing leicht an zu stottern, als er ergänzte: „Ich, ich, ich habe ein ganz normales Volontariat durchlaufen. Ich will nur sagen, das steht immer so im Raum. Ich komme eigentlich gar nicht aus der Unterhaltung."

Und Markus Lanz wollte dort eigentlich auch nicht hin.

Wenig in Biografien und Porträts ist so langweilig wie die Aufzählung von beruflichen Stationen, die man heute sowieso überall finden kann, zum Beispiel auf der Internetseite des ZDF. Dort steht, dass Lanz „nach dem Besuch einer humanistischen Klosterschule am Kloster Neustift in Südtirol" 1988 das Abitur machte, danach seinen Wehrdienst beim italienischen Militär als Funker und Gebirgsjäger ableistete, nebenbei bei dem privaten Hörfunksender *Radio Holiday* arbeitete und schließlich, genauer gesagt 1991/92, an der Bayerischen Akademie der Werbung in

München eine Ausbildung zum Kommunikationswirt begann. Danach folgte das Volontariat bei *Radio Hamburg*, dem größten Privatsender der Stadt, und ab 1995 die Arbeit für RTL, „wo er zunächst die Nachrichten moderierte", bevor es über die Sendung *Guten Abend RTL* zu *Explosiv* und *Explosiv Weekend* ging.

Wer glaubt, damit alles über die journalistischen Anfänge von Markus Lanz zu wissen, irrt genau wie der, der in diesem Lebenslauf einen stringenten Weg in die Welt der Medien sieht. Es war vieles ganz anders und auf jeden Fall deutlich spannender, als es die Stichworte auf der ZDF-Internetseite vermuten lassen. Die wichtigste Information, dieser eine Moment, der die Richtung der Karriere von Markus Lanz entscheidend veränderte, fehlt sowieso. Dabei ist diese Geschichte vielleicht die schönste, verrückteste in einem Leben, das an schönen und verrückten nicht gerade arm ist.

Eigentlich wollte Lanz Musikproduzent werden, wie der Südtiroler Giorgio Moroder. Er hat sich früh für Musik interessiert, lernte Akkordeon, kann sehr gut Klavier spielen und hat früher in seiner Sendung Künstler wie Sasha oder Lang Lang begleitet, er ist sogar gemeinsam mit Robbie Williams aufgetreten. Und er hat einen Hit geschrieben, eine Single, die sich 12.000-mal verkauft hat und die auch das Ende seiner Karriere hätte bedeuten können, bevor sie richtig angefangen hatte.

Die Geschichte spielt 1995, es war das Jahr, in dem der französische Präsident Jacques Chirac weltweit für Empörung und Verachtung sorgte, als er auf dem Atoll Mururoa in Französisch-Polynesien Atomwaffen testen ließ. Wütende Proteste waren die Folge, die in dem Slogan „Fuck Chirac" gipfelten. Markus Lanz, der damals Volontär bei *Radio Hamburg* war, machte daraus mit seinen Kollegen Stefan Heller und Marzel Becker unter dem Namen „Le Camembert radioactif" einen Synthiepop-Song. „F… Chirac!" findet man bis heute im Internet, der Titel hat etwas von „Modern Talking" in lustig und wahrscheinlich hätten alle darüber gelacht, wenn Heller, Becker und Lanz nicht auf die Idee gekommen wären, ihr Schmählied auf den französischen Präsidenten ins Programm des eigenen Senders zu schmuggeln. Dort hörte ihn einer der Eigentümer von *Radio Hamburg* und war entsetzt. Wie konnte so etwas denn passieren, wer war dafür verantwortlich? Ein Name und damit ein Schuldiger musste her und das war Markus Lanz, ein netter, charmanter und talentierter Volontär, der wegen eines Songs, für den er heute in den sozialen Medien gefeiert werden würde, dran glauben musste.

Bei *Radio Hamburg* steckte man damals in einem Dilemma. Einerseits musste jemand für „F... Chirac!" büßen (und Marzel Becker erzählte später, dass Lanz schon vorher zwei Abmahnungen erhalten habe), andererseits wollte man dem jungen Mann aus Südtirol seine berufliche Zukunft nicht verbauen. Der Geschäftsführer des Senders erinnerte sich an Klaus Ebert, den Chef des Fernsehsenders RTL Nord, der *Radio Hamburg* einige Talente weggeschnappt hatte. Deswegen hatte es zwischen den beiden Privatmedien Verstimmungen gegeben, bis man zu der Erkenntnis gelangt war, dass man vielleicht nicht gegen-, sondern mehr miteinander arbeiten sollte. Nun war dieser Moment gekommen. Der Radio-Chef rief bei seinem Kollegen vom Fernsehen an, warb für den begabten Jungen, der leider aus bestimmten Gründen sein Volontariat nicht zu Ende machen könne, und fragte, ob Klaus Ebert sich den mal ansehen würde, ganz unverbindlich. Ebert konnte und schuf damit die Voraussetzungen für eine besondere Karriere (und damit irgendwie auch für dieses Buch).

Man wäre gern dabei gewesen, als der junge Markus Lanz sich bei Klaus Ebert vorstellte, der damals den Ruf hat, einen guten Blick für Leute zu haben, die ins Fernsehen passen, und der als Vorgesetzter so geachtet wie gefürchtet war. Wenn man, wie ich, als Volontär auf einer Zwischenstation zu RTL Nord kam, erhielt man von den Redakteurinnen und Redakteuren dort genaue Anweisungen, wie man sich zu verhalten hatte, wenn der Chef anwesend war. Regel Nummer eins: nicht ansprechen. Regel Nummer zwei: nicht aufspielen. Regel Nummer drei: nicht duzen.

Markus Lanz kannte diese Regeln nicht, wahrscheinlich wären sie ihm, siehe „F… Chirac!", auch egal gewesen. Er sei damals in die Redaktion hereinspaziert, als sei es selbstverständlich, dass er seine journalistische Ausbildung nun beim Fernsehen fortsetzen würde, er trat sehr selbstbewusst auf und duzte Klaus Ebert gleich beim ersten Treffen. Geschadet hat ihm das bekanntermaßen nicht. Der neue Vorgesetzte erkannte nicht nur Lanz' Talent, er spürte auch, dass der junge Mann den großen Aufriss nur machte, um seine Unsicherheit zu überspielen. Markus Lanz bekam sein zweites Volontariat.

„Klaus Ebert gehört zu den Menschen, denen ich am meisten zu verdanken habe", sagt Lanz. Dass sie sich so gut verstanden, liegt auch daran, dass Ebert sich in seinen Schützling hineinfühlen konnte. Die beiden sind sich allein deshalb ähnlich, weil sie allzu große Nähe schwer zulassen können und weil sie am Ende, so paradox das für zwei Fernsehmenschen klingen mag, nicht gern im Mittelpunkt stehen.

Ohne Jacques Chirac wäre Markus Lanz nicht zum Fernsehen und ohne Klaus Ebert dort nicht weitergekommen. Und hätte Lanz nicht die Abbiegung zum Boulevard genommen, zu *Explosiv* und *Explosiv Weekend*, wo er 2003 auch Redaktionsleiter wurde, würde heute niemand, nicht einmal Jan Böhmermann, infrage stellen, dass er ein Journalist ist. Wenn Lanz irgendwo gebeten wird, seinen Beruf anzugeben, zum Beispiel in einem Hotel, sagt oder schreibt er deshalb auch immer genau das: Journalist. „Mit dem Begriff des Moderators konnte ich noch nie etwas anfangen", sagt er. Das sei etwas, für das man von jemand anders vorgeschlagen und das einem eines Tages wieder weggenommen werde. Journalist beziehungsweise Redakteur, denn das ist Lanz' genaue Berufsbezeichnung, bleibt man ein Leben lang.

Leben mit Lanz – Woche 20

17. Mai, Gäste: Politiker Lars Klingbeil (SPD), Journalistin Kerstin Münstermann, Journalist Christoph Reuter, Sozialpsychologe Harald Welzer

Wenn es so etwas wie eine Blaupause für die Sendungen von Markus Lanz geben würde, wäre es diese Folge vom 17. Mai, in der all die großen Themen zur Sprache kommen, die Lanz wichtig sind. Es geht um die politische Kommunikation in Deutschland, die ihm nicht klar genug ist, und um Politikerinnen und Politiker, die Bürgerinnen und Bürger unterschätzen, es geht um sein Faible für Robert Habeck, der es anders (und besser) macht, und es schimmert durch, warum die Sendung nicht „Talk vor Mitternacht" heißt, sondern *Markus Lanz*. Wie in wenigen anderen Folgen kann man die (politische) Haltung des Moderators spüren.

Ausgangspunkt für all das ist die Landtagswahl in Nordrhein-Westfalen am vergangenen Sonntag, bei der die CDU und die Grünen stark an Stimmen gewonnen, die SPD und die FDP ebenso stark verloren haben. Lanz stört sich an der ständig wiederkehrenden, ritualhaften Art von Parteivorsitzenden und -generalsekretären, Wahlergebnisse so zu deuten, wie es ihnen passt, und selbst bei deutlichen Niederlagen noch von der Möglichkeit einer Regierungsbeteiligung zu sprechen. Er holt weit aus, als er sagt: „Von 13 Millionen Wahlberechtigten gehen sechs Millionen [in Nordrhein-Westfalen] einfach nicht hin. Woher kommt das, hat das auch mit dieser Art zu kommunizieren zu tun? Bitte, ich will das jetzt nicht übergewichten, aber man hat das Gefühl: Die verkaufen uns das eh, wie sie wollen, und eigentlich nehmen wir das dementsprechend nicht mehr ernst, was dramatisch wäre. (…) Ich finde schon, dass man mal verhandeln muss, in welcher Sprache wir eigentlich miteinander reden. (…) Und meine Erfahrung ist: Wenn man den Leuten etwas zumutet, wenn man den Leuten differenzierte Kommunikation anbietet, verstehen sie das erstaunlicherweise. Und wenn es so unterkomplex wird, so ganz schlicht, ehrlich gesagt ein bisschen für Doofies, so nach dem Motto: Guck mal, Schwarz-Gelb ist abgewählt, war das nicht ein großartiger Abend für uns, dann kriegen die Leute einen Hals. (…) Das ist Marketing, das ist Politikverkaufe. Wenn Sie jemanden wie Robert Habeck sehen, zum Beispiel, der sehr differenziert kommuniziert (…)"

Es hört sich an, als würde Markus Lanz seine eigene Strategie, wenigstens die Strategie seiner Sendung beschreiben, und er wird auch wenig später grundsätzlich, als er so lange über die Versäumnisse und Fehler der SPD redet, Kritikerinnen und Kritiker würden sagen: referiert, dass der direkt angesprochene Parteivorsitzende Lars Klingbeil kaum zu Wort kommt.

Lanz sagt: „Kommen wir mal auf den Bundeskanzler, Herr Klingbeil. Sie sagen, eigentlich geht es da jetzt um soziale Fragen, ich glaube das auch. Darum geht es ganz sicher auch. Aber geht es am Ende nicht darum, mal Verantwortung zu übernehmen, wirklich ernsthaft Führung zu übernehmen? Wenn wir uns beispielsweise den Kurs angucken in der Frage der Waffenlieferungen, wo positionieren wir uns eigentlich? Ich denke manchmal, wenn Olaf Scholz seinen eigenen Interviews glauben würde, müsste er davon ausgehen, dass er jetzt den dritten Weltkrieg ausgelöst hat. In den ersten Interviews klang er so, als würde es sofort den dritten Weltkrieg auslösen, wenn Deutschland schwere Waffen liefert. Dann macht er die komplette Kehrtwende und sagt: Wir liefern schwere Waffen, wir liefern sogar Panzer. Glaubt er seinen eigenen Interviews oder glaubt er ihnen nicht? An welcher Stelle übernehmen wir welche Verantwortung? Wenn es um die Selbstlüge einer ganzen Politikergeneration geht, wenn es um die Abhängigkeit von russischer Energie zum

Beispiel geht, wo ist die große Konsequenz aufseiten der SPD? Ist es nicht dieses Kopf-in-den-Sand-Stecken, von dem Christoph Reuter [einer der heutigen Gäste] immer spricht, wo ist die große Konsequenz? Wo ist die Aufbereitung im Fall Nord Stream 2? Wo ist die Aufarbeitung im Fall Manuela Schwesig? Wo ist beispielsweise die Konfrontation mit der Verteidigungsministerin, mit Christine Lamprecht?"

Man kann sich nach so einem verbalen Angriff kaum vorstellen, dass Markus Lanz hinterher, wieder fröhlich und friedlich, mit Lars Klingbeil in der Garderobe sitzt und Fotos von ihm macht. Aber das ist mindestens so typisch für den Moderator, wie es diese Sendung war.

18. Mai, Gäste: Politiker Jens Spahn (CDU), Politikerin Eva Högl (SPD), Journalistin Kristina Dunz, Historiker Sönke Neitzel

Zwei Jahre lang haben sich Markus Lanz und Jens Spahn nicht von Angesicht zu Angesicht gesehen, der CDU-Politiker hatte alle Einladungen zu einem Besuch im Hamburger Fernsehstudio abgelehnt. Nun ist er wieder da und etwas aufgeregt. Der ehemalige Gesundheitsminister weiß, was ihm bei seinem Lanz-Comeback droht, die Fragen zu seinem Karriereknick, seinem Verhältnis zum Parteivorsitzenden Friedrich Merz, den er lange bekämpft hat, und so weiter. Er weiß aber auch, dass er da durchmuss, wenn er zurück auf die große politische Bühne will, und genau das scheint sein Ziel zu sein. Am Sonntag war Spahn bereits bei *Anne Will*, er hat sich den Zeitpunkt bewusst ausgesucht, nach den für die CDU sehr erfolgreichen Landtagswahlen in Schleswig-Holstein und Nordrhein-Westfalen. Jetzt sitzt er bei Lanz und der hat sichtlich Freude daran, dass der Bann gebrochen ist, gönnt sich ein paar Spötteleien („Wir haben uns gefragt, was Sie aktuell machen?", „Wo sitzen Sie eigentlich im Bundestag?"), gibt dem Politiker aber das, was er so dringend braucht. Sendezeit, viel Sendezeit, am Ende dreht sich fast eine Dreiviertelstunde alles um Jens Spahn, der Krieg in der Ukraine wird durch seinen Auftritt zu einem Randthema. Und obwohl Lanz und die Journalistin Kristina Dunz den Politiker in einer ungewöhnlichen Form ins Kreuzverhör nehmen, nämlich, indem sie über ihn in der dritten Person sprechen, so, als wäre er gar nicht im Studio, gelingt es Spahn im Verlauf der Sendung, das Gespräch zu seinen Gunsten zu drehen. Die Lacher der TV-Zuschauerinnen und -Zuschauer hat er spätestens nach einer Szene auf seiner Seite, in der Lanz Aufstieg und Fall des Politikers in dramatische Worte kleidet. Der Moderator sagt: „Sie werden Gesundheitsminister, haben sich endlich nach da oben durchgeboxt, es kommt diese Pandemie. Plötzlich werden Sie einer der wichtigsten Politiker Deutschlands und plötzlich sind Sie der beliebteste Politiker dieses Landes und sondieren schon mal, wie die Möglichkeiten sind als Parteivorsitzender und möglicher Kanzlerkandidat. Und plötzlich ist alles vorbei, plötzlich kippt das Ding, plötzlich ist man Anfeindungen ausgesetzt, plötzlich ist nichts mehr richtig, was man macht, plötzlich kann man es keinem mehr recht machen und plötzlich sitzt man dann …"

Spahn vollendet den langen Satz: „… bei *Markus Lanz*."

19. Mai, Gäste: Politikerin Sahra Wagenknecht (Linke), Politiker Johannes Vogel (FDP), Journalist Paul Ronzheimer, Politologin Daniela Schwarzer

Markus Lanz muss jedes Jahr eine bestimmte Anzahl von Linken-Politikerinnen bzw. -Politikern in seine Sendung einladen. Das schreibt das ZDF vor und das ist einer der Gründe, warum Sahra Wagenknecht regelmäßig auf dem Stuhl Nummer eins, direkt neben dem Moderator, Platz nimmt. Ein anderer ist, dass es zwischen Lanz und Wagenknecht, so hat er es einmal gesagt, „eine hohe Wertschätzung gibt. Ich mag die, weil sie bis in die Tiefe hinein Dinge durchdringt, und ich mag auch das leicht Autistische an ihr." Wobei es dabei offenbar Grenzen gibt. Als es in der Diskussion um die Frage geht, ob die Ukraine den Krieg gegen Russland gewinnen könne, sagt Wagenknecht:

„Die Frage ist, was soll heißen, sie gewinnt ihn? Soll das heißen, die Russen ziehen sich komplett aus allem zurück, von der Krim, aus dem Donbass, von überall?"

Lanz: „Wäre das nicht das Beste?"

Wagenknecht: „Das kann man durchaus so sehen …"

Lanz: „Und wie sehen Sie das? Sie?"

Wagenknecht: „Ich halte das nicht für realistisch."

Lanz: „Das ist nicht die Frage. Würden Sie es richtig finden, wenn die Russen sich von der Krim und aus der Ostukraine zurückziehen würden?"

Wagenknecht: „Ich hätte es für besser gefunden, wenn es überhaupt nie die Abspaltung der Krim gegeben hätte …"

Lanz: „Frau Wagenknecht, ich schätze Sie wirklich sehr …"

Der Journalist Paul Ronzheimer geht dazwischen: „Wenn Sie nicht einmal diese Frage beantworten können …"

Wagenknecht bringt Verständnis für Putin und die anderen Gäste gegen sich auf, als sie im weiteren Verlauf der Sendung Sätze sagt wie diesen: „Ein Punkt ist ja durchaus nachvollziehbar: dass Russland nicht möchte, dass auch in der Ukraine irgendwann Raketenbasen [der NATO] stehen, so wie jetzt in Rumänien und Polen, wo dann Raketen Moskau in fünf Minuten erreichen können. (…) Ich wünschte mir, all die, die jetzt diesen Krieg so wortreich verurteilen, hätten mit gleicher Intensität und Moralität auch den Irak-Krieg, den Afghanistan-Krieg, den Libyen-Krieg verurteilt, wo vor allem die USA und ihre Verbündeten die Kriegführenden waren."

Lanz versucht es an dieser Stelle ein weiteres Mal, indem er seine Frage „in Erinnerung" ruft: „Ich habe Sie gefragt, ob es gut wäre, wenn sich die Russen von der Krim und aus dem Donbass zurückziehen."

Wagenknecht setzt an: „Also, man muss wissen …"

Lanz sagt: „Meine Frage kann man mit Ja oder Nein beantworten", und er weiß, dass er diesmal keine Antwort bekommen wird. Und dass Sahra Wagenknecht immer ein Risiko ist, wenn man eine Sendung machen will, in der es nicht krachen soll.

„Habe ich Ihre Handynummer?"

Mein erstes Mal: Wie es ist, wenn eine Einladung in die Sendung kommt, nicht kommt, kommt …

Ich habe zweimal eine Einladung in eine Sendung von Markus Lanz erhalten. Das erste Mal 2009, ich hatte unter Pseudonym einen Liebesroman geschrieben, in dem es um das Verhältnis eines Chefs zu einer Praktikantin ging (und ich sagte ab, weil ich nicht verraten wollte, wer hinter dem Pseudonym steckte). Die zweite Einladung kam im Dezember 2021, mein Buch „Olaf Scholz. Der Weg zur Macht" war gerade erschienen. Allein die Inhalte der beiden Bücher zeigen, wie sich Markus Lanz in den Jahren, seitdem er die Sendung von Johannes B. Kerner übernommen hat, das war 2008, verändert hat. Heute würde er niemals den Autor eines Liebesromans einladen, selbst, wer ein ernsthaftes, politisches Buch geschrieben hat, hat es nicht leicht, zu Lanz zu kommen.

Dabei ist *Markus Lanz* für die Popularität eines Buches das, was Öl für Feuer ist, ich erwähnte es bereits. Wenn eine Autorin oder ein Autor bei ihm zu Gast ist, kann man in den Bestsellerlisten von Amazon mitverfolgen, wie sich das Buch nach oben schraubt, nicht selten ist es am nächsten Morgen unter den Top 100. Deshalb war mein Verlag aus dem Häuschen, als ich von der Anfrage aus der Lanz-Redaktion berichtete, der Verlagsleiter fragte gefühlt jeden zweiten Tag, wann ich denn nun endlich in der Sendung sein würde. Doch das war nicht einfach zu beantworten. Während die meisten anderen TV- und Radiosender, die mit mir über Olaf Scholz, den neuen Bundeskanzler, sprechen wollten, bei der ersten Kontaktaufnahme einen Gesprächstermin abmachten (und bis auf wenige Ausnahmen auch nicht viel mehr wissen wollten), fiel die erste, sehr nette Mailanfrage aus der Redaktion von *Markus Lanz* eher vage aus. Eine Redakteurin schrieb, dass man sich vorstellen könnte, mich in eine Sendung rund um den Termin der Kanzlerwahl einzuladen, und ob wir mal telefonieren könnten. Ich hatte von anderen Journalistinnen und Journalisten sowie Politikerinnen und Politikern gehört, dass man erst von einer Einladung sprechen könne, wenn man wirklich bei Markus Lanz im Studio sitzen würde, davor könne einiges dazwischenkommen. So war es dann auch.

Nach dem ersten Telefonat mit der Redakteurin, das gut eine Dreiviertelstunde dauerte und bei dem ich staunte, dass sie nicht nur mein Buch, sondern auch sonst alles gelesen hatte, was es zu dieser Zeit über Olaf Scholz zu lesen gab, stand ein genauer Termin nicht fest. Wenig später rief sie erneut an, um zu sagen, dass man mich für den 7. Dezember eingeplant hätte, in einer Sendung, in der auch Arbeitsminister Hubertus Heil zu Gast sein sollte. Das passt, dachte ich, weil Heil seit vielen Jahren einer derjenigen ist, die Olaf Scholz gut kennen und von denen Olaf Scholz viel hält. Ich gab den Sendetermin an den Verlag durch, um ihn kurze Zeit später wieder zurückzuziehen. Bei Lanz hatten sich die Pläne geändert, man fand, dass ich in die Sendung am Dienstag doch nicht passte, und bat um Verständnis. Nun sei ich für Donnerstag, den 9. Dezember, vorgesehen, unter anderem sei dann Peter Tschentscher, Hamburgs Bürgermeister, zu Gast. Das passt, dachte ich, weil Tschentscher der direkte Nachfolger von Scholz in Hamburg war und weil ich ihn als Chefredakteur des *Hamburger Abendblatts* natürlich gut kenne. Ich zögerte trotzdem, den Termin an den Verlag weiterzuleiten, und als ich es tat, geschah das mit dem Hinweis: „Bei Lanz weiß man nie."

Dass das stimmte, bewies eine erneute Mail der Redakteurin, die wie immer höflich formuliert war und der man anmerkte, dass es ihr unangenehm war, meine Teilnahme an der Sendung erneut zu verschieben. Das liege nicht an mir und das sei gar nicht so ungewöhnlich, schrieb sie und inzwischen weiß ich, dass das stimmt. Markus Heidemanns wirft notfalls auch die Pläne für eine lang geplante Sendung kurzfristig um, wenn er glaubt, dass eine andere Besetzung an dem jeweiligen Tag besser ist. Wenn es für einen Gast ganz schlecht läuft, kann eine einmal sicher geglaubte Einladung plötzlich komplett passé sein. Mir signalisierte die Redakteurin, dass ich nun für Dienstag, den 14. Dezember, eingeplant sei, zusammen mit Kevin Kühnert, dem designierten Generalsekretär der SPD. Das passt, dachte ich, weil Kühnert in den vergangenen Jahren der wahrscheinlich härteste Gegenspieler von Olaf Scholz gewesen war, auf dessen Weg ins Kanzleramt auf jeden Fall gefährlicher als Armin Laschet. Als die Redakteurin mich anrief, um ein weiteres, sehr langes Gespräch zu führen, „weil nach unserem letzten Telefonat politisch doch einiges passiert ist", konnte ich mir trotzdem nicht die Bemerkung verkneifen, dass sich der Termin sicher wieder verschieben würde.

Er tat es nicht, und dass es ernst wurde, merkte ich daran, dass mich eine andere Mitarbeiterin von Markus Lanz anrief, um zu fragen, wann man mich wo abholen und ins Fernstudio nach Hamburg-Bahrenfeld fahren sollte. Normalerweise werden alle Gäste irgendwo eingesammelt, was daran liegt, dass die meisten aus Berlin oder aus anderen Teilen Deutschlands kommen. Da ich in Hamburg arbeite, verzichtete ich auf das nette Angebot und den Transfer und fuhr im eigenen Auto in die Schützenstraße 15.

Vorher telefonierte ich ein weiteres Mal mit der Redakteurin, um letzte inhaltliche Fragen zu klären, und ich erwähne das, weil diese intensiven Vorbesprechungen und Vorbereitungen wirklich bemerkenswert waren. Ich habe rund um die Veröffentlichung des Buches über Olaf Scholz etwa 50 Interviews gegeben, das

Interesse war so groß, weil es exakt an jenem Tag erschien, an dem er zum Kanzler gewählt wurde und weil es keine andere Biografie gab. Aber niemand bereitete sich auf das Gespräch mit mir so umfassend vor wie die Redaktion von *Markus Lanz*, was etwas war, das ich von einer Talkshow nicht erwartet hätte. Ich wusste nicht, dass über jeden Gast ein Dossier von zehn und mehr Seiten angefertigt wird und dass Lanz den Anspruch an die Redaktion hat, in ihren Aufzeichnungen auf jede Frage, die er sich stellen könnte, eine Antwort zu finden. Ich habe für dieses Buch mit sehr vielen Gästen der Sendung gesprochen und alle haben dieselbe Erfahrung gemacht. Überhaupt muss man sich die Redaktion als eine politisch umfassend und sehr gut informierte vorstellen, zumindest verstärkte sich bei mir dieser Eindruck, als ich nach der Sendung mit Redakteurinnen und Redakteuren ins Gespräch kam.

Normalerweise wird die Talkshow dienstags am frühen Abend aufgezeichnet, diesmal sollten wir Gäste gegen 11 Uhr im Studio sein. Schuld an dem frühen Aufzeichnungstermin war Kevin Kühnert, der am Nachmittag zurück in Berlin sein musste. Ich fuhr um kurz nach zehn Uhr auf den Parkplatz vor dem Studio, das unauffällig in einem Gewerbegebiet liegt, kaufte bei einem Kiosk um die Ecke eine Apfelsaftschorle und lief noch etwas in der Gegend herum, weil ich nicht der Erste sein wollte. Was ich auch nicht war, als ich schließlich ins Gebäude ging und man mir einen Corona-Selbsttest in die Hand drückte, den ich trotz bereits erfolgter Dreifachimpfung wie alle anderen Gäste machen musste. In einem Aufenthaltsraum im ersten Stock warteten bereits die Journalistin Ulrike Herrmann von der *taz* und die Wirtschaftswissenschaftlerin Veronika Grimm, Mitglied des Sachverständigenrats. Kevin Kühnert kam als Letzter, ich traf ihn zum ersten Mal und war überrascht, wie schüchtern und still er war, an dem Gespräch zwischen uns anderen drei hat er sich kaum beteiligt.

Ich hätte mir mein Hemd noch einmal aufbügeln lassen können, wenn ich gewollt hätte, diesen Service bietet Lanz jedem Gast an, und ich erinnere mich, dass eine der beiden Damen ihn für ein Kleidungsstück in Anspruch genommen hat. Die Redakteurinnen, die mit uns die Vorgespräche geführt hatten, stießen nach und nach dazu, eine Mitarbeiterin führte uns in die Maske, eine andere fragte, was wir denn im Studio trinken würden. Ich hätte beinahe den Fehler gemacht zu sagen, dass ich nichts zu trinken brauche, weil ich gerade erst die Apfelsaftschorle gehabt hatte. Zum Glück entschied ich mich im letzten Moment um, denn in der Sendung hatte ich plötzlich einen solchen Durst, dass das Wasser, das bereitstand, gar nicht bis zum Ende reichte.

Gerade, als ich mich fragte, ob beziehungsweise wann Markus Lanz uns begrüßen würde, ging es ins Studio. Ich ahnte, dass ich ganz außen sitzen würde, dort, wo die journalistischen Gäste meistens sitzen, und so war es auch. Markus Lanz tauchte wie aus dem Nichts auf, er begrüßte jeden Einzelnen mit diesem Faustgruß, der in der Corona-Pandemie das Händeschütteln ersetzte. „Schön, dass es endlich geklappt hat, Herr Haider", sagte er, verschwand in meinem Rücken, um im Stehen die Gäste der Sendung anzukündigen, und dann war ich mittendrin in der Talkshow, über die ich jetzt ein Buch schreibe.

Einmal selbst dabei gewesen zu sein, war wichtig, um zu verstehen, warum die Gespräche bei *Markus Lanz* so laufen, wie sie laufen. Die Kameraleute verschwinden zu Beginn der Aufzeichnung hinter dem Scheinwerferlicht, ich war erstaunt, wie viele Menschen plötzlich im Studio waren, als alles vorbei war. Weil es kein Publikum gibt und damit keine Reaktionen, sondern nur eine konzentrierte Stille, hat man das Gefühl, mit vier anderen Leuten in einem Raum zu sitzen und sonst mit niemandem. Die Sendungen müssen früher, also mit Publikum, mit Applaus, Räuspern, Lachen und Raunen, komplett andere gewesen sein und sei es nur, weil die Zuschauerinnen und

Zuschauer die Gäste immer daran erinnerten, dass dort draußen, vor den Fernsehgeräten, noch viel, viel mehr saßen. Dieser Eindruck fiel weg, die Gesprächssituation verlor dadurch viel von ihrer Künstlichkeit und sie erforderte höchste Konzentration. 75 Minuten bei Lanz wirken wie drei Stunden im normalen Leben und allein deshalb ist es erstaunlich, dass es Tage, in der Regel die Mittwoche, gibt, an denen Markus Lanz zwei Sendungen hintereinander aufzeichnet. Ich könnte das nicht und war am Ende sicher, dass viel mehr Material aufgenommen worden war, als in die geplanten 75 Minuten passen würde, und deshalb stark geschnitten werden müsste. Der Eindruck täuschte.

Nach der Sendung wollte ich eigentlich gleich verschwinden, was ein Fehler gewesen wäre. Das liegt nicht an dem Essen und den Getränken, die es dann gibt, obwohl nicht wenige Gäste vom Champagner, dem Sushi und anderen Dingen schwärmen, die bei Lanz gereicht werden, „das ist schon eine Betreuung, die ihresgleichen sucht", sagt eine Wissenschaftlerin, die in Corona-Zeiten bekannt geworden ist und den Vergleich anstellen kann, weil sie in nahezu alle wichtigen Talkshows der Republik eingeladen war. Dass man als Gast nach der Aufzeichnung unbedingt noch bleiben sollte, liegt an den Garderoben-Gesprächen. „Herr Haider, Markus Lanz erwartet Sie", sagte nach einer halben Stunde Warten eine Mitarbeiterin zu mir und dann machten der Moderator und ich in seiner großen Garderobe dort weiter, wo wir eben im Studio aufgehört hatten. Wir sprachen über Olaf Scholz, über die Medien, über seine Sendung, über Corona und ich staunte, dass der Mann, der am nächsten Tag den Jahresrückblick für das ZDF aufnehmen sollte, so viel Zeit hatte. Weil ich nicht unhöflich sein wollte, stand ich irgendwann von selbst auf, murmelte etwas von „Sie müssen sicher noch arbeiten" und registrierte aus dem Augenwinkel, dass mein Buch neben dem Stuhl lag, auf dem Markus Lanz saß. Entweder hatte er es geschickt platziert oder er hatte es tatsächlich gelesen.

„Habe ich eigentlich Ihre Handynummer?", fragte Lanz.

Ich schickte sie ihm, er schickte seine zurück und ich dachte: Vielleicht hättest du doch noch etwas bleiben sollen.

Leben mit Lanz – Woche 21

24. Mai: Soziologe Gerald Knaus, Journalistin Cordula Tutt, Agrarökonom Matin Qaim

„Sigmar Gabriel: Der Ex-Vizekanzler (SPD) und ehemalige Außenminister nimmt Stellung zum innereuropäischen Streit um Energie-Embargos gegen Russland sowie zur Ostpolitik seiner Partei." Die Ankündigung klang interessant und Markus Lanz hatte sich seit Längerem auf den Besuch von Sigmar Gabriel gefreut. Allein: Der Politiker kommt nicht, obwohl er noch wenige Stunden vor der Ausstrahlung der Sendung fest auf der Gästeliste stand. Die kurzfristige Absage bringt Lanz in die schwierige Situation, eine politische Talkshow ohne einen Politiker machen zu müssen, die sitzen an diesem Dienstag in Gestalt von Ralf Stegner (SPD) und Norbert Röttgen (CDU) bei *Sandra Maischberger*. Röttgen hat ein „Manifest in Zeiten des Krieges" veröffentlicht und er stellt die Frage, was es eigentlich bedeute, wenn Olaf Scholz sagt, dass Russland den Krieg in der Ukraine nicht gewinnen dürfe. „Das ist eine Formulierung, die stimmt, aber sie ist unklar", so der Außenpolitiker. Es gehe darum, dass „Russland aus diesem Krieg kein Vorteil erwachsen darf" und mindestens der Status ante quo wiederhergestellt werde: „So viel Klarheit muss sein und genau diese Klarheit fehlt. Es ist das Fortleben alten, ich würde auch sagen alten sozialdemokratischen Denkens, dass wir mit Russland umgehen müssen wie mit einem rohen Ei." Genau darüber hatte Lanz mit Sigmar Gabriel sprechen wollen und über die neue (europäische) Ostpolitik, der Röttgen in seinem Manifest ein ganzes Kapitel widmet. Jetzt sitzt auf dem Stuhl neben dem Moderator, der normalerweise der Politiker-Platz ist, der Soziologe Gerald Knaus und sagt: „Die große Frage, was in einem, in zwei, in fünf Jahren die Beziehung zwischen der Ukraine und Europa sein soll, wie die Ukraine dann aussehen soll und ob man bereit ist, Teile der Ukraine zu opfern für irgendeinen Frieden, ist tatsächlich hinter dieser oberflächlichen Einigkeit in der EU noch nicht gelöst."

25. Mai, Gäste: Politiker Karl Lauterbach (SPD), Politikerin Ulrike Scharf (CSU), Journalistin Mariam Lau, Ärztin Alicia Baier

Intern haben Markus Lanz und Karl Lauterbach längst über die Sendung Anfang April gesprochen, die die beiden in die Schlagzeilen gebracht hat. Damals hatte der Bundesgesundheitsminister bei Lanz eine neue Regel zum Umgang mit Corona-Infizierten kassiert, was nicht nur andere Politikerinnen und Politiker, sondern auch Journalistinnen und Journalisten empört hatte, nach dem Motto: So, also in einer „Talkshow", kann man nicht Politik machen. Jetzt ist Lauterbach zum ersten Mal seit fast zwei Monaten wieder bei Lanz und die beiden können es sich nicht verkneifen, das Thema noch einmal aufzugreifen, manchmal grinsen sie dabei.

Lanz sagt: „Gibt es irgendetwas, was wir wissen müssen, was Sie heute verkünden möchten?"

Lauterbach: „Nein, das hat mir schon beim letzten Mal genug geschadet, dass ich hier etwas verkündet habe ..."

Lanz: „Aber es war ja gar kein Verkünden, es war die Antwort auf eine Frage."

Lauterbach: „Es war die Antwort auf eine Frage, der ich vielleicht geschickter hätte ausweichen können. Aber wie dem auch immer sei: Wenn Neuigkeiten in der Zeitung verkündet werden, ist das also unproblematisch. Das machen viele Kolleginnen und

Kollegen von mir, exklusiv in der *Zeit* und so weiter und so fort, da ist man dann stolz. In einer Talkshow ..."

Lanz: „Ich nenne es nicht Talkshow, ich nenne es eine Gesprächsrunde."

Lauterbach: „In einer Gesprächsrunde ist das noch nicht salonfähig. Aber alles gut, Hauptsache, die Entscheidung war richtig und das ist sie."

Lanz: „Nach wie vor?"

Lauterbach: „Nach wie vor. Es ging ja damals darum, ob diejenigen, die infiziert sind mit Covid, per Anordnung isoliert werden müssen oder ob das freiwillig geschieht. Und eine angeordnete Isolation durch die Gesundheitsämter ist richtig, das hatte ich hier angekündigt. Ich habe ja ein paar Stunden später ohnedies die Grünen und auch die FDP informiert, es war somit ein paar Stunden vorher hier in der Sendung gesagt worden, aber das ist nicht guter Stil und von daher: Heute keine Ankündigungen."

Das stimmt nicht ganz, denn Karl Lauterbach erzählt wie immer relativ offen, was ihn bewegt und was er plant. Ihm mache eine neue Corona-Welle im Herbst deutlich größere Sorgen als das Affenpocken-Virus, das in den vergangenen Tagen gehäuft in Europa aufgetreten ist, „daraus wird sicher keine Pandemie". Der Gesundheitsminister verrät, dass die Bundesregierung für Herbst und Winter Chargen von drei verschiedenen Impfstoffen bestellt habe, die je nach dem Corona-Virustyp, der ab September dominant ist, zum Einsatz kommen sollen. Man wolle sich diesmal nicht vorwerfen lassen, schlecht vorbereitet zu sein, sagt Lauterbach, aber Lanz hat sowieso noch eine andere Frage: „Wie ist eigentlich Ihr Verhältnis zum Bundesjustizminister, zu Marco Buschmann?" „Gut", sagt Lauterbach. „Wir haben sehr häufig eine andere Meinung ..."

26. Mai, Gäste: Politiker Bijan Djir-Sarai (FDP), Journalistin Ulrike Herrmann, Meteorologe Mojib Latif, Autor Sascha Lobo

Der erste Auftritt bei *Markus Lanz* ist für einen Politiker immer der schwierigste. Bijan Djir-Sarai kommt in seiner Position als neuer Generalsekretär der FDP nicht drumherum, zu seinen wichtigsten Aufgaben gehört es, für seine Partei zu sprechen, auch in der Sendung, die der FDP-Vorsitzende Christian Lindner seit Jahren meidet wie ein Düsseldorfer die Kölner Innenstadt. Lanz begrüßt ihn als den „Newcomer des Abends", das klingt noch nett, legt dann aber nach: „Man könnte auch sagen, ein Mann mit genau drei Problemen: Saarland, Schleswig-Holstein und NRW. Bei allen drei Landtagswahlen lief es für seine FDP so unterirdisch, dass er direkt in der Defensive war, und irgendwie wird es auch nicht besser. Marie-Agnes Strack-Zimmermann legt sich immer wieder mit der eigenen Regierung an. (…) Man erkennt da ja schon ein Muster, die FDP ist Regierung und Opposition in Personalunion, man hat zeitweise sogar das Gefühl, dass Teile der FDP ganz in der Opposition sind."

Die *taz*-Journalistin Ulrike Herrmann sagt: „Ich glaube, dass das eigentlich immer die Strategie der FDP war, wenn sie an der Regierung war. Das Problem der FDP war immer, Sichtbarkeit zu organisieren. Das ist eine Partei, die permanent gegen die Fünf-Prozent-Hürde ankämpft und immer die Angst hat, darunter zu fallen. (…) Dazu gehört diese Strategie der regierungsinternen Opposition."

Autor Sascha Lobo fragt, ob er noch etwas hinzufügen darf, und macht es einfach: „Die CSU hatte auch genau dieses Programm, dass sie, wenn sie an der Regierung war, massiv Oppositionsarbeit leistete. Vielleicht ist das einfach ein Teil der bundesdeutschen DNA, dass eine von den Parteien immer so'n bisschen pieksen muss. Ich finde das ehrlich gesagt auch als Konzept gar nicht so ganz falsch …"

Lanz: „… schön erfrischend auf jeden Fall."

Djir-Sarai: „Ich wusste ja, dass der Abend hart wird, aber nicht so hart, dass man die FDP mit der CSU vergleicht."

Es geht noch härter, als Ulrike Herrmann, in diesem Jahr vor Robin Alexander die angriffslustigste Journalistin bei *Markus Lanz*, aufzählt, wer alles die FDP nicht mehr wählt: „Sie werden nicht von Frauen gewählt", sagt sie dem Generalsekretär der Liberalen ins Gesicht. „Sie werden nicht von Senioren gewählt, Sie werden nicht von Beamten gewählt. Es gibt nur noch eine einzige Gruppe, die die FDP wählt: Das sind junge Männer, die gut verdienen." Bijan Djir-Sarai gibt zu, dass die FDP ein Frauenproblem hat, er habe sich als Ziel gesetzt, „insgesamt das Thema Diversität in dieser Partei nach vorn zu bringen, daran soll man mich messen. (…) Eine liberale Partei ist nicht komplett …",

„… wenn alle aus NRW kommen", unterbricht ihn Lanz und lenkt das Gespräch auf die Frage, ob die wichtigsten Posten in der FDP eigentlich allein von Christian Lindner vergeben werden, „muss man den gut kennen, um in der FDP Karriere zu machen?" Eine Antwort gibt wieder Ulrike Herrmann: „Es ist schon gut, wenn man aus Nordrhein-Westfalen kommt und Christian Lindner lange kennt. Ich glaube, was auch wichtig ist, ist, dass man ein Mann ist, dass man aus dem Westen ist und dass man zu einer bestimmten Jahrgangsgruppe gehört. Also, Lindner ist Jahrgang 1979, Herr Djir-Sarai ist Jahrgang 1976, Christian Dürr, Fraktionsvorsitzender, ist Jahrgang 1977 und Marco Buschmann, unser Justizminister, ist auch Jahrgang 1977. (…) Das führt zu diesem Effekt, dass sich Frauen von der FDP nicht angesprochen fühlen."

Die Begeisterung von Christian Lindner, doch einmal wieder eine Einladung von Markus Lanz anzunehmen, wird nach dieser Sendung nicht steigen. Das ist eine Erkenntnis, es gibt noch zwei weitere. Das Interesse der Zuschauerinnen und Zuschauer, ständig und nur Gespräche über den Ukraine-Krieg zu hören, muss zurückgegangen sein, denn auch im weiteren Verlauf der Sendung streift Lanz das Thema nur am Rande, vor allem geht es um den Klimawandel. Und: Während ZDF-Kollegin Maybrit Illner an diesem Donnerstag, Christi Himmelfahrt, eine Feiertagspause einlegt, zieht Markus Lanz durch. „Warum auch nicht?", sagt er. Gibt ja viel zu besprechen.

„Meine Frau ist deutlich prominenter als ich"

Der doppelte Markus:
Warum die ganze Geschichte ohne einen
Punkrocker nicht erzählt werden kann

Als Markus Heidemanns vom *Hamburger Abendblatt* einmal gefragt wurde, ob er eigentlich bei jeder Aufzeichnung von *Markus Lanz* dabei gewesen sei, nahm er sein Handy und scrollte so lange durch seine Fotos, bis er die richtigen gefunden hatte. Sie zeigten Heidemanns lädiertes Gesicht nach einer Naseoperation und man kann sich kaum vorstellen, dass er in diesem Zustand gearbeitet hat. Hat er aber, er verließ damals auf eigenen Wunsch das Krankenhaus, um bei der Aufnahme von zwei Lanz-Sendungen dabei sein zu können. Die erste Folge hielt er durch, bei der zweiten wurden die Schmerzen so stark, dass Markus Heidemanns passen und sich ins Bett verabschieden musste.

Es blieb die große Ausnahme.

Markus Lanz' Geschichte zu erzählen, ohne länger über Markus Heidemanns zu schreiben, ist unmöglich. Der Produzent und Chefredakteur, Jahrgang 1964, ist weit davon entfernt, so etwas wie der Mann im Hintergrund zu sein. Er steht, auch wenn man ihn so gut wie nie im Fernsehen sieht (einmal hat er als Gast bei einer Quizsendung mitgemacht), neben Lanz, „ich mache das alles mit ihm", sagt er selbst. Wer weiß, was gewesen wäre, wenn „mich jemand verführt hätte, mit Anfang/Mitte 30", dann hätte sich Heidemanns vielleicht dort hingestellt, wo jetzt Markus Lanz ist. Auch wenn er gern sagt, dass er fürs Fernsehen viel zu schnell und vernuschelt spricht – dass das kein Hindernis auf dem Weg zu einer großen TV-Karriere sein muss, hat Lanz bewiesen, der sich jeglichen Südtiroler Dialekt und Einschlag fürs Fernsehen komplett abtrainiert hat, weil er nicht wollte, dass die Menschen in Deutschland hören, woher er kommt.

Also: Die Sprache war es nicht, die Heidemanns' Rolle im Fernsehgeschäft bestimmte, er habe einfach „diesen ersten Schuss nicht gehabt", diesen Moment im Scheinwerferlicht, der süchtig machen kann „und der vielleicht auch mit mir etwas gemacht hätte". Heute ist Markus Heidemanns dankbar dafür, dass es diesen Moment nicht gab: „Dadurch, dass ich nicht vor der Kamera bin, habe ich hinter der Kamera viel mehr Möglichkeiten, ich kann so viel mehr machen." Er könne zwischen verschiedenen Genres hin und her wechseln, hier *Markus Lanz*, dort die *Küchenschlacht*, die er mit seinem Unternehmen Fernsehmacher produziert, er liebe die Arbeit im Team und die Möglichkeit, trotz großer TV-Erfolge ein normales Privatleben führen zu können: „Ich darf alle tollen Dingen erleben, die das Fernsehen so mit sich bringt, aber die negativen nicht. Mich kennt kein Mensch." Wenn er früher mit Johannes B. Kerner unterwegs gewesen sei, mal ein Bier trinken, habe er jedes Mal gedacht: „Wie herrlich ist das, dass die Leute dich in Ruhe lassen."

Dass Heidemanns an dieser Stelle von Kerner und nicht von Lanz spricht, zeigt nicht nur, dass die beiden nach einem Sendetag in der Regel nicht gemeinsam unterwegs sind. Der Unterschied zwischen dem Chefredakteur und seinem Moderator ist auch sonst größer, als er es zu Kerner war. „Markus und Markus ergänzen sich wunderbar, sie sind so verschieden, dass sie sich nicht in die Quere kommen, der eine hat das, was dem anderen fehlt, und umgekehrt", sagt einer der engen Weggefährten von Lanz. Dicke Freunde sind die beiden bisher nicht geworden, aber wahrscheinlich geht das auch nicht, wenn man so eng zusammenarbeitet.

Markus Lanz sagt über Markus Heidemanns, dass er als Ruhrgebietsmensch (Heidemanns ist in Nordrhein-Westfalen aufgewachsen, übrigens im selben Ort wie der heutige RTL-Chef Stephan Schäfer) eine „gewisse Leichtigkeit" und ein Gespür für das habe, was die Menschen auf der Straße interessiere. Beides stimmt und beides ist bei Lanz nicht so ausgeprägt, aber das hat eher mit Heidemanns' Naturell als mit seiner Heimat zu tun. Er habe eine „Punkrockvergangenheit", hat er einmal in einem Interview gesagt, „da ist ein etwas anderer Blick auf die Obrigkeit vielleicht in den Genen verankert". Heidemanns, der am kleinen Finger seiner rechten Hand einen großen Totenkopfring trägt, war Sänger einer Band und ist überzeugt davon, dass es mit einer guten Talkshow wie mit einem guten Konzert ist. Es gibt die, die alles vorbereiten, die die Musik komponieren und die Texte schreiben, und es gibt den, der rausgeht auf die Bühne. In seinem Punkrockleben war Heidemanns das selbst, im Fernsehen ist es Markus Lanz, der als Gesicht der Sendung aber auf das angewiesen ist, was sein Chefredakteur und dessen Team ihm liefern. Moderieren wirke immer so leicht und das solle es auch, so Heidemanns, „aber das geht nur, wenn du dich auf andere verlassen kannst".

Das wiederum, diese Vorbereitung, die Auswahl der Gäste und Inhalte, ist richtig harte, lange Arbeit und deshalb ist einer wie Markus Heidemanns eigentlich immer im Dienst, 24 Stunden, sieben Tage, man weiß nie, wann die nächste Idee kommt. Für diese Ideen macht er den Job, er will wissen, ob das, was er sich ausgedacht hat, im Fernsehen funktioniert. Er verdient als Inhaber der Fernsehmacher, die er einst mit Johannes B. Kerner gegründet hat, sehr viel Geld, er hat eine Finca auf Mallorca und eine Villa in Hamburg, es „geht mir unfassbar gut". Aber der Antrieb weiterzumachen, kommt aus einer fast schon kindlichen Begeisterung für die Spielwiese, die das Fernsehen ihm bietet.

Es ist diese Begeisterung, die, neben seiner Nahbarkeit und Konsequenz, Heidemanns dorthin gebracht hat, wo er ist. Auf dem Weg dorthin ist er im Kern Journalist geblieben, hat wie Markus Lanz ein klassisches Volontariat gemacht, bei der *Westfalenpost* in Nordrhein-Westfalen. Von dort ging er zur *Bild am Sonntag*, wo sein Bruder Martin arbeitete und er dem damaligen Chefredakteur Michael Spreng bei einem Besuch auffiel. Spreng, der vom Typ her genauso wenig zur *BamS* passte wie Punkrocker Heidemanns, wurde einer seiner wichtigsten Förderer. „Ich habe niemals einen aufrechteren Chefredakteur erlebt als Michael Spreng, er hat sich mit allen angelegt, egal wie mächtig und wichtig sie waren. Davon habe ich ganz, ganz viel gelernt", sagt Heidemanns, und dass es schön für ihn gewesen sei, Spreng später als Gast bei *Markus Lanz* gehabt zu haben: „Er war als politischer Beobachter und Einordner sehr oft in der Sendung, das war immer großartig. In der Redaktion haben sich alle darum gekloppt, wer Michael Spreng betreuen durfte."

Von Spreng hat er auch gelernt, Leserinnen und Leser, Zuschauerinnen und Zuschauer nicht zu unterschätzen, ein Fehler, der gerade im Fernsehen gern gemacht würde. Wie oft hätte der zuständige Redakteur beim ZDF, der jede Sendung von Markus Lanz vor der Ausstrahlung ansehen und freigeben muss, gefragt, ob man mit dieser oder jener Herangehensweise das Publikum nicht überfordern würde, und wie oft seien gerade dann die Quoten „besonders gut" gewesen. Heidemanns hat solche und ähnliche Momente jedes Mal als Beweis dafür genommen, dass der Wandel, den er vor vielen Jahren mit *Markus Lanz* begonnen hatte, richtig war, weg von der trivialen Unterhaltungsshow, „ein Opfer, ein Interessanter, einer mit Buch, ein Durchgeknallter" (*Medium Magazin*), hin zu der politischen Sendung.

Das ging erst, als Kerner vom ZDF zu Sat.1 wechselte und Markus Lanz vom Ersatzmann – er hatte 2008 zum ersten Mal die Vertretung von Kerner übernommen, „der immer ganz schön lange im Urlaub war" – zu einer Dauerlösung wurde. Seitdem hat Heidemanns an dem gearbeitet, was Lanz einmal selbst als den „Weg vom Wendler bis zu Olaf Scholz" beschrieb und der sehr lang war. Wenn heute jemand Heidemanns in Interviews immer noch auf den Wendler anspricht, nimmt er denjenigen als Gesprächsgegenüber übrigens nicht ernst, weil er weiß, dass er *Markus Lanz* schon lange nicht mehr gesehen haben kann.

Die falsche Wahrnehmung, das überkommene Image der Sendung ist nach wie vor ein Problem, es gibt im Land viele Menschen, die den Wandel nicht mitbekommen haben. Wahrscheinlich wäre das anders, wenn Lanz etwas mehr so wäre wie Heidemanns, wenn er Interviews oder Anfragen nicht als Risiko, sondern als Chance begreifen würde, wenn er nahbarer und lockerer wäre, wenn er also die Leichtigkeit hätte, die er bei seinem Partner schätzt. Während Lanz sein Privatleben so stark abschirmt (was man nach seiner sehr öffentlichen Verbindung zu RTL-Moderatorin Birgit Schrowange und den damals gemachten Erfahrungen verstehen kann), dass selbst die hartnäckigsten Boulevardmedien bis heute nicht den Namen seiner zweiten Tochter herausgefunden haben, geht Heidemanns recht offen damit um. „Meine Frau ist deutlich prominenter als ich", sagt er etwa, wenn er darauf angesprochen wird, dass er mit Estefania Küster verheiratet ist, der ehemaligen Freundin von Dieter Bohlen.

Heidemanns kennt das Geschäft von der anderen Seite, er hat in seiner Zeit bei der *Bild am Sonntag* in der Unterhaltungsredaktion gearbeitet und dort unter anderem mehrere Artikel über Harald Schmidt recherchiert und geschrieben. „Ich habe mal eine Geschichte darüber gemacht, dass Marcel Reif von RTL zum ZDF gewechselt ist, der Tenor war: Die öffentlich-rechtlichen Sender schnappen den Privaten die guten Leute weg", erzählt er. „Und ich habe mich gefragt, wie es denn wäre, wenn ARD und ZDF dafür wie im Fußball Ablösesummen zahlen müssten, und wer dann der wertvollste Moderator wäre."

Auf Platz 1 der Heidemanns-Tabelle landete eben jener Harald Schmidt, der die entsprechende Seite aus der *BamS* zu den Verhandlungen mit Sat.1 mitnahm, als es um seinen Wechsel von der ARD dorthin ging. Kaum war der perfekt, fragte Schmidt Heidemanns, ob er nicht als sein Berater mitkommen wolle, das war der Start der Produzentenkarriere. Bei Harald Schmidt traf Heidemanns wiederum Johannes B. Kerner, der ihn beruflich nach Hamburg zurückholte. Das war einfach, weil Heidemanns seit seiner Zeit bei der *BamS* in der Hansestadt wohnte und froh war, nicht mehr jede Woche in die Harald-Schmidt-Studios nach Köln pendeln zu müssen. Bei Kerner schließlich lernte er Markus Lanz näher kennen, der ein paar Mal in dessen Sendungen zu Gast war und dabei „immer wieder angedeutet hat, dass er so etwas auch gern einmal machen würde". Dass er endlich den Weg gehen wollte, den Heidemanns schon hinter sich hatte, von einem privaten zu einem öffentlich-rechtlichen Sender. Zum ZDF, wo er wahrscheinlich bis zum Ende seiner TV-Karriere bleiben wird, obwohl es auch ganz andere Möglichkeiten gäbe.

Leben mit Lanz – Woche 22

31. Mai, Gäste: Politiker Norbert Röttgen (CDU), Jan van Aken (Linke), Politikwissenschaftlerin Liana Fix, Ökonom Marcel Fratzscher, Lehrerin Hanna Polonska

Wie muss eine Sendung aussehen, die den Anspruch hat, ihren Zuschauerinnen und Zuschauern bei der politischen Meinungsbildung zu helfen? Vielleicht so wie diese Folge von *Markus Lanz*, in der der Ukraine-Krieg, die Reaktion Deutschlands und seiner Verbündeten, die Sanktionen und Konsequenzen von allen Seiten besprochen werden und Menschen mit sehr unterschiedlichen Sichtweisen zu Wort kommen. Der CDU-Politiker Norbert Röttgen hat die Sorge, dass die europäischen Regierungen nach fast 100 Tagen anfangen, „mehr an sich zu denken" als an die Menschen in der Ukraine. Deutschland würde die versprochenen und dringend benötigten schweren Waffen nicht liefern, obwohl der Bundestag das beschlossen habe, sagt er: „Es ist politischer Wille, das nicht zu tun." Röttgen glaubt, dass Bundeskanzler Olaf Scholz eine heimliche Agenda verfolge: Russland ist eine Realität, Russland ist wichtiger als die anderen Staaten und wir wollen mit Russland verhandeln". Deshalb tue die deutsche Regierung nichts, was die Gesprächsfähigkeit mit Wladimir Putin gefährde. Jan van Aken, wie Röttgen Außenpolitiker, aber von den Linken, sieht das völlig anders: „Ich finde Waffenlieferungen falsch, weil sie eben nicht dazu führen, dass Moskau schnell zu einer Friedensverhandlung gezwungen wird. (…) Sie müssen Druck auf Moskau an einer Stelle ausüben, deshalb bin ich dafür, dass diese [wirtschaftlichen] Sanktionen endlich einmal scharfgestellt werden." Dabei wiederum kann die Politikwissenschaftlerin Liana Fix nicht mitgehen: „Auf mittel- und langfristige Sicht ist dieses Sanktionspaket eines der mächtigsten Sanktionspakete, die gegen ein wirtschaftlich so großes Land wie Russland geschnürt worden sind." Das Problem sei sowieso ein anderes, sagt schließlich Marcel Fratzscher, Präsident des Deutschen Instituts für Wirtschaftsforschung. Das Problem sei, dass es „China und Indien gibt, große Volkswirtschaften, die Russland immer noch mit wichtigen Dingen versorgen. (…) Wenn es uns gelingen würde, China und Indien mit an Bord zu bekommen, wären die Sanktionen viel effektiver." Markus Lanz fragt sich an dieser Stelle, warum Bundeskanzler Olaf Scholz nicht mehr Druck auf den chinesischen Staatschef Xi Jinping mache, merkt aber selbst, dass das naiv ist. „Wir müssen ein bisschen vorsichtig sein bei der Vorstellung, wir müssten nur mit China reden und dann wird es schon unserer Russlandpolitik folgen", sagt Fix. Vor allem müssen wir vorsichtig sein, unsere eigenen Probleme, etwa die auf fast acht Prozent gestiegene Inflation, höher zu bewerten als die Schicksale vieler Millionen Ukrainerinnen und Ukrainer. Eines dieser Schicksale hat Markus Lanz am Anfang der Sendung in einem Gespräch mit der Deutschlehrerin Hanna Polonska gezeigt, die im Krieg ihren Mann und ihr ungeborenes Baby verloren und jetzt nur noch ihren Hund hat. Norbert Röttgen sagt: „Wir müssen uns bewusst bleiben, dass es um Krieg geht und was Krieg bedeutet. Und dass es bei allen Schwierigkeiten, die wir in Deutschland haben, mit höheren Preisen, ein Nichts ist gegenüber diesem Schicksal."

1. Juni, Gäste: Politikerin Annalena Baerbock (Grüne), Politiker Carsten Linnemann (CDU), Journalistin Anja Maier, Journalisten Christoph Giesen, Ulf Röller

Annalena Baerbock zählte bei *Markus Lanz* bisher zu den Gästen der Kategorie „waren einmal da, kommen ungern wieder". „Sie traut sich nicht", hat Lanz' Chefredakteur Markus Heidemanns Ende 2021 gesagt. Einen ihrer letzten Auftritte im Sommer 2019, damals zusammen mit Robert Habeck, beschrieb die *Frankfurter Rundschau* so: „Lanz wollte die Grünen-Überflieger mit Inhalten stellen, nicht um den heißen Brei reden. Und tatsächlich ging es am Donnerstagabend in seiner ZDF-Talkshow richtig zur Sache, sowohl von Seiten der Grünen-Vorsitzenden Annalena Baerbock und Robert Habeck als auch vom Moderator selbst. Fast wäre die Stimmung ganz gekippt. (…) Baerbock zeigte sich genervt, als sie einen Laut von Lanz als Redeunterbrechung wahrnahm, sich in seine Richtung umdrehte und ‚Ich habe doch gar nichts gesagt' zischte. Nun reichte es dem ZDF-Moderator: ‚Das war nur zustimmend gemeint. Bitte lasst uns diese Schärfe hier rausnehmen. Wir sind doch alle einig, dass wir hier was wissen und erfahren wollen. Ich will Ihnen nichts und persönlich schon mal gar nicht. Ich mag diesen Unterton nicht, vielleicht können wir den ja weglassen', pflaumte er die beiden Grünen-Politiker an."

Seitdem hatten die Einladungen von Markus Lanz an Annalena Baerbock wenig Erfolg, bis heute. An diesem 1. Juni ist die Grünen-Politikerin zum ersten Mal als Außenministerin zu Gast, zugeschaltet aus Berlin. Die Frage, ob sie sich traut, hat sich damit nicht nur erledigt, sie dürfte sich auch künftig nicht mehr stellen. Wer mit Männern wie dem russischen Außenminister Sergej Lawrow verhandelt, hat keine Angst (mehr) vor Markus Lanz. Der unterbricht Baerbock diesmal kaum, die ersten 30 Minuten der Sendung gehören ausschließlich ihr. Was auch daran liegt, dass die Politikerin die wichtigsten Fragen zum Krieg in der Ukraine so beantwortet, klar, empathisch und ohne auszuweichen, wie Lanz das von allen Politikerinnen und Politikern erwarten würde, vor allem vom Bundeskanzler.

Lanz: „Heute gab es einen interessanten Moment im Bundestag. Scholz, der so lange eigentlich nicht wirklich sagen wollte, was und in welchem Umfang wir genau in die Ukraine liefern, der Kanzler sprach heute sehr dezidiert davon, von Waffen, von Material. (…) Er hat nie so explizit darüber gesprochen und die große Frage, die wir vielleicht gleich klären können, ist: Warum ausgerechnet heute, warum dieser Moment?"

Baerbock: „Aber das ist kein neuer Moment. Alles, was Herr Scholz, was der Bundeskanzler heute vorgetragen hat, ist seit Wochen bekannt …"

Lanz: „… nicht von ihm …"

Baerbock: „… das habe ich im Bundestag schon vorgetragen, das hat die Verteidigungsministerin schon vorgetragen. Über viele Bereiche hat der Bundeskanzler auch selbst schon gesprochen, vielleicht nicht so hintereinander weg alles aufgelistet, weil die zuständigen Fachministerinnen das getan haben. Aber es macht ja noch einmal deutlich, dass dieses Bild, das von einigen gezeichnet wird, Deutschland würde gar nichts tun, dass das absolut nicht stimmt."

Lanz: „Ihr ukrainischer Außenministerkollege sagt: ‚Es gibt Länder, bei denen wir auf die Lieferungen warten, und Länder, bei denen wir es inzwischen satt sind zu warten.' Deutschland gehört in die zweite Gruppe."

Baerbock: „(…) Wenn wir sagen, dass dauert ein paar Tage, tun wir das aus guten Gründen. Aber natürlich wird auf ukrainischer Seite gesagt, ob wir nicht alles tun können, dass das ein bisschen schneller geht. Und das ist dann gar kein Gegeneinander, sondern das ist der Situation und dem Umstand geschuldet, dass die Ukrainerinnen und Ukrainer jeden Tag miterleben müssen, dass Kinder, dass Alte, dass Erwachsene ums Leben kommen. Deswegen klafft manchmal die Kommunikation ein bisschen auseinander. (…) Ich denke auch immer wieder: Wo können wir besser, wo können wir schneller werden? Aber niemand hat sich vorstellen können, dass wir in so einen brutalen Angriffs-, und ich habe heute auch gesagt: Vernichtungskrieg in der Ukraine reingeraten. Niemand hat sich vorstellen können, dass wir überhaupt in Europa darüber reden, schweres militärisches Gerät so schnell zum Einsatz zu bringen. Und dann sind wir in einer Situation, dass wir zum Glück in den letzten Jahren als NATO selber nicht nur Aufrüstung betrieben haben, weil wir nicht wie Russland einen Krieg geplant haben, dass wir deswegen in manchen Bereichen einfach Lücken haben. Und mit dieser Situation müssen wir jetzt umgehen, und zwar so umgehen, dass wir schnell und bestmöglich helfen können, wissentlich, dass es nicht die perfekte Lösung gibt."

Lanz: „Frau Baerbock, ich hören Ihnen gerade gebannt zu. Sie sagen jetzt bereits zum dritten oder vierten Mal: ‚Ich frage mich immer wieder, wo können wir besser werden, wo können wir schneller werden?' Darf ich Sie mal was ganz Persönliches fragen? Wie frustriert sind Sie manchmal, dass wir offensichtlich so langsam sind und nicht so pragmatisch wie Sie? Ihr Parteikollege Anton Hofreiter saß vor einiger Zeit hier und sagte, dass nach seinem Dafürhalten das Problem im Kanzleramt sitze."

Baerbock: „Aber das ist das Gegenteil von dem, was gerade der Situation gerecht wird. Ich kann es verstehen, dass es in der Öffentlichkeit und den Medien gern darum geht, der ist schuld oder der. Wir sind in einer Situation, die hat es so noch nicht gegeben. Wir müssen alle an einem Strang ziehen."

Sagt die Außenministerin, und kurz darauf: „Eine Politik, die auf so eine Tragödie kalt reagiert oder sich abschottet oder bewusst sagt, ich muss eine Mauer um mich bauen, damit mich das nicht berührt, die kann gar nicht verantwortungsvoll handeln. Und natürlich ist es zeitgleich so, dass man sich nicht von

Emotionen überrennen lassen darf. Deswegen, auch wenn es einem das Herz zerreißt, muss man einen kühlen Kopf haben."
(…)

Lanz: „Der Kanzler sagt, Russland darf diesen Krieg nicht gewinnen. Was sagen Sie?"

Baerbock: „Ich sage, das stimmt, was der Kanzler sagt, das habe ich auch schon sehr, sehr oft selbst gesagt. Natürlich darf Russland diesen Krieg nicht gewinnen, sondern muss ihn strategisch verlieren …"

Lanz: „… aber muss die Ukraine gewinnen?"

Baerbock: „(…) Die Ukraine darf auf keinen Fall verlieren, die Ukraine muss gewinnen."

Als das Gespräch und die Schaltung zur Außenministerin nach Berlin beendet sind, sagt der CDU-Politiker Carsten Linnemann über den Auftritt: „Sie ist aufgeräumt, sie hat eine klare Linie, erklärt ihre Politik, sie redet nicht drumherum. (…) Das, was sie macht, erwarten die Bürger." Und Markus Lanz, der bei keinem Interview mit einer Politikerin oder einem Politiker im Jahr 2022 so oft „ja" und „genau" gesagt hat wie in dieser halben Stunde mit Annalena Baerbock, nickt.

2. Juni, Gäste: Politikerin Marie-Agnes Strack-Zimmermann (FDP), Politikwissenschaftlerin Ulrike Guérot, Journalist Frederik Pleitgen, Journalistin Natalie Amiri

Die heutige Folge ist ein Rückfall in ein altes Talkshow-Muster, mit Gästen, die sich untereinander auffordern, doch „mal aussprechen zu dürfen", und einem Moderator, der nicht beruhigt, sondern sich über die Politikwissenschaftlerin Ulrike Guérot aufregt, der es in der Diskussion über den Ukraine-Krieg zu viel um schwere Waffen und zu wenig um Verhandlungen und die Rolle der USA geht. Das hört sich dann so an:

Guérot: „Wir reden von 2008, 2014 Maidan, Bürgerkrieg in der Ukraine …"

Lanz: „Das hilft uns ja heute nicht weiter."

Frederik Pleitgen, CNN-Journalist, unterbricht: „Genau, das hilft uns nicht weiter."

Guérot: „Doch, das hilft uns weiter."

Lanz: „Wissen Sie, womit ich ein Problem habe? Darf ich noch mal ganz kurz, bitte. Der Satz: ‚Das war eine völkerrechtswidrige Grenzüberschreitung', sagen Sie."

Guérot: „Ja."

Lanz: „Ich habe allein mit den Begrifflichkeiten ein gigantisches Problem. Wissen Sie, da sterben Menschen, viele Menschen, da werden Städte zerstört. (…) Sie nennen es eine Grenzüberschreitung, ich bitte Sie."

Guérot: „Ich meine das ganz physisch. Putin ist über die Grenze …"

Lanz: „Okay, sehen Sie es mir nach, ich habe das anders interpretiert."

Guérot: „Dann haben Sie es falsch interpretiert."

Die FDP-Politikerin Marie-Agnes Strack-Zimmermann geht rein: „Er hat das Land überfallen."

Lanz: „Und Sie sagen, Frau Guérot: ‚Die entscheidende Frage ist, wer mitmacht.' Was heißt denn das? Entschuldigung, wenn Sie angegriffen werden und Sie wehren sich, machen Sie dann mit?"

Guérot: „So, die Frage ist …"

Lanz: „Frau Guérot, bitte, antworten Sie einmal auf diese Frage, ganz einfach."

Guérot: „Hören Sie, wenn zwei sich streiten, wie kann sich denn einer streiten ohne den anderen?"

Strack-Zimmermann: „Sie können heute Nacht in den Park gehen und werden überfallen …"

Guérot: „Aber das sind ja die falschen Beispiele."

Lanz: „Nee, nee, das ist genau das richtige Beispiel." (…)

Guérot: „Die Frage ist: Haben wir hier eine Analyse, die darauf beruht, dass Putin allein das Übel ist?"

Lanz: „Die Antwort ist ja."

Guérot: „Die Antwort ist nein."

Lanz: „Die klare Antwort ist ja. (…) Frau Guérot, bitte, bevor das hier völlig entgleitet."

Doch da ist es schon zu spät.

„Was soll ich damit?"

Für immer ZDF – über ein verlockendes Angebot auf dem Höhepunkt der Karriere und eine schwere Entscheidung

Jan Hofer, der ehemalige Chefsprecher der *Tagesschau*, ist 2021 zu RTL gewechselt, seine Kollegin Pinar Atalay von den *Tagesthemen* auch. Linda Zervakis war ebenfalls im Gespräch mit dem Privatsender, entschied sich dann aber zu ProSiebenSat.1 zu gehen, wo sie seitdem eine eigene Show mit Matthias Opdenhövel hat, früher ARD.

Lanz selbst ist dort geblieben, wo er seit 2008 und wo sein Partner Markus Heidemanns sogar seit 1998 ist, beim ZDF. Was nicht daran lag, dass man ihn woanders nicht haben wollte, im Gegenteil. Wenn man Heidemanns darauf anspricht, dass es 2020 und 2021 „richtig fette Angebote gegeben hat" und die Redaktion von *Markus Lanz* „mit Mann und Maus hätte wechseln können" (und die Chefs damit sehr viel Geld verdient hätten), versucht er gar nicht erst, das abzustreiten oder kleinzureden. Er sagt: „Na klar" habe es diese Angebote gegeben, und natürlich hat man sie sich bei *Markus Lanz* gründlich angehört und durchgerechnet, es ging schließlich um viele Millionen. Aber am Ende hat man abgelehnt. „Wir haben es nicht gemacht und das war, glaube ich, eine gute Entscheidung", sagt Heidemanns, und dass es interessant sei, wie sich die Lage auf dem Fernsehmarkt verändert habe. Als Markus Lanz 2008 von RTL zum ZDF wechselte, wünschte ihm die damalige Chefin des Privatsenders Anke Schäferkordt „viel Spaß beim Senioren-Fernsehen", inzwischen versuche RTL, „das ZDF der Privaten zu werden".

Die Entwicklung, so Heidemanns, habe viel mit *Markus Lanz* zu tun, ohne die Sendung hätte es auch die Wechsel von Zervakis und Co. nicht gegeben: „Wir erreichen so viele jüngere Zuschauer wie keine andere politische Talkshow [Marktanteil von rund 11 Prozent bei den 14- bis 49-Jährigen], und das im ZDF. Darauf sind viele bei den Privatsendern aufmerksam geworden und wollen auch in die Richtung gehen." Deshalb war das Interesse an Markus Lanz von dieser Seite gerade so groß, die Entscheidung für das ZDF fiel am Ende knapper aus, als das öffentlich bekannt wurde. Für den Sender wäre es, so heißt es aus Mainz, sehr schmerzhaft gewesen, wenn Markus Lanz gegangen wäre, obwohl er nach wie vor polarisiere. „Seit März 2020 ist Markus Lanz mit seinen Gesprächsrunden zu einem zentralen Bestandteil der Corona-Berichterstattung des ZDF geworden, der am späten Abend die aktuellen Erkenntnisse zusammenfasst, analysiert und hinterfragt. Gleiches zeigt sich bei der Analyse des Ukraine-Krieges", sagt ZDF-Intendant Norbert Himmler über die Bedeutung der Talkreihe für seinen Sender. Und weiter: „Sowohl mit Blick auf die Zuschauerresonanz als auch auf die (feuilletonistische) Kritik kann Markus Lanz mit dieser Strategie auf ein erfolgreiches Jahr 2021 zurückblicken, in dem die Sendung ihre Akzeptanz noch einmal deutlich erhöhen konnte. Markus Lanz ist jedoch nicht nur Talk, sondern mit seinem Jahresrückblick und seinen Dokumentationen eine eigene kleine Markenfamilie geworden, dazu kommt der Podcast mit Richard David Precht."

Die Sätze des Intendanten zeigen, wie sich das Verhältnis zwischen Markus Lanz und dem Sender verändert hat. Als 2008 das Angebot kam, von RTL zum ZDF zu gehen, hat Lanz keinen Moment gezögert, „davon hatte er nicht zu träumen gewagt, er wollte immer zu einem seriösen Programm, er hat sich bei *Explosiv* nie besonders wohlgefühlt", sagt ein Wegbegleiter. Entsprechend groß war die Dankbarkeit und am Ende auch die Bereitschaft, die Rolle bei *Wetten, dass..?* zu spielen, die das ZDF für ihn vorgesehen hatte. Die missglückte Episode sorgte kurzzeitig auf beiden Seiten für Verstimmungen, doch langfristig beschäftigten, um nicht zu sagen: ärgerten Markus Lanz und Markus Heidemanns zwei andere Themen mehr: die ständig wechselnden Anfangszeiten der Sendungen und die ZDF-interne Einordnung bei der Unterhaltung, obwohl inzwischen nahezu nur noch Politikerinnen und Politiker, Journalistinnen und Journalisten, Wissenschaftlerinnen und Wissenschaftler eingeladen werden.

Mit den beziehungsweise gegen die Anfangszeiten kämpft Markus Heidemanns, seit er 1998 mit der Talkshow beim ZDF begann. Aber damals hat er sich nicht so geärgert wie heute, dass *Markus Lanz* am Dienstag um 22.45 Uhr, am Mittwoch um 0.00 Uhr und am Donnerstag um 23.15 Uhr losgeht, um nur drei Beispiele zu nennen. „Wenn du siehst, dass eine Sendung sich entwickelt, wie sich unsere Sendung entwickelt, und die Leute sagen: Das muss ich am Ende des Tages noch einmal gucken", sagt Heidemanns, dann müsse man doch reagieren. Für ihn wäre der natürliche Startpunkt für *Markus Lanz* an jedem der drei Tage um 22.15 Uhr, direkt nach dem *heute journal*, „weil wir doch immer über eines der Topthemen sprechen, um das es auch dort geht". Marietta Slomka oder Christian Sievers, Moderatorin und Moderator der Nachrichtensendung, könnten ankündigen, welche Gäste bei Lanz sind, „dann hätten wir die Klammer", sagt Heidemanns, „ich würde das Programm genau so bauen." Das ZDF sah und sieht das anders, man verweist auf Zwänge, etwa den, dass man nach 75 Minuten *Markus Lanz*, die direkt nach dem *heute journal* folgen würden, kaum noch vernünftig etwas anderes anbieten könnte, weil es dann schon 23.30 Uhr wäre. Einfacher sei es, eine halbstündige Reportage zwischen die Nachrichten- und die Talksendung zu schieben, *Markus Lanz* könne so immer noch zu einer (halbwegs) vernünftigen Zeit beginnen. Oder, um es sehr offiziell mit Norbert Himmler zu sagen: „Die

Sendung hat durchaus einen festen Sendeplatz, auch wenn die Beginnzeit im Laufe der Woche manchmal voneinander abweicht."

Wie sich *Markus Lanz* verändert hat, beschreibt der Intendant so: „Während der Schwerpunkt in den ersten Jahren des Formats seit 2008 vermehrt auf unterhaltenden, manchmal berührenden, teils boulevardesken Gesprächsrunden lag, hat das Format im Lauf der Zeit seinen Fokus zunehmend auf gesellschaftspolitisch relevante Themen und politische Aktualität verlagert. Mit der Corona-Pandemie hat sich diese Entwicklung verstetigt." Was aber nichts daran geändert hat, dass das ZDF die Sendung weiter zum unterhaltenden Teil seines Programms zählt. Markus Lanz würde es guttun, wenn er offiziell in einem Bereich wie „Nachrichtensendungen und Magazine" geführt würde, auf jeden Fall käme es dem näher, was er macht. An die Regel, die beim ZDF für vergleichbare politische Formate gilt, müssen sich Lanz und Heidemanns sowieso halten. Über das Jahr sind sie verpflichtet, Politikerinnen und Politiker verschiedener Parteien so in die Sendung einzuladen, dass „in etwa das Verhältnis abgebildet wird, mit dem sie im Deutschen Bundestag vertreten sind". Der Sender prüft das tatsächlich regelmäßig. In den ersten 25 Wochen des Jahres 2022 waren 27 Vertreterinnen/Vertreter der SPD zu Gast, 21 von der CDU, 2 von der CSU, 18 von den Grünen, 16 von der FDP, 7 von den Linken und einer von der AfD, wobei ich jeden Besuch einzeln gezählt habe, auch wenn viele Politikerinnen und Politiker mehrfach im Studio waren.

Noch genauer als auf diese Zahlen wird auf die Inhalte geguckt, jede Folge von *Markus Lanz* muss von einer zuständigen Redakteurin oder einem Redakteur des ZDF abgenommen werden. Die verfolgen die Sendung entweder direkt während der Aufzeichnung oder leicht zeitversetzt, um rechtzeitig vor der Ausstrahlung ihr Okay zu geben, auch die Namen der Gäste werden vorher von Hamburg nach Mainz übermittelt. Was nach einem strengen Regime klingt, ist aber in Wirklichkeit keins. In den Wandel von *Markus Lanz*, der immerhin so war, als würde ein Musicaltheater plötzlich klassische Opern aufführen, hat sich das ZDF nicht eingemischt, weder in die eine noch in die andere Richtung. Man habe Lanz und Heidemanns machen lassen, heißt es aus Mainz, und dass man heute ganz froh darüber sei. Denn 2021 war *Markus Lanz* noch einmal erfolgreicher als in den Jahren zuvor, im Schnitt wurde jede der rund 130 Sendungen von 1,95 Millionen Zuschauerinnen und Zuschauern gesehen, das waren pro Folge noch einmal 115.000 mehr als 2020 und fast eine halbe Million mehr als im Vor-Corona-Jahr 2019, der Marktanteil lag bei 16 Prozent. Und die Mediathek-Abrufe der Sendung, die beim ZDF gern „der Salon" genannt wird, haben sich 2021 auf 244.000 sogenannte Sichtungen fast verdoppelt.

„Im Moment bin ich genau dort, wo ich immer hinwollte", sagt Markus Lanz. „Meine Arbeit macht mir so viel Spaß wie noch nie, meinetwegen kann das immer so weitergehen." Vergessen sind die Zeiten, als er auf die Frage, ob er eines Tages nicht einfach so vom Bildschirm verschwinden (und nach Südtirol zurückkehren) würde, antwortete: „Sie meinen, einfach weg, verschluckt? Schöne Vorstellung. Einfach weg, so wie: verschwunden in einer Gletscherspalte. Ich habe manchmal einen Albtraum: Wir landen alle auf einem Fernseh-Campingplatz bei Köln und da wohnen wir dann alle gemeinsam – ehemalige Big-Brother-Kandidaten, Dschungelkönige und Talkmaster … (lacht). Im Ernst: Ja, ich schließe für mich aus, mit 60 noch in einem Fernsehstudio zu sein."

Das Zitat stammt aus einem Jahr, in dem politische Themen bei Lanz die Ausnahme waren und nicht-politische Themen die Regel und in dem man nicht davon ausgehen konnte, dass sich daran signifikant etwas ändert. Seit das passiert ist, ist auch Lanz ein anderer und dürfte Angst haben, all das, was er sich so hart erarbeitet hat, wieder zu verlieren. Das ist der Hauptgrund dafür, dass er beim ZDF geblieben ist und bleiben wird, dass er zwar viele Gespräche geführt, aber am Ende nicht eingeschlagen hat. Auch weil ihm andere ein warnendes Beispiel waren, zum Beispiel sein Vorgänger Johannes B. Kerner. „Ich habe damals gesehen, wie meine alte Redaktion mit Johannes dem Lockruf von Sat.1 gefolgt ist, das war 2009, und damit leider gescheitert ist", sagt Markus Heidemanns. Solche Wechsel vom öffentlich-rechtlichen zu einem Privatsender seien nicht so einfach, „das ZDF ist eben anders als RTL oder Sat.1". Das Format, der Moderator und der Sender müssten zusammenpassen, „es ist immer die Kombination, der Moderator an sich macht in den wenigsten Fällen eine richtig gute Sendung aus".

Vielleicht hat Markus Lanz, der in den Gesprächen über einen möglichen Wechsel (natürlich) zögerlicher war als Markus Heidemanns, wie immer hin- und hergerissen, am Ende an seine Mutter gedacht. Über die hat er einmal in einem Gespräch mit Gregor Peter Schmitz gesagt, der übrigens 2022 als Chefredakteur zu RTL ging und dort nun für den *Stern* zuständig ist: „Meine Mutter hat mich am nachhaltigsten geprägt. Eine unfassbar zähe, ältere Dame, die sehr katholisch in einem kleinen Bergdorf groß geworden ist, irgendwann werde ich mal ein Buch über alte Bergbauern machen. Diese Leute haben etwas, was wir verloren haben, sie sind nicht zu korrumpieren. Wenn man meiner Mutter mit 5.000 Euro vor der Nase wedelt, sagt sie: Was soll ich damit?"

Leben mit Lanz – Woche 23

7. Juni, Gäste: Politiker Friedrich Merz (CDU), Journalistin Ulrike Herrmann, Ex-Diplomat Rüdiger von Fritsch, Sinologin Janka Oertel

„Ein Name ist noch kein Gast", sagt Markus Heidemanns gern auf die Frage, nach welchen Kriterien Menschen in die Sendung eingeladen werden. Selten trifft dieser Satz so zu wie in dieser Folge. Der Name des wichtigsten Gastes klingt nach einem guten Gespräch, doch was dabei herauskommt, ist das Gegenteil, die Runde zieht sich und das liegt nicht daran, dass sie erst kurz vor Mitternacht beginnt. Es liegt vor allem an Friedrich Merz, CDU-Vorsitzender und Fraktionschef der Partei im Deutschen Bundestag, der in seiner eher althergebrachten Art zu sprechen und aufzutreten für das Format eben nicht so geeignet ist wie etwa Annalena Baerbock oder, um einen Parteifreund zu nehmen, Norbert Röttgen. Ein wenig hilft, dass Markus Lanz die *taz*-Journalistin Ulrike Herrmann neben Merz platziert hat, die Bundeskanzler Olaf Scholz und dessen Politik so lange preist, bis der CDU-Mann spöttisch fragt: „Bewerben Sie sich jetzt gerade auf die Stelle der Regierungssprecherin?" „Nein", gibt Herrmann zurück, „Sie können jetzt nur nicht antworten."

Das ist dann schon der Höhepunkt der Debatte, in deren Verlauf Merz unter anderem davon spricht, dass früher, als der Bundestag seinen Sitz noch in Bonn hatte, die Bedingungen für einen Redner besser gewesen seien, weil man die Reaktionen auf der Regierungsbank aus den Augenwinkeln mitverfolgen konnte. Das sei heute, in Berlin, nicht mehr möglich. Früher? In Bonn? Zufall oder nicht: Das Meinungsforschungsinstitut Forsa veröffentlicht am Morgen nach der Sendung eine Umfrage, wonach nicht einmal ein Viertel der Anhängerinnen und Anhänger der CDU/CSU glaubt, dass Friedrich Merz bei der nächsten Bundestagswahl der am besten geeignete Kanzlerkandidat der Union wäre. Merke: Ein Name ist weder ein Gast noch ein Regierungschef ...

8. Juni, Gäste: Politikerin Nancy Faeser (SPD), Psychologin Julia von Weiler, Journalist Michael Bröcker, IT-Sicherheitsexperte Linus Neumann

Normalerweise zeichnet Markus Lanz an Mittwochen zwei Sendungen auf, nämlich die für den Abend und die für den Donnerstag. Das ist anstrengend für den Moderator und auch riskant, weil zwischen der Aufzeichnung am Mittwoch und der Ausstrahlung am Donnerstag Dinge passieren können, die niemand vorhersehen kann. An diesem 8. Juni sind die Doppelfolgen ein Vorteil. Eigentlich hatte man für die Sendung als politische Gäste den Grünen-Chef Omid Nouripour und Peter Altmaier, den ehemaligen Wirtschaftsminister und Kanzleramtschef in der Ära Merkel, vorgesehen. Doch weil am Vormittag in Berlin ein Mann bei einer Amokfahrt mit seinem Auto eine Lehrerin getötet und 14 Schülerinnen und Schüler schwer verletzt hat, ändert Lanz das Programm. Die Sendung mit Bundesinnenministerin Nancy Faeser, die für den 9. Juni vorgesehen war, wird vorgezogen, wobei die SPD-Politikerin so viel über den Täter gar nicht sagen kann, außer, dass er schon öfter straf- und damit auffällig gewesen sei. Michael Bröcker, Chefredakteur von *The Pioneer*, ebenfalls aus Berlin, spricht von „20 Delikten in seiner Akte", es handele sich um mittelschwere und schwere Körperverletzungen. Markus Lanz will lieber über die Opfer als über den Täter reden, geht dann angesichts überschaubarer Erkenntnisstände aber schnell zu anderen Themen über. Man tauscht sich aus über den Krieg in der Ukraine und die Folgen für Deutschland, über Digitalisierung im Allgemeinen und Hackerangriffe im Speziellen und schließlich über sexualisierte Gewalt gegen Kinder, die ursprünglich Schwerpunkt der Sendung sein sollte.

Fast beiläufig fällt eine interessante Zahl: Deutschland habe, sagt Faeser, bisher 700.000 Geflüchtete aus der Ukraine registriert, zu großen Teilen junge Frauen und ihre Kinder, und damit so viele wie seit 2015 nicht. Doch die Stimmung sei eine andere als damals. „Es ist immer noch eine Wahnsinnshilfsbereitschaft zu sehen, die Deutschen haben sich sehr vorbildlich verhalten", sagt Faeser und fügt hinzu, dass es durchaus sein könne, dass die Zahl der Geflüchteten aus der Ukraine schon wieder gesunken sei. Derzeit würden pro Tag 20.000 Menschen über Polen in ihr Heimatland zurückkehren, da „sind bestimmt welche dabei, die zwischenzeitlich in Deutschland waren".

9. Juni, Gäste: Politiker Omid Nouripour (Grüne), Peter Altmaier (CDU), Journalistin Eva Quadbeck, Politologin Jana Puglierin

Angela Merkel hat in dieser Woche ihren ersten großen öffentlichen Auftritt seit ihrem Auszug aus dem Kanzleramt gehabt, der *Spiegel*-Autor Alexander Osang durfte sie in einem Theater in Berlin befragen. Markus Lanz hat heute den Mann zu Gast, der jahrelang Merkels Politik in Talkshows (und auch sonst) verteidigt hat. Peter Altmaier ist zurück, er lobt seinen Nachfolger als Bundeswirtschaftsminister, also den Grünen Robert Habeck, und er zeigt Verständnis für die Strategie der neuen Bundesregierung in Zeiten des Krieges. Knapp 50 Minuten sieht es so aus, als habe Lanz den CDU-Politiker nur eingeladen, um über Gegenwart und Zukunft deutscher Politik zu sprechen. Bis der Moderator den interessantesten Teil der Sendung mit dem scheinbar beiläufigen Hinweis einleitet, dass „wir ein bisschen Vergangenheitsbewältigung betreiben müssen, lieber Herr Altmaier, und da kommen Sie ins Spiel. Sie haben jetzt ein bisschen frei, nicht mehr diese ganz harten Terminpläne, diesen ganz brutalen Kalender. Sie haben ja 27 Jahre in der Politik verbracht, eine wirklich lange Zeit …"

Altmaier wird als erfahrener Lanz-Besucher ahnen, was kommt, aber er sagt zweimal: „Ja."

Lanz macht weiter: „Und jetzt hat man plötzlich Zeit, mal nachzudenken. Warum habe ich das nicht kommen sehen? An welcher Stelle haben wir nicht aufgepasst? Es gab schon 2015 die klaren Warnungen von Leuten, die gesagt haben: Pass mal auf, was die [Russen] da machen. Die fangen an, deutsche Gasspeicher zu übernehmen, die fangen an, deutsche Gasinfrastruktur zu übernehmen. Dann kommt plötzlich Nord Stream 2, auch in dieser Zeit. (…)"

Weil Altmaier weiß, worauf Lanz hinaus und was er hören will, unterbricht er den Moderator und stellt die Frage, die der auf seine typisch harmlose Art vorbereitet hat, selbst. Altmaier sagt: „Haben wir Fehler gemacht? Darüber muss man natürlich nachdenken. Und ja, ich würde einen Fehler sicherlich auch einräumen. Ich habe mir immer wieder die Frage gestellt, ob wir von russischen Gaslieferungen abhängig werden. Der Anteil ist stetig gestiegen – warum? Weil es heute kaum noch möglich ist, in Deutschland neue Gasbohrungen durchzusetzen. (…) Ich habe damals den Vorschlag gemacht, lasst uns doch LNG-Terminals bauen, in Wilhelmshaven und Brunsbüttel. Da war was los bei den Grünen in Niedersachsen und in Schleswig-Holstein. Habeck hat jetzt den Mut gehabt, diese Pläne wieder aus der Schublade zu holen." Seinem Vorgänger Peter Altmaier ist etwas gelungen, wofür er schon früher in Talkshows gefürchtet war. Er hat einen Fehler eingeräumt, den am Ende gar nicht er, sondern andere gemacht haben, weil sie nicht auf ihn gehört haben.

Lanz wäre nicht Lanz, wenn er das so durchgehen lassen würde: „Aber Herr Altmaier, Entschuldigung, Sie waren der Wirtschaftsminister, Sie waren die Regierung."

Altmaier: „Ja, natürlich."

Lanz: „Es gab nie den Moment, wo Ihnen Ihre Berater, auch strategisch, gesagt haben: Es ist nicht gut, wenn wir zu 50 Prozent von russischem Gas abhängig sind? (…) In Europa gibt es 37 LNG-Terminals, wie viele davon stehen in Deutschland?"

Altmaier: „In Deutschland steht keines."

Lanz: „Wie kann das sein? Was haben die anderen gesehen, was Sie nicht gesehen haben?"

Altmaier: „Die anderen hatten zum Teil nicht die Möglichkeit, sich über Pipelines zu versorgen, und waren auf LNG-Terminals angewiesen. (…) Wir waren uns immer relativ sicher, dass Russland seine Lieferverpflichtungen gegenüber Deutschland und den EU-Staaten erfüllt, weil es damit viel Geld verdient hatte. Was wir nicht bedacht haben, und das war vielleicht aus heutiger Sicht ein Fehler, war, dass wir vielleicht den Gashahn abdrehen. (…)"

Sagt Altmaier und redet in einer Art und Weise weiter, die es selbst Markus Lanz schwierig macht dazwischenzukommen, obwohl er es mehrfach versucht. Der Moderator scheint seinen Meister zu finden.

Als sich doch eine Lücke ergibt, fragt Lanz: „Das heißt, Sie haben sich nichts vorzuwerfen? Alles richtig gemacht?"

Altmaier antwortet: „Herr Lanz, haben Sie mir zugehört eben?"

Lanz: „Ich höre Ihnen zu, wissen Sie, ich will es nur verstehen."

Altmaier: „Ich habe gesagt, wir hätten vielleicht daran denken sollen, dass wir den Gashahn einmal abdrehen möchten. Das haben wir nicht getan. Das ist ein Fehler der Politik. Nur: Wenn ich darüber geredet habe, über LNG-Terminals, die wir bauen wollten, wenn die Kritik dagegen aufgebrandet ist, wenn ich über Industriepolitik gesprochen habe: Wie oft haben Sie mich zu diesen Themen in Ihre Talkshows eingeladen oder ein anderer, der Talkshows veranstaltet …?"

Rhetorisch wird es immer raffinierter, Altmaiers Argumentation ist etwas für Feinschmecker. Erst waren die Grünen schuld, die seine LNG-Terminals nicht wollten, jetzt ist es Markus Lanz, der ihn dazu nicht befragt hat.

Der Moderator kommt ins Stammeln, als er sagt: „Herr Altmaier, Entschuldigung, also, in, äh, es sind doch jetzt nicht Talkshows schuld daran, dass diese Art von Energiepolitik katastrophal schiefgelaufen ist. Ich bin auch weit davon entfernt, Ihnen die Schuld dafür zu geben. Ich will es nur verstehen."

Altmaier hat sein Ziel erreicht, er sagt: „Ich bin auch ganz cremig und entspannt."

„Was geht dir durch den Kopf?"

Der Podcast mit Richard David Precht und ein peinlicher Typ auf einem alten Foto

Markus Lanz lässt sich nach seiner Sendung von Gästen gern deren Handynummer geben. Er tippt sie in sein Telefon und schickt dann eine kurze SMS mit einer Nachricht wie: „Das hat Spaß gemacht, herzlich, ml." Wer schlau ist, schreibt bei Gelegenheit zurück, am besten vormittags und mit Bezug auf die Talkshow des Vorabends. Manchmal wird man von Markus Lanz auf Kommentare zu den Themen der jeweiligen Sendung, zu seiner Moderation oder zu seinen Gästen keine Antwort erhalten, manchmal eine kurze Nachricht. Manchmal wird das Telefon klingeln, er ist dran und fängt sofort mit dem Gespräch an, so als säße er im Studio, mit der gleichen Leidenschaft in der Stimme. Es ist wie im Fernsehen, nur eben viel direkter und intensiver, und es ist ein Erlebnis, übrigens eines, das gern mal eine Dreiviertelstunde oder länger dauern kann. Mit so einem Telefonat, dem weitere folgen sollten, begann auch die Geschichte des Podcasts, der zur erfolgreichsten Neuerscheinung des Jahres 2021 werden und das *Coronavirus-Update* des Virologen Christian Drosten von der Spitze der deutschen Podcast-Charts verdrängen sollte.

Markus Heidemanns hatte schon länger über einen eigenen Podcast für seinen Moderator nachgedacht. Ende 2020 rief er Philipp Westermeyer an, Gründer des OMR-Festivals in Hamburg (OMR steht für Online Marketing Rockstars) und einer der Podcast-Pioniere Deutschlands. Man traf sich zum Mittagessen, ein paar Leute von der Mhoch2 TV-Produktionsgesellschaft, die Heidemanns 2010 mit Lanz gegründet hat, waren dabei, ein paar Leute aus der Podcast-Abteilung von Westermeyer. Der war vor Jahren selbst einmal bei Lanz in der Sendung zu Gast gewesen, gemeinsam mit Richard David Precht. Das war Zufall, aber einer, der heute gern erzählt wird, weil er so gut zu der Geschichte passt, mit der die Podcast-Karriere von Markus Lanz begann. Denn relativ schnell fiel beim Brainstorming in Hamburg der Name des Philosophen und Bestsellerautors („Wer bin ich und wenn ja, wie viele?") als möglichem Partner in einem neuen Gesprächsformat. Precht hatte schon bei seinen Besuchen in der Talkshow für hervorragende Einschaltquoten gesorgt, er gehörte zu den Gästen, von denen Markus Lanz sagte, „dass ich sie gern jede Woche in der Sendung hätte". Philipp Westermeyer fühlte bei Precht vor, ob er sich ein gemeinsames Projekt mit Lanz vorstellen könne. Dann telefonierten die beiden, siehe oben, die Idee nahm Formen an, auch wenn es noch Monate dauern sollte, bis *Lanz & Precht* Premiere hatte.

Das war am 3. September 2021, in einer Zeit, in der Giovanni di Lorenzo *Markus Lanz* als „die wirkungsvollste politische Bühne", die es im deutschen Fernsehen gibt, bezeichnen sollte. Lanz war gefühlt auf dem Höhepunkt seiner Karriere, an Spitzentagen hatte seine Sendung fast drei Millionen Zuschauerinnen und Zuschauer, und das mitten in der Nacht. Trotzdem war man beim ZDF, das sich den Podcast pro Folge rund 25.000 Euro kosten lässt, unsicher, „wie das neue Projekt angenommen wird" und ob sich Lanz, der ja sowieso schon sehr hart arbeitete, nicht zu viel zumutete. Die Sorgen waren unberechtigt, *Lanz & Precht* schnellte in den Podcast-Charts von null auf 1, innerhalb kurzer Zeit hatten die beiden Männer mehr als 600.000 Hörerinnen und Hörer pro Sendung.

„Wir sollten die nächsten 277 Folgen immer mit der Frage beginnen: Was geht dir durch den Kopf?", hatte Lanz zum Start gesagt. Und: „Fernsehen ist so wahnsinnig komplex und das hier ist so einfach." Beides erwies sich als falsch. Denn die erste Frage, die Lanz Precht seitdem meist im Podcast gestellt hat, war: „Wo erwische ich dich gerade?" In der Regel saßen und sitzen die beiden bei den Aufzeichnungen nicht in einem Raum, sondern sind weit voneinander entfernt miteinander verbunden. Und einfach haben sie sich die Gespräche von Anfang an nicht gemacht, gerade Lanz nicht, der für seine intensive Vorbereitung nicht nur von Thomas Gottschalk gefürchtet ist (von dem ist überliefert, dass die Vorbereitung auf eine Sendung nicht länger dauern dürfe als die Sendung selbst ...).

Was als ein weiterer von unzähligen Gesprächspodcasts begann, wurde wahlweise zu einer „Selbstvergewisserung im Dialog" oder „einer bezahlten Selbstverwirklichung" (Zitate: Precht), mit einem nicht geringen Anteil Psychotherapie. Denn zumindest in den ersten Folgen erfuhr man viel aus dem Leben und Innenleben von Markus Lanz. Manchmal wirkte es, als hätte er vergessen, dass das, was hier passiert, kein privates Telefonat mit einem guten Freund ist. Er sprach offen über den jungen Markus Lanz, den, über den viel gespottet wurde, und sagte: „Ich wurde neulich mit einem alten Foto von mir konfrontiert und dachte: Was für ein peinlicher Typ. Man sieht dieses Gefallenwollen, aus dem Reflex heraus, es richtig zu machen, es gut machen zu wollen." Lanz redete über die Zeit seiner großen Niederlagen, den Tiefpunkt seiner Karriere nach dem Aus von *Wetten, dass..?* und den heftigen Kritiken an seinen Talkshow-Moderationen: „Die Niederlagen machen dich frei. Wenn du mittendrin bist, ist es brutal, das ist wie eine Wäschetrommel mit 1.200 Umdrehungen. Aber wenn du raus bist, kommt ein Moment der Gelassenheit, der dich sehr lange trägt. Dieses Gefühl genieße ich sehr."

„Jede tiefe Erfahrung, die man macht, ist für immer und jeder Tag, den man erlebt, auch", sagte Precht dazu und fragte: „Hast du denn wirklich das Gefühl, dass dein Leben von so vielen schweren Niederlagen gezeichnet wird?"

„Ja, doch, doch", antwortete Lanz. „Mein Sohn hat zu mir gesagt: Papa, du hast zu mir mal gesagt, dass das Leben ein Gemetzel ist. Das würde ich immer noch unterschreiben. Das Leben ist in Wahrheit ein brutales Gemetzel. So habe ich das wahrgenommen. Das hat mit den Verhältnissen, aus denen man kommt, zu tun. Ich wollte raus aus dieser Situation. Wir waren eine arme Familie."

„Du hast ein Faible für das Düstere", wird Precht zu Lanz in einer späteren Folge sagen, als der von seinen Lieblingsautoren erzählt hat, zu denen Solschenizyn („Der Archipel Gulag") genauso gehört wie Stephen King und George Orwell („1984"), und von einer Begegnung mit einem Mönch in Äthiopien. „Der war wie in einer anderen Welt, das fand ich irgendwie faszinierend", sagte Lanz über den Mann, von dem ihm vor allem ein Zitat in Erinnerung geblieben ist. Es lautet: „Ich bin tot für die Welt und die Welt ist tot für mich, das ist meine Situation."

Es sind diese existenziellen Themen, die die Gespräche von Lanz und Precht interessant machen. Am Anfang der Podcast-Reihe bezogen sie sich noch stark auf das eigene Leben, etwa, wenn Lanz davon sprach, dass er seinen 50. Geburtstag als Zäsur empfunden habe, „dann ist dein Leben so, wie es ist". Mit der Zeit ist *Lanz & Precht* vor allem wegen des Krieges in Europa politischer geworden. Was bleibt, sind zwei Männer, die sich seit „ihrem beruflichen Durchbruch, der in dieselbe Zeit fällt" (Precht), „viel Wissen draufgeschafft haben" (Lanz), der eine bei Recherchen für seine Bücher, der andere durch unzählige Gespräche vor und hinter Fernsehkameras. Ja, es kann nerven, wenn Lanz immer wieder Sätze sagt wie „Ich hatte neulich Hubertus Heil in der Sendung" oder „Ich habe mich mal mit einem sehr intimen Kenner der Politik darüber unterhalten, ich will jetzt nicht sagen, wer" oder „Mir fällt gerade eben Edmund

Stoiber ein, mit dem ich vor einiger Zeit mal darüber gesprochen habe"; aber die Wahrheit ist, dass die persönlichen Gespräche und Telefonate, die Markus Lanz jeden Tag führt, für ihn dasselbe sind wie für Richard David Precht die Bücher, die er liest. Er könne „einige Hundert Buchanfänge auswendig" hat Precht in einer Podcast-Folge behauptet. Lanz fand, dass „die ersten Sätze die wichtigsten sind", und er sagte: „In einer Welt, in der immer und immer gesendet und empfangen wird, ist Wahrheit ein Wert an sich."

Werden Lanz und Precht dem gerecht? Ein Hörer schreibt bei den Rezensionen, die man im Internet unter dem Podcast findet: „Vielen Dank für die unaufgeregten, tiefgründigen und inspirierenden Gespräche. Den Herrn Lanz hatte ich bisher völlig unterschätzt und der Herr Precht sagt nonchalant und als wäre es das Selbstverständlichste der Welt lauter Sätze, von denen ich mir wünschte, sie wären mir selbst eingefallen."

Leben mit Lanz – Woche 24

14. Juni, Gäste: Politikerin Bettina Stark-Watzinger (FDP), Journalistin Kerstin Münstermann, Psychologe Stephan Grünewald, Virologin Jana Schroeder

Drei Tage vor der Sendung sind Frank Otto, Sohn des Versandhausgründers Werner Otto, und Natalie Volk, Teilnehmerin bei *Germany's Next Topmodel*, überraschend gemeinsam beim Hamburger Presseball aufgetreten. Der Unternehmer und die „angehende Schauspielerin" sind offensichtlich wieder ein Paar, die Trennung ist vergessen und das Interesse der Boulevardmedien sehr groß, weil zwischen den beiden Prominenten ein Altersunterschied von fast 40 Jahren liegt. Was das mit *Markus Lanz* zu tun hat? Heute nichts mehr, aber früher hätte die Redaktion alles dafür getan, Otto und Volk in die Sendung zu bekommen. Vor fünf Jahren waren die zwei noch bei Lanz zu Gast, wer sich die Folge von damals ansieht, muss glauben, dass es sich um ein anderes Talkshow-Format handelt. Die Unterschiede zu 2022 könnten nicht größer sein, auch wenn das immer noch nicht alle mitbekommen haben. Sogar Gregor Gysi nicht, der in seiner Reihe *Missverstehen Sie mich richtig* Markus Lanz Ende Mai mehr als zwei Stunden befragt hat und unter anderem wissen wollte, nach welchen Kriterien Menschen in die Sendung eingeladen werden und was den Gäste-Mix ausmacht. Na ja, sagt Lanz, sichtlich überrascht, dass ausgerechnet sein Dauergast Gysi eine solche Frage stellt, „eigentlich sind wir inzwischen eine rein politische Gesprächsrunde".

Das ist auch an diesem Dienstag so, an dem es um den bevorstehenden Besuch von Bundeskanzler Olaf Scholz in der Ukraine sowie das Wieder-Aufflammen der Corona-Pandemie geht – und um die Debatte über ein soziales Pflichtjahr, die Bundespräsident Frank-Walter Steinmeier ausgelöst hat. Der macht sich Sorgen um den gesellschaftlichen Zusammenhalt in Deutschland, es ist das Thema, über das Markus Lanz im Gespräch mit Gysi gesagt hat: „Die soziale Frage ist die größte Frage unserer Zeit." Dass dieser Eindruck richtig ist, bestätigt der Psychologe Stephan Grünewald, der seit Jahren die Stimmungen der Deutschen erfasst: „Die Grundangst der Menschen ist, dass die Gesellschaft sich weiter entzweit. Die Angst ist noch stärker ausgeprägt als die Angst vor dem Klimawandel." Es gebe nur noch zwei Momente, in denen gesellschaftlicher Zusammenhalt als Wirklichkeit erfahren werde: vor dem Fernseher, wenn sich so viele Menschen eine Sendung ansehen und am nächsten Tag darüber sprechen, dass das Gefühl entstehen kann, sie gemeinsam angeschaut zu haben. Und in der Schule, vor allem in den ersten vier Jahren, in denen Kinder aus unterschiedlichsten sozialen Bereichen zusammen (und etwas über die anderen) lernen würden. Deshalb würde er als Psychologe es gut finden, wenn es ein oder einein- halb Jahre einer sozialen (Pflicht-)Zeit gäbe, in denen die jungen Menschen die Chance hätten, „noch einmal nachzureifen. Wenn uns Zusammenhalt wichtig ist, brauchen wir Begegnungsräume jenseits der Blasen." Genau so ein Begegnungsraum will Markus Lanz mit seiner Sendung sein.

15. Juni, Gäste: Politiker Michael Müller (SPD), Journalistin Claudia Kade, Politologin Gwendolyn Sasse, Ökonom Stefan Kooths

Seit mehreren Monaten fragt Markus Lanz sich und seine Gäste, wann Olaf Scholz nach Kiew fährt, und immer klingt der Vor- wurf mit, dass er sich mit dieser Reise ins Kriegsgebiet zu lange Zeit gelassen hat. Nun macht sich der Kanzler gemeinsam mit den Regierungschefs von Italien und Frankreich, Mario Draghi und Emmanuel Macron, auf den Weg in die Ukraine und es stellt sich eine neue Frage: Was wird Scholz dort verkünden? Er hatte betont, dass er nicht allein der Fotos und symbolischen Bedeutung wegen Kiew besuchen wolle, und Markus Lanz fragt deshalb: „Wohin geht die Reise, was wird das für ein Europa, das wir da gerade bauen?" Werden Scholz, Macron und Draghi, die Lenker der drei wichtigsten Länder auf dem Kontinent, verkünden, dass die Ukraine offizieller Beitrittskandidat der Europäischen Union wird? Die Antwort gibt die Politologin Gwendolyn Sasse: „Ich würde so weit gehen, dass morgen oder nächste Woche ein historischer Moment ist, der sich mit den Anfängen der EU vergleichen lässt, in den 1950ern. (…) Es ist der Moment, in dem alle Mitgliedsstaaten eine Entscheidung fällen, ein wichtiges Signal senden würden. (…) Und meiner Ansicht nach muss man diese Entscheidung jetzt treffen." Allerdings dürfe man die Kriterien eines EU-Beitritts nicht aufweichen, auch wenn Markus Lanz das nicht versteht: „Kriterien, alles gut und schön. Aber da wird gerade ein ganzes Land einfach in Schutt und Asche gelegt. Da sind Zehntausende Zivilisten mittlerweile gestorben. (…) Der parlamentarische Betrieb in der Ukraine geht weiter, ich finde das ganz bemerkenswert, dass die immer noch weiter versuchen, ihr Land am Laufen zu halten. Müssen wir das nicht irgendwann mal würdigen?" Der Beitrittsstatus wäre doch so ein Schritt, sagt die *Welt*-Journalistin Claudia Kade, man könne aber nicht von Scholz, Draghi und Macron erwarten, dass sie die Ukraine gleich als Vollmitglied begrüßen, „das ist unrealistisch, das überfordert alle Seiten". Und der Krieg würde damit auch nicht enden.

Damit die Ukraine den Angriffen Russlands standhalten und zurückschlagen kann, „hat Bundesverteidigungsministerin Christine Lamprecht heute drei Mehrfach-Raketenwerfer angekündigt", erzählt Lanz wenig später, ohne zu ahnen, dass sich daraus ein Wort-Gefecht mit dem SPD-Bundestagsabgeordneten Michael Müller ergeben wird.

Der sagt: „Das ist ein schönes Beispiel. Ich bin genauso darüber gestolpert wie Sie offensichtlich, bei der Meldung, und dachte: Drei? Ist das nicht ein bisschen wenig?"

Lanz: „Drei Mehrfach-Raketenwerfer."

Müller: „Und dann habe ich den Artikel weitergelesen, Herr Lanz, und habe gesehen, dass die USA vier liefern und Frankreich auch drei."

Lanz: „Mir geht es nicht um die Zahl."

Müller: „Doch. Es geht um die Zahl ..."

Lanz: „Nein, Sie wissen nicht, worum es mir geht."

Müller: „Doch, und Sie betonen es ja auch so."

Lanz: „Nein."

Müller: „Die Zahl drei karikiert das Verhalten Deutschlands. Wir liefern nur drei."

Lanz: „Nein, Entschuldigung, nein, nein, nein."

Müller: „Wir liefern nur drei. Aber wenn man es weiterliest ..."

Lanz: „Das habe ich nicht formuliert. Herr Müller, das habe ich nicht formuliert, bitte. Wir kennen und wir schätzen uns."

Müller: „Ich habe es so verstanden."

Als Zuschauer denkt man: Verkehrte Welt bei *Markus Lanz*, so kann es auch gehen.

16. Juni, Gäste: ehemaliger Boxweltmeister Wladimir Klitschko, Politiker Manfred Weber (EVP), Journalistin Kristina Dunz, Militärexperte Christian Mölling

Normalerweise zeichnet Markus Lanz die letzte Sendung der Woche, die vom Donnerstag, am späteren Mittwochabend auf. Das geht diesmal nicht, Olaf Scholz ist erst am Morgen in Kiew eingetroffen, hat mit Mario Draghi und Emmanuel Macron den ukrainischen Präsidenten Wolodymyr Selenskyj besucht und seinem Land, wie bei *Markus Lanz* am 15. Juni vorhergesagt, eine Aufnahme in die EU in Aussicht gestellt. Seit Stunden wird die Reise des Bundeskanzlers im Fernsehen analysiert, in Spezialsendungen auf ARD und ZDF, in einer Sonderausgabe der *phönix runde*, natürlich bei *Maybrit Illner*. Lanz ist wieder als Letzter dran, um kurz vor Mitternacht, seine „Liebe zum ZDF", von der er in dem Gespräch mit Gregor Gysi auch gesprochen hat, wird einmal mehr auf die Probe gestellt. Aus Kiew ist Wladimir Klitschko zugeschaltet, wie Lanz zwischenzeitlich ein Wahl-Hamburger, die beiden kennen sich, Klitschko gehört zu den wenigen Gästen, die der Moderator in der Sendung duzt. Der ehemalige Boxweltmeister hatte zuletzt Deutschland, dem die Ukraine „sehr viel verdanke", gegen die Kritik seines Präsidenten und des Botschafters in Schutz genommen. Was Scholz, Macron und Draghi jetzt in Kiew gesagt hätten, sei eine wichtige Botschaft vor allem an Russland, „dass die Welt gegen diese Aggression ist". Er freue sich über die Perspektive, so Klitschko, mit der Ukraine eines Tages Teil der EU sein zu dürfen: „Wir streben nach Demokratie, wir streben nach Freiheit und wollen mit der europäischen Familie gemeinsam stehen und leben." Erst einmal gehe es aber ums Überleben: „Es geht um die Souveränität unseres Landes, die Ukrainerinnen und Ukrainer sind bereit, dafür alles zu geben." Bevor Friedensverhandlungen begännen, müsse die russische Armee die Ukraine verlassen. Aber ist das realistisch?

Der Militärexperte Christian Mölling sagt, dass der Krieg zum jetzigen Zeitpunkt „nur militärisch entschieden" werden könne: „Frieden können sie nur schließen, wenn beide Seiten meinen, dass der Waffengang nicht mehr lohnt. (…) Ich glaube, da liegt auf deutscher Seite die Illusion, man müsste es den Russen bloß anbieten, dann würde es schon passieren." Die Journalistin Kristina Dunz glaubt, dass der „Tag unglaublich bedeutend für die

Ukraine" war, sagt aber: „Es war sehr sichtbar, dass das Verhältnis zwischen Präsident Selenskyj und dem Bundeskanzler am angespanntesten ist." Was unter anderem daran liegt, dass Scholz nicht die Führungsrolle in der Unterstützung der Ukraine übernommen hat, die man dort von ihm erwartet. „Er wird auch nicht der europäische Führer werden, er will seine Verantwortung etwas kleiner halten. (…) Ich habe das Gefühl, dass er sehr stark unter diesem Druck ist, nichts falsch machen zu dürfen, auf keinen Fall, für sein Land. Das steht an erster Stelle." Dabei gehe es um viel mehr, so der Europapolitiker Manfred Weber: „Wenn Putin Erfolg hat, entscheiden wir in diesen Tagen, in welcher Welt wir in den nächsten Jahrzehnten leben. (…) Und ich will in dieser Welt nicht leben. Ich will in einer Welt leben, in der Recht und Rechtstaatlichkeit, Demokratie und Freiheit obsiegen. Das ist die Grundsatzfrage, die im Raum steht, und deshalb brauchen wir Entschlossenheit und Stärke."

„Wir wurden mit Politik nicht groß belästigt"

Warum für Talkshows mit dem Ende der Ära Merkel eine neue Zeit begonnen hat

Es ist Zufall, dass die großen Höhepunkte in der Karriere von Markus Lanz, die Verleihung des Deutschen Fernsehpreises, eine durchschnittliche Zuschauerzahl von fast zwei Millionen und die Spitzenposition in den deutschen Podcast-Charts, mit dem Ende der Ära Merkel zusammenfallen. Aber es ist ein Zufall, der passt.

Lanz hat mit Richard David Precht in einer Folge ihres Podcasts über die 16 Regierungsjahre der Kanzlerin gesprochen, in denen „Deutschland Opportunitätskosten in einem unvorstellbaren Maß angehäuft hat", wie der Philosoph es formulierte und fragte: „Was haben wir alles *nicht* gemacht?" Die Antwort darauf hat erst die Corona-Pandemie und dann der Krieg in der Ukraine gegeben, auf beides war Deutschland nicht annähernd vorbereitet, erst fehlten Masken, dann Waffen.

Die beiden schlimmsten Ereignisse seit dem Ende des Zweiten Weltkriegs haben unsere Gesellschaft bis zur Fassungslosigkeit erschüttert und ihr zwei Erkenntnisse gebracht. Erstens: Die Zeit der Sicherheiten und politische Gewissheiten ist vorbei. Zweitens: Wir Bürgerinnen und Bürger können von Politikerinnen und Politikern nicht mehr erwarten, dass sie endgültige Wahrheiten verkünden oder zumindest so tun. Sie zu bekommen, war jahrzehntelang unser Anspruch und dieser Anspruch deckte sich mit der Politik in der Ära von Angel Merkel, in der nicht nur die Entscheidungen, sondern auch die Kommunikation alternativlos waren. Die Menschen sollten zwischen den Wahlen möglichst wenig behelligt werden, „wir wurden mit Politik nicht groß belästigt", sagt Markus Lanz. Wenn Merkel sich äußerte – und das war bekanntlich nicht oft –, fielen die Ansagen kurz, knapp und klar aus. Die mündige Bürgerin, der mündige Bürger waren kaum gefragt, es ging um Stabilität und Komfortzonen. „Die verunsicherten Menschen sollten beruhigt werden", hat Precht das genannt. „Der Pragmatismus des Gemochtwerdens hat grundsätzlich verhindert, die größten Probleme anzugehen."

Mit dieser Strategie konnten alle gut leben, die Kanzlerin genauso wie ihr Volk. Merkels Nachfolger Olaf Scholz wollte sie fortsetzen, diese leicht einschläfernde politische Kommunikation, hat aber nach den ersten Wochen des Ukraine-Krieges gemerkt, dass er damit nicht weiterkommt. Andere Politikerinnen und Politiker haben den Bruch mit der Sprache der Ära Merkel, die manchmal eine Zumutung, dafür aber scheinbar frei von Zumutungen war, längst vollzogen. Allen voran Robert Habeck. Der Wirtschaftsminister und Vizekanzler versucht gar nicht mehr, den Menschen das Gefühl zu geben, er wisse und könne alles, im Gegenteil. Er sagt: Bei mir bekommt ihr auch Zweifel, Abwägungen und Überlegungen. Es ist das, was man meint, wenn man davon spricht, dass man Habeck beim Denken zuhören kann. Es macht nicht nur Markus Lanz Spaß, ihn über Politik reden zu hören, weil Habecks Interviews und Ansprachen das Gegenteil des Merkel'schen Frontalunterrichts sind und weil dabei das Gefühl entsteht, dass der Abstand zwischen der Politik und dem Volk gar nicht so groß ist, wie wir immer dachten. Dass es eben nicht die einen gibt, die alles wissen und entscheiden, und die anderen, die brav zuhören und ansonsten die immer komplexer werdende Politik nicht verstehen. „In unseren Parteien wird heutzutage – im Gegensatz zu den Zeiten von Adenauer, Brandt, Schmidt, Strauß und Kohl – auf dramatische Weise und mit weitreichenden Konsequenzen die eigene Bevölkerung und deren Bereitschaft unterschätzt, sich mit größeren Zusammenhängen auseinanderzusetzen", schreibt der CDU-Politiker Norbert Röttgen in seinem „Manifest in Zeiten des Krieges". Das findet Markus Lanz schon lange und auch Röttgens zweite Einschätzung deckt sich mit seinen Zielen: „Wir Demokratien brauchen auch eine Resilienzstrategie, und zwar eine, die auf der Stärke von Demokratien aufbaut. Ihr Schlüsselelement lautet daher Vertrauen. Vertrauen hat Voraussetzungen, zu denen Kompetenz, Vorbereitung und offene Kommunikation, die die Bürger nicht für dumm hält, zählen."

Politikerinnen und Politiker, die glauben, auf Fragen nicht antworten zu müssen, und die versuchen, mit Floskeln und Phrasen durchs Leben und Interviews zu kommen, werden es künftig schwer haben. Das mag in der Vergangenheit funktioniert haben, in einer Zeit, in der Menschen entweder der Eindruck vermittelt wurde, dass sie sich um Politik nicht zu kümmern brauchten, oder bei ihnen selbst das Gefühl entstand, dass diese Politik mit ihrem Leben nichts zu hat. Heute spürt jede und jeder, wie Entscheidungen, die in Berlin oder den jeweiligen Hauptstädten der Bundesländer getroffen werden, den eigenen Alltag prägen und verändern. Das begann mit den Lockdowns in der Corona-Pandemie und geht bis zu den kriegsbedingten Preiserhöhungen bei Gas und Öl. All das berührt einen und deshalb will man mitsprechen, wenigstens verstehen können, was Politikerinnen und Politiker machen und warum.

Das ist der neue Anspruch an politische Kommunikation. Wenn man keine Gewissheiten mehr liefern kann, dann muss man es mit Ehrlichkeit probieren und Entscheidungen nicht verkünden, sondern die Bürgerinnen und Bürger offen an Entscheidungsprozessen teilhaben lassen. Nur so können sie verstehen, wie dieser oder jener Beschluss entstanden ist, nur so können sie die politische Willensbildung nachvollziehen und das Gefühl vermittelt bekommen, ein Teil derselben zu sein.

Das klingt wie eine Zusammenfassung von Markus Lanz und das ist der Grund, warum der Journalist mit seiner Talkreihe so weit gekommen ist. Lanz hat gesagt, dass er durch seine eigene Sendung politisiert worden sei, so geht es sicher vielen der Millionen Zuschauerinnen und Zuschauer, die ihm dreimal in der Woche zusehen. Jahr für Jahr hat er sich mehr mit Politik, Politikerinnen und Politikern beschäftigt, einfach, weil es das war, was ihn wirklich interessiert hat. Markus Lanz nahm damit eine Entwicklung vorweg, die in den letzten Zügen der Ära Merkel größere Teile des Landes erfassen sollte. So traf eine politisierte Sendung auf eine politisierte Nation, Lanz war zur richtigen Zeit mit dem richtigen Programm an der richtigen Stelle. Es war so etwas wie ausgleichende Gerechtigkeit für *Wetten, dass..?*, wo er zur falschen Zeit am falschen Ort war.

Alle politischen Talksendungen, alle politischen Magazine und Internetportale haben von der geschilderten Entwicklung profitiert. „Man merkt über die ganze Bandbreite der TV-Sender eine verstärkte Nachfrage nach journalistischen Inhalten. Das hat mit der Pandemie, aber auch mit einer allgemeinen Politisierung der Gesellschaft zu tun", sagt Nikolaus Blome, ehemaliger stellvertretender Chefredakteur des *Spiegel* und heute bei RTL. „Die finden wir an der Spitze nicht schön, weil sie auch in eine Radikalisierung gekippt ist; aber offensichtlich liegt ihr ein breiter Unterstrom politischen Interesses zugrunde, der stärker ist, als er es zuvor war." Auch sein eigener Sender ist politischer geworden und man hätte sich sicher gefreut, wenn Markus Lanz dorthin zurückgekehrt wäre, wo seine Fernsehkarriere begonnen hat. So einen wie ihn im Programm zu haben, hätte man sich beim Privatsender sehr gut vorstellen können, anderes nicht. „Wir hatten bei RTL kein Interesse an einem weiteren Stuhlkreis, der *Anne Will* oder *Maybrit Illner* kopiert", sagt Blome. „Wenn das dort funktioniert, freut mich das für die Kolleginnen, ich habe Zweifel an dem Modell, weil es ritualhaft geworden ist."

Für Markus Lanz gilt das nicht. Er profitierte davon, dass er, anders als etwa Will und Illner, nie zum politisch-medialen Establishment gezählt wurde, zu der Kategorie Sendung, bei der die Kanzlerin anrufen kann und dann sofort eine Show ganz für sich allein erhält (wobei man in Hamburg so eine Anfrage sicher auch nicht abgelehnt hätte, wenn sie denn gekommen wäre). Lanz hat lange darunter gelitten, dass er der Außenseiter war, der Junge aus Südtirol, der Boulevard-Mann von RTL, der *Wetten, dass..?*-Versenker, der Typ, der aus Norddeutschland sendet, weit weg von der Hauptstadt. Spätestens 2020 war das ein Vorteil, weil ihm seine Unabhängigkeit und seine Distanz erlaubten, seine Sendung so zu machen, wie er sie macht.

Lanz wünscht sich Politikerinnen und Politiker, die wissen, was sie tun, und die deshalb keine Angst haben, dazu befragt zu werden. Und er wünscht sich, dass sie ihre Politik verständlich beschreiben können und es anderen dadurch möglich machen, sich damit auseinanderzusetzen. Das ist seine Mission. „Demokratie lebt davon, dass man Politik nicht nur verkündet", sagt Armin Wolf, Österreichs Pendant zu Markus Lanz. „Das eine ist, das politische Handwerk im Alltag zu beherrschen, das andere ist, darüber zu sprechen", sagt Kevin Kühnert, der Generalsekretär der SPD. „Eine Politik, die nur zwischen Aktendeckeln stattfindet, ist keine Politik, das ist Verwaltung."

„Es ist eine gute Zeit für Leute, die etwas erklären können", sagt Markus Lanz. Und für die, die sie dazu zwingen.

Leben mit Lanz – Woche 25

21. Juni, Gäste: Politiker Stephan Weil (SPD), Journalisten Robin Alexander, Johannes Hano, Ökonomin Monika Schnitzer

Wer *Markus Lanz* regelmäßig verfolgt, kann schon aus der Bekanntgabe der Gäste am frühen Abend herauslesen, wie die Sendung wird. Vor allem, wenn Robin Alexander zu Gast ist. Markus Lanz und der Bestsellerautor sind über die Jahre ein eingespieltes Team geworden und zu zweit für Politikerinnen und Politiker gefährlicher, als es einer allein wäre. Niedersachsens Ministerpräsident Stephan Weil weiß das, ihm ist vor der Aufzeichnung mitgeteilt worden, wer mit ihm im Studio sitzen wird, und er dürfte ahnen, dass es bei der anfänglichen, eher harmlosen Diskussion über die Folgen der eingeschränkten russischen Gaslieferungen an Deutschland nicht bleibt. So ist es, als nach rund 20 Minuten Lanz und Alexander scheinbar unter sich darüber sprechen, warum der größte Gasspeicher im niedersächsischen Rehden trotz der Annexion der Krim 2014 in russische Hände geraten ist.

Alexander sagt: „Da haben unsere Leute unsere Infrastruktur an die Russen verkauft."

Lanz unterbricht: „Unsere Leute, Moment, das muss man präzisieren. Unsere Leute waren in diesem Fall BASF beziehungsweise Wintershall DEA, es war nicht Herr Weil, der da verkauft hat."

Alexander: „Aber die sind politisch ermuntert worden."

Lanz: „Was heißt politisch ermuntert?"

Alexander: „Die Idee war, dass sich unsere Unternehmen mit den russischen so verflechten, dass es nie wieder Krieg mit den

Russen gibt, weil wir wirtschaftlich schon fast eins sind. Und das Gegenteil ist passiert. Die können Krieg führen und wir müssen den Krieg weiter finanzieren, weil wir so verflochten sind."
Lanz: „Das ist die groteske Situation."
Alexander: „Und das ist wirklich ein epochales Unglück."
Lanz: „Sie nennen es ein historisches Versagen."
Alexander: „Ja, das ist wirklich eine Katastrophe. Natürlich zuallererst für die Ukraine, aber für uns jetzt auch vielleicht."
Viel geschickter kann man nicht vorbereiten, was danach kommt.
Lanz sagt, zu Weil gewandt: „Sie sind 2013 Ministerpräsident geworden. 2015 geht dieser Deal [mit dem Gasspeicher in Rehden] über die Bühne, der Wirtschaftsminister heißt Sigmar Gabriel, auch ein bekannter Niedersachse aus dem schönen Goslar. Hatten Sie ein mulmiges Gefühl, dass Sie den Russen ein Viertel der deutschen Gasspeicherinfrastruktur überlassen? (...)"
Weil: „(...) Es ist ein Zeichen dafür, dass wir deutlich zu wenig Problembewusstsein damals hatten, und wenn ich wir sage, meine ich die Gesamtheit der deutschen Politik, denn ich kann mich nicht entsinnen, dass das damals problematisiert wurde. (...) Wir haben es versäumt, das Ganze zusammenzusetzen zu einem Puzzle und zu sagen: Da braut sich was zusammen und wir müssen mindestens Vorkehrungen treffen. Wir wollen gern versuchen, Kontakt aufrechtzuerhalten, aber bei all diesen Kontakten müssen wir auch zum Ausdruck bringen, dass wir für andere Fälle vorbereitet sind. Das ist unterblieben und das ist ganz sicher ein Versäumnis."
Wenig später sagt Robin Alexander: „Putin dachte doch, dass er diesen Krieg führen kann, und wir machen einfach weiter. (...) Die Frage ist doch: Wieso hatte er diese Idee von uns? Wieso hielt er uns für so korrupt, dass es uns egal ist, wenn er so einen Krieg führt? Dass wir Putin von uns diesen Eindruck vermitteln konnten, dass wir als Gesellschaft so korrupt sind, das ist schon bitter für uns alle."

22. Juni, Gäste: Politiker Alexander Graf Lambsdorff (FDP), Sicherheitsexpertin Florence Gaub, Energieökonomin Claudia Kemfert, Publizist Wolfram Weimer

Liegt es daran, dass ich ein halbes Jahr lang jede Folge *von Markus Lanz* gesehen habe, oder trifft die oft geäußerte Kritik an Talkshows, dass man dort immer wieder auf dieselben Menschen stößt, die ähnliche Dinge sagen, auch hier zu? Die heutige Folge hat etwas von einem Déjà-vu, der FDP-Politiker Alexander Graf Lambsdorff, der Publizist Wolfram Weimer, die Sicherheitsexpertin Florence Gaub, alle schon oft bei *Markus Lanz* gesehen. Ursprünglich sollte noch Ulrike Herrmann von der *taz* dabei sein, sie musste absagen, weil sie eine Einladung von Sandra Maischberger angenommen hatte. Ja, Fernsehen hat viel mit wiederkehrenden Mustern zu tun, auch, was die Diskutierenden einer Talkshow betrifft. Aber der Grat zwischen „den kenne ich" und „die schon wieder" ist schmal, auch bei Markus Lanz, der seine Gäste aus einem gefühlt enger werdenden Kreis rekrutiert. Was wahrscheinlich mit dem thematisch alles dominierenden Krieg in der Ukraine zu hat, um dessen sehr konkrete Folgen für Deutschland es heute geht. Als zu Beginn der Sendung ein kurzer Einspielfilm mit Robert Habeck gezeigt wird, fühlt man sich an frühere Sendungen erinnert, in denen Wirtschaftswissenschaftler behauptet hatten, dass ein Ende der Gaslieferungen aus Russland für Deutschland gar nicht so gefährlich wäre. Das hört sich jetzt anders an, wenn der Bundeswirtschaftsminister sagt: „Wir reden hier über eine politische, eine ökonomische Situation, die schlimmer werden kann als die Corona-Pandemie." Lanz sagt: „Die Botschaft ist klar, es wird ganz offenbar ungemütlich in Deutschland. (…) Wenn man so eine Ansage macht, das ist hart an der Grenze zum Alarmismus." Er nehme die Worte Habecks sehr ernst, so Wolfram Weimer, denn „die Russen haben den Gaskrieg eröffnet". Und die Energieökonomin Claudia Kemfert erklärt: „Russland setzt schon immer Gas als politische Waffe ein, die haben mehrfach auch anderen Ländern den Gashahn abgedreht. Wir mussten vom 24. Februar an damit rechnen, dass das auch bei uns passiert, und zwar täglich. Das ist nicht in ausreichender Art und Weise passiert, es fehlen die Szenarien. (...) Wir müssen runter mit dem Gasbedarf."

Weil das der Kern und damit die Lösung des Problems ist, fragt Lanz, nachdem lange darum gestritten worden ist, wo neue Energie für Deutschland herkommen könnte, ob es nicht besser wäre, am Verbrauch zu sparen. Was, will er von Alexander Graf Lambsdorff wissen, halte die FDP denn zum Beispiel von einem autofreien Sonntag?

Der Politiker sagt: „Ach, ein autofreier Sonntag, kann man mal machen..."

Lanz: „Kann man mal machen oder machen wir gesetzlich?"

Lambsdorff: „Herr Lanz, ich würde es nicht national machen, aus einem ganz einfachen Grund. Wir sitzen hier in großen Städten und sagen: Machen wir einen autofreien Sonntag. Aber in der Eifel, im Bayerischen Wald und in der Uckermark, wenn Sie dort einen autofreien Sonntag machen, machen Sie auch einen omafreien Sonntag, und das muss nicht sein."

Lanz: „Och, bitte, Herr Lambsdorff, bitte, nicht dieses Argument. Dass jetzt immer die Oma rausgeholt wird ... Bitte, wirklich nicht. Das ist wirklich unter unserem Niveau. Echt."

Lambsdorff: „Überhaupt nicht, das ist das pralle Leben."

Lanz: „Kommen Sie. Dann besuchen Sie doch Ihre Großmutter am Samstag, wo ist das Problem?"

In dem Ton geht die Diskussion weiter, und obwohl die Gäste alte Bekannte sind, hat die Sendung mehr Tempo als vorhergehende. Was vielleicht auch an einer kleinen, aber nicht unwichtigen Veränderung liegt. Zum ersten Mal seit Beginn der Pandemie sitzen Lanz und seine Gäste im Studio wieder so eng zusammen wie vor Corona, die Zeiten des großen Abstands zwischen den Stühlen sind offenbar vorbei. Und dass, obwohl am Dienstag der ZDF-Korrespondent Johannes Hano kurz vor Aufzeichnung der Sendung positiv auf das Virus getestet worden war und deshalb aus einem Extraraum im Redaktionsgebäude zugeschaltet werden musste …

23. Juni, Gäste: Politiker Dietmar Bartsch (Linke), Politologin Jessica Berlin, Journalistin Olivia Kortas, Historiker Sönke Neitzel

Markus Lanz weiß nicht, dass diese Sendung die letzte ist, die ich mir für dieses Buch ansehe, aber er zeigt im Gespräch mit Dietmar Bartsch noch einmal, was ihn ausmacht. Die geschickte, weil harmlos wirkende Hinführung zu schwierigen Themen (in diesem Fall das Verhältnis der Linken zur NATO), das ständige Nachfragen und Insistieren, die eigene Betroffenheit und Haltung, all das gibt es in einem längeren Dialog mit dem Fraktionschef der Linken im Deutschen Bundestag, der, in Auszügen, so klingt:

Lanz: „Wir beide haben uns letztes Mal so ein kleines Scharmützel in Bezug auf die NATO geliefert. (…) Ich habe mich die ganze Zeit gefragt: Wie geht es Ihnen eigentlich, auch mit der Geschichte Ihrer Partei, Ihrer Position zur NATO zum Beispiel? Ist die NATO am Ende nicht doch eine feine Sache, wie man jetzt gerade feststellt?"

Bartsch: „Also, ich drehe das jetzt mal um und kann nur feststellen, dass Putin eins geschafft hat: dass die NATO eine Sympathieskala nach oben geklettert ist, wie noch nie."

Lanz: „Auch bei Ihnen, auch bei Ihnen?"

Bartsch: „In Deutschland."

Lanz: „Aber bei Ihnen?"

Bartsch: „Mein Verhältnis hat sich davor zu jetzt nicht so sonderlich verändert."

Lanz: „Sie fanden die immer schon gut, die NATO?"

Bartsch: „Nein, nee, ... Ich hatte die Hoffnung gehabt, dass nach der Systemkonfrontation sowohl Warschauer Vertrag als auch NATO obsolet werden."

Lanz: „Aber jetzt ist doch ganz gut, dass wir sie haben, oder nicht?"

Bartsch: „Jetzt ist es doch so, dass in Finnland und in Schweden souveräne Entscheidungen getroffen werden, dass diese Länder Mitglieder werden wollen."

Lanz: „Finden Sie gut?"

Bartsch: „(…) Dass Schweden nach über 200 Jahren Neutralität sagt, wir wollen jetzt NATO-Mitglied werden, dass ist so ein qualitativer Sprung …"

Lanz: „Verstehen Sie das?"

Bartsch: „Die Linke in Finnland und Schweden, die nun ursprünglich wirklich keine Sympathie für die NATO hatte, dass die dort auch differenzierte Sichten haben, dass dort auch Abgeordnete zugestimmt haben, sagt ja etwas über eine Entwicklung. Wir werden uns in Deutschland wie alle anderen dazu verhalten müssen. (…)"

Lanz: „Sie haben in Ihrer Partei Leute wie Sahra Wagenknecht, die jetzt gerade wieder Schlagzeilen macht, weil sie über die NATO-Provokation nachdenkt."

Bartsch: „Was die NATO-Aktivitäten nach 1990 betrifft, kann man sicher eine sehr, sehr differenzierte Sicht haben und ich sage ganz klar: Es war damals nicht klug von Obama, erstens zu sagen, dass Russland eine Regionalmacht ist, und zweitens zu sagen, die Ukraine kommt in die NATO. (…)"

Lanz: „Ich frage mich gerade: Wie schaffen Sie es eigentlich immer, dass es am Ende so gedreht ist, dass doch die Amerikaner schuld sind?"

Bartsch: „Das habe ich wirklich nicht gesagt."

Lanz: „Doch, doch, das haben Sie gerade. (…) Es sind übrigens genau diese Amerikaner, denen es die Ukraine verdankt, dass sie überhaupt noch da ist."

Der Historiker Sönke Neitzel mischt sich ein: „Das könnte doch die Linkspartei mal sagen und sagen ‚Danke, USA, dass ihr die Ukraine beschützt habt.'"

Lanz: „Das meine ich."

Bartsch: „Ich bedanke mich bei anderen Ländern ziemlich selten, ich sage nicht mal Danke an Deutschland oder so, wofür?"

Lanz: „Wirklich nicht? Ich würde Ihnen aus dem Stand jetzt 20 Gründe nennen, warum ich immer und jederzeit ‚Danke, Deutschland' sagen würde, wirklich."

Das wäre ein schönes Schlusswort, wenn die Politologin Jessica Berlin nicht ganz am Ende der Sendung die wichtigsten Sätze sagen würde, die im ersten Halbjahr bei *Markus Lanz* gefallen sind und in denen die Antwort für alle Fragen steckt, die wir uns über die Rolle Deutschlands im Krieg um die Ukraine stellen. Berlin sagt: „Es gibt nur eine Bundesrepublik Deutschland, weil Millionen Menschen, von den USA über Kanada bis zur Sowjetunion, damals gegen Hitler und den Nationalsozialismus gekämpft haben. (…) Soldaten aus aller Welt haben ihre Leben gegeben. (…) Es gibt nur eine Demokratie, Frieden und Freiheit in diesem Land, in dem wir aufgewachsen sind, weil andere für uns gekämpft haben."

„Ich will das nicht"

So viele Sendungen, so viele Gespräche – es ist Zeit, Danke zu sagen

Im März 2009 erschien ein Buch, dass es eigentlich nicht geben sollte. Markus Lanz hatte den Fernsehkoch Horst Lichter in seiner Sendung zu Gast gehabt und er fand dessen Lebensgeschichte so faszinierend, dass er unbedingt darüber schreiben wollte. Nur: Lichter wollte nicht, und selbst als ihn Lanz und der Verlag zu einem gemeinsamen Gespräch in einem Düsseldorfer Hotel überredet hatten, fuhr er mit der festen Absicht dorthin, standhaft und bei seinem Nein zu bleiben. Der Rest ist (eine tolle) Geschichte auf 240 Seiten.

Warum ich das erzähle? Weil es mir ähnlich ging. Je länger ich mich mit Markus Lanz, mit seinem Leben und seiner Karriere, mit der Sendung und ihren Gästen, mit Talkshows und Politik, mit Markus Heidemanns und all den anderen beschäftigt habe, umso mehr wollte ich dieses Buch schreiben. Markus Lanz wollte es, wie Horst Lichter, nicht, weil er außerhalb seines eigenen TV-Studios nicht gern im Mittelpunkt steht. Wer ein Buch über sich schreibt oder schreiben lässt, muss sich immer auch den Vorwurf der Eitelkeit gefallen lassen und deshalb ist es mir wichtig, an dieser Stelle festzuhalten: Markus Lanz hat weder das eine noch das andere getan, er wäre niemals von selbst auf die Idee gekommen, ein Buch über sich und seine Sendung zu machen, er hat mehrfach versucht, es mir auszureden. Dass ich mich wiederum ehrlich für seine Geschichte und für nichts sonst interessiert habe, dafür sind die Seiten, die Sie, liebe Leserinnen und Leser, jetzt hinter sich haben, der beste Beweis. Denn eigentlich ist es nicht besonders clever, ein Buch *über* Markus Lanz zu schreiben, weil man damit auf keinen Fall *zu* Markus Lanz eingeladen wird …

Mir haben die Recherche, die vielen Gespräche und die unzähligen Sendungen (im ersten Halbjahr 2022 habe ich sie alle gesehen, von der ersten bis zur letzten Minute) sehr viel Spaß gemacht, ich werde etwas vermissen. Ich muss mich bei irre vielen Leuten bedanken, zum Beispiel bei: Gregor Gysi, Hajo Schumacher, Christoph Schwennicke, Hendrik Streeck, Sahra Wagenknecht, Marzel Becker, Klaus Ebert, Wolfgang Kubicki, Kristina Dunz, Ralf Stegner, Melanie Brinkmann, Luisa Neubauer, Reinhold Beckmann, Norbert Lammert, Bettina Tietjen, Michael Bröcker, Peter Tschentscher, Giovanni di Lorenzo, Armin Wolf, Nikolaus Blome, Christoph Ploß, Norbert Himmler, Bernd Gäbler, Kevin Kühnert, Manuela Müller, Wolfram Weimer, Olaf Scholz, Karin Prien, Marie-Agnes Strack-Zimmermann, Karl Lauterbach, Arno Luik, Stephan Lamby, Manfred Lütz, Horst Lichter, Markus Heidemanns, Lars Klingbeil, Daniel Günther, Hans-Ulrich Jörges, Christian Lindner, Philipp Westermeyer, Robin Alexander, Alena Buyx, Johannes Altincioglu, Stephan Schäfer, Andreas Ciechowicz, Albrecht von Lucke, Bernd Jarzebski, Gerhard Schröder, Atze Schröder. Und, natürlich: Markus Lanz.

Großer Dank geht an meinen Verleger Claus-Dieter Grabner, der mir auf die Frage, ob er Interesse an einem Buch über Markus Lanz hätte, innerhalb von zehn Minuten nur ein Wort schrieb: „Yes." Seine Kollegin Kathrin Butt hat mich genauso perfekt betreut wie Lektorin Sibylle Brakelmann, die auch für mein Buch über Olaf Scholz verantwortlich war. Viele Gespräche in einer Hamburger Küche haben mich bestärkt und mir sehr geholfen, wer das liest, weiß, dass er gemeint ist. Ich danke meinem Schwiegervater Klaus Laufer, dessen (neue) Begeisterung für Lanz ganz am Anfang dieses Projekts stand, meiner Frau Sophie, die *Markus Lanz* selbst auf Autofahrten mithören musste (und sich teilweise sehr amüsiert hat), meinen Eltern Marita und Jürgen Haider und meiner lieben Kollegin Sibylle Schomaker, die den ganzen Wahnsinn koordiniert hat.

Bis zur nächsten Sendung.